GÉNÉALOGIE
DE
LA MAISON
DE CLUGNY,

Prouvée, contradictoirement, sur la foi des Auteurs, & des Titres.

. . . . *multosque per annos,*
Stat fortuna domûs, & avi numerantur avorum. Virg.

De l'Imprimerie de C. MICHARD, A DIJON.

CAYER

Des Piéces les plus importantes qui font Produites au Procés.

POUR

Louïs de Clugny de Grignon Seigneur de Chatenay,

Charles de Clugny Seigneur de Darcey,

François de Clugny Seigneur de Theniffey,

Charles de Clugny Chevalier de Malthe,

Et Charles-Antoine de Clugny Seigneur de Leperviéres &
dépendances; tous & les feuls reftans de la Maifon de
Clugny, Demandeurs.

CONTRE,

*Meffire Etienne de Cluny Confeiller honoraire au Par-
lement , Défendeur.*

AVERTISSEMENT.

POur donner un ordre à ce Cayer , on a mis à chaque
Piéce un n° en marge , comme , I. II. III. &c. on a mis
auffi la cotte litteralle qui a efté écritte fur chaques Piéces,
à mefure qu'on les a produites. Les Sacs de la Production
font auffi diftingués par 1. 2. 3. &c. afin que quand il
plaira à la Cour vérifier fi l'on a efté éxaɛt à donner ces
Extraits elle fatigue moins fon attention. Les dattes s'y

B

trouvent aussi pour que l'on voye du premier coup d'œil, les époques de chaque siècle.

L'on a crû aussi devoir distinguer les piéces de cette production qui ont esté restituées aux Autheurs des produisans, par Arrêt de cette Cour du 17. Août 1658. de celles qu'ils avoient conservées. Et enfin de mettre en marge les degrés de Parentés, suivant qu'ils sont tirés des Titres Produits.

L'on fait voir quel est le principal motif de cette

Production.

A source de toutes les disputes, vient de la difficulté qu'il y a de rencontrer la vérité. Comme c'est sur elle que la Justice fonde ses décisions, il n'est point de plaideur qui ne tâche de persuader aux Juges qu'elle est de son côté. Chacun avance des Faits qu'on dit vrais de part & d'autre; & l'expérience aprend le plus souvent, où qu'ils sont faux, où tellement déguisés, qu'on a peine à démêler cette saine vérité, qui doit être la régle de tous les Jugemens.

Pour parvenir à en acquérir la connoissance, le moyen le plus seur, est de prouver par piéces authentiques ce que l'on avance. Par là on s'attire la confiance de la Cour, & l'on mérite l'estime du publique.

Les Sieurs de la Maison de Clugny, dont le véritable intérêt, dans ce Procez, est d'exposer au grand jour, la vérité telle qu'elle est ; ont crû qu'ils ne pouvoient mieux en venir à bout, qu'en donnant des Extraits des piéces les plus importantes qu'ils ont produites. Ces Extraits quoique courts pour la plusfart, donneront une idée suffisante de chaque piéce, il auroit esté ennuyeux de les lire en entier; parceque la plus grande partie de leur teneur contient des choses étrangéres à l'instruction du procés. Il suffit que l'on sache en substance, ce qu'elles contiennent d'utile, pour se régler aisément là-dessus; sauf en cas de doute, à recourir aux Titres qui ont esté produits, à les vérifier & en prendre connoissance en entier, & c'est ce qui sera encor plus avantageux aux Produisants.

Le principal motif qui a donc engagé les Sieurs de la Maison de Clugny à produite les piéces, dont les Extraits font contenus en ce Cayer, a efté pour fe mettre en régle de ne rien avancer qui ne fut accompagné de preuves. Monfieur le Confeiller de Cluny a répété, fans fin, dans fes écrits, qu'ils étoient fort ftériles en preuves fur ce qu'ils avançoient; par cette production ils font voir le contraire.

L'autre motif qui les a déterminé à donner un Cayer de toutes ces piéces, a efté, pour que l'on put du premier coup d'œil, voir toutes les preuves en abregé. Les détours, les artifices, les fauffetés que Monfieur le Confeiller de Cluny a expofé aux yeux de la Juftice dans le deffein de ternir l'éclat d'une Nobleffe, dont l'éloignement des fiécles nous a dérobé la premiére origine, font caufe de la production qu'ils ont faite. Les écrits qu'il a répandus, & les mauvais difcours qu'il a tenu dans le publique, font caufe qu'on a rendu publique les Extraits des principaux Titres; Par les Titres même les Juges feront en état de s'inftruire à fond de la vérité, & par les Extraits de ces Titres les Juges, & le publique feront défabufés des fauffes couleurs que le Défendeur a voulu infinuer dans leurs efprits.

Raifon qui a déterminé à rendre publique la Généalogie de la Maifon de Clugny

LE Nom, & les Armes, font aux anciennes Maifons le bien le plus précieux, & le plus durable de leur Patrimoine. Elles ne peuvent jamais perdre ce genre de bien quelque révolution qu'il arrive, tous les autres peuvent leurs échaper. Ce bien n'eft propre qu'à ceux qui font iffus du même Tronc; il leurs eft à tous un figne pour fe reconnoître, & pour les diftinguer des autres Familles du Royaume.

Les Sieurs de la Maifon de Clugny, jaloux de tout tems de cette marque de diftinction, n'ont jamais voulu fouffrir qu'aucune Famille étrangére, vint fe parer du même titre, n'y arborer fous le même Etendart qu'eux. Il y eut conteftation à ce fujet fur la fin du quinziéme fiécle; il y en eut une autre au milieu du 17. & il en eft furvenuë une 3e de nos jours, qui eft celle dont il s'agit.

Ce fut le 19. Janvier 1718. que les Sieurs de la Maifon de Clugny firent affigner Monfieur le Confeiller de Cluny pardevant le Lieutenant général au Baillage de cette ville; aux fins d'ouir dire, qu'il figneroit fon nom fans g.

pour qu'il y eut une différence, & qu'il s'abſtiendroit de porter les Armoiries de lad. Maiſon qui porte d'azur à deux Clefs d'or adoſſées, les anneaux en lozange pometés & enlaſſés, ayant pour ſuport deux Daims d'argent aux ramures herminées, & pour cimier une tête de Daim de mê-me; attendu qu'il étoit reconnu notoirement pour être d'une Famille différente de la leur, & qui n'avoit aucun droit de prendre ces armoiries qui leurs apartenoient, à l'exclu-ſion de tous autres.

Cette aſſignation fut précédée de toutes les voies d'hon-nêteté qu'on a coûtume d'employer, quand l'on veut évi-ter le procés ſans abandonner ſes droits. Les Sieurs de la Maiſon de Clugny doivent au Public, pour juſtifier leur conduite, & détruire les idées qu'on a voulu donner, qu'ils avoient manqué aux régles de la politeſſe, & de l'honnê-teté, dire comme les choſes ſe ſont paſſées.

Ils commencérent par écrire à Monſieur le Conſeiller de Cluny, & l'invitérent à leur donner ſatisfaction, en pre-nant des Armes qui ne fuſſent point les leurs; ce qui pou-voit ſe faire en paſſant un acte, par lequel blaſonnant, & expliquant ſes Armes, il auroit convenu qu'il étoit d'autres Clugny. Quelque tems aprés cette lettre écrite, Monſieur de Cluny ſon fils Conſeiller Clerc au Parlement, paſſant à S. Remy, dit à Monſieur l'Abbé de Fontenay, en pre-ſence de la Dame de Fortaut, que Monſieur ſon pere al-loit donner ſatisfaction aux Sieurs de la Maiſon de Clugny, ce qui leur ayant été dit, ils laiſſérent écouler pluſieurs mois dans cette attente. Leur lettre fut ſuivie d'une ſomma-tion. Enfin las d'attendre, le Sr. de Darcey, preſſa le Sieur de Theniſſey d'aller à Dijon pour faire aſſigner ledit Sieur Conſeiller de Cluny, lui diſant qu'il étoit viſible qu'il ne vouloit que les amuſer; à quoi le Sieur de Theniſſey ayant déféré, il partit & vint trouver un ancien Avocat de cette Ville qu'il conſulta, & qui lui dreſſa une Requête. Le Sieur de Theniſſey fut preſenter cette Requête au Sieur Gauthier Lieutenant Général du Bailliage, qui en ayant pris lecture, lui dit, que l'uſage étoit de communiquer à Meſſieurs du Parlement les Requêtes preſentées contre eux, avant que de les apointer, & qu'il trouvât bon qu'il ſuivît cet uſage; ce que le Sieur de Theniſſey ayant aprouvé, ledit Sieur Lieu-tenant Général témoigna qu'il étoit à ſouhaiter que cette affaire s'accommodât; à quoi le Sieur de Theniſſey répon-

dit

dit qu'il n'auroit pas crû que Mr. le Conseiller de **Cluny** voulut avoir ce procez, & lui répéta ce qui avoit esté proposé, ce que ledit sieur Lieutenant général trouva si convenable qu'il lui demanda s'il agréeroit qu'il le proposa de nouveau. Ce parti plut au Sr. de Thenissey qui répondit qu'il souhaittoit qu'il fut assez heureux pour réussir.

Le Sr. Gauthier se transporta ensuite chez Mr. le Conseiller de Cluny, on lui dit qu'il venoit de partir pour sa campagne; en retournant, led. S. Gauthier passa chez Mr. Thomas Conseiller au Parlement, auquel il fit voir la Requête qui lui avoit esté presentée, & lui répéta les voyes d'accommodement qui avoient esté proposées audit Sr. Conseiller de Cluny; ce que Mr. Thomas trouva encore si convenable, qu'il lui demanda la Requête, & lui dit qu'il en alloit envoyer copie à Mr. le Conseiller de Cluny, & qu'il lui écriroit de telle sorte qu'il pouvoit assurer ledit Sr. de Thenissey qu'il n'auroit point de procez, que cependant il le prioit d'attendre huit jours.

Le Sr. de Thenissey allant prendre la réponse, le Sr. Lieutenant général lui dit tout cela, & même qu'il avoit joint une Lettre à celle de Mr. Thomas, & que si la réponse n'étoit pas favorable il apointeroit dans le moment la Requête, & qu'il la remettroit à son Procureur.

Ces 8. jours & plus étant écoulés Mr. le Consr. de Cluny envoya Mr. son fils aîné, pour remercier le Sr. Lieut. général, & lui dire qu'il avoit dequoi faire repentir ceux qui avoient l'audace de l'attaquer, & qu'il étoit charmé d'avoir ce procez devant lui. C'est de cette sorte qu'il répondit aux honêtetés que l'on employa à son égard. La Requête fut tout de suite apointée & signifiée, ainsi commença la scéne. Tout autre que Mr. le Conseiller de Cluny moins violent, & sachant ce qui en est, auroit préféré cet accommodement honête à un procez d'une discution qui ne pouvoit être que désagréable pour lui, mais la flateuse espérance de son crédit & de son authorité, dans un Parlement où il étoit Conseiller vétéran, & où il avoit deux fils en place, l'a si fort éblouis, qu'il s'est imaginé que rien ne pourroit lui résister.

Mr. le Conseiller de Cluny a fait plaider & il l'a répété dans ses écrits, que la cause de cette instance provenoit d'un accident facheux & désagréable qui étoit arrivé quelques mois auparavant dans sa Famille. Les Srs. de la Maison de

B

Clugny avoüent ingénument qu'ils furent peut-être trop fenfibles à cette action, commife par un homme qui fe difoit de leur Maifon. Les mauvais complimens qu'on leurs fit fur cela, contribuérent à preffer Mr. le Confeiller de Clugny de reconnoître qu'il n'étoit pas de leur Maifon. Mais on la déja dit, ce ne fut pas le feul motif qui les détermina à agir quoiqu'il fut touchant; ils avoient d'autres raifons qui étoient de ne pas fouffrir qu'un bien qu'on ne peut leurs enlever, & qui leur eft propre exclufivement à tous autres, ne paffat point dans une famille étrangére.

Le Lieut. gén. au Balliage de cette ville fut donc d'abord faifis de la difficulté, mais Mr. le Conf. de Cluny voulant fe fervir de fon Privilége, quelques jours aprés évoqua aux Requêtes du Palais. Depuis ce tems-là cette Cour eft faifie du différent.

Tous les Incidens que la chicanne la plus induftrieufe puiffe former, ont accompagnés ce procés depuis fa naiffance. Les Opofitions, Apellations, Evocation, Requête civile, &c. il a fallu que les demand. ait effuyé tout cela, & de l'heure qu'il eft le Confeil privé du Roi eft faifi de deux Incidens qui ont pris fource dans cette difficulté; en telle forte que le procés eft devenu immenfe fans en être mieux inftruit.

Le Défendeur qui dans tous ces différens Incidens n'avoit pour but, que de fatiguer les Sieurs de la Maifon de Clugny & leurs faire lacher prife, a fait outre cela une procédure fi monftrueufe, qu'elle fera capable d'éfrayer la Cour quand il lui plaira d'en faire l'éxamen. Il a répandu dans toute la Province des Imprimés au nombre de cinq; qui fuivant le fuffrage du public, font plûtôt des Libels diffamatoires que des écrits inftructifs. Les Srs. Demandeurs fe pourvoiront bien-tôt pour en avoir une fatisfaction proportionnée aux injures qu'ils contiennent.

L'on n'a garde de fuivre un tel éxemple qui ne convient point aux Ames bien nées. Les Srs. de la Maifon de Clugny fe deshonoreroient eux mêmes s'ils employoient pour leurs défenfes des armes défenduës. Que leur adverfaire fuive tant qu'il lui plaira, la paffion, les emportemens, les faillies injurieufes, la fauffeté, la calomnie & le menfonge dont tous fes écrits font remplis; c'eft là la reffource que les gens vains & ambitieux employent dans les caufes défefpérées. Pour Eux ils écriront fans fiel, fans aigreur, fans

emportemens , parce qu'ils ont la vérité de leur côté,& qu'ils
fçavent que c'eft-là le goût des gens de bien. Non pas qu'ils
aplaudiffent lâchement & par une pufillanimité condamna-
ble aux erreurs & aux calomnies qu'ils ont à combattre
dans cet écrit ; ce feroit faire triompher l'injuftice & l'orgueil ; ils employeront la véhémence du ftile où il le faut ,
parce qu'il vient un tems où la patience a droit de dire : c'eft
affez. Et s'ils touchent quelquefois à la perfonne, ce ne fera
que par néceffité & parce qu'on n'a pu la féparer de fes écrits.

On ne relevera pas ici une infinité de Faits faux & de
termes injurieux dont le Défendeur a rempli fes écrits ; l'on
ne combatra que ce qui a paru de plus effentiel & qui pourroit faire impreffion. L'on fe perfuade que le refte étant négligé tombera de lui-même & qu'il aura le fort qu'il mérite. L'on n'auroit jamais fini fi l'on avoit voulu s'atacher à
tout ce qui eft inutile.

Le fond du procez n'eft plus réduit à proprement parler
qu'en deux points de Faits ; fçavoir à établir la Généalogie
des Srs. de la Maifon de Clugny , & à donner un état de celle
du Défendeur. On traitera ces deux points féparément.

Il eft fans doute tres avantageux d'être d'une Nobleffe ancienne & diftinguée ; mais quelque avantage qu'il y ait , il
n'eft jamais beau d'en faire parade. Les Srs. de la Maifon de
Clugny, pénétrés de cette vérité ne fe feroint point avifé de
donner ici l'état de leur Généalogie fi ce n'étoit actuellement
le véritable état du procez. Ils y ont efté forcés par les interpellations réitérées & le langage faux de leur adverfaire. *On
les a interpellés* , a-t'il dit , dans fa Req. du 20. Décem. 1720.
p. 36. de la copie, *& on les interpelle encore de faire leur
Généalogie comme lui , c'eft à dire , de prouver leur filiation
de fuite, de compofer une Généalogie qui foit liée & dont
chaque dégré foit bien établi. Car il ne fuffit pas de dire
en l'air qu'on éxiftoit en 1083. quel vuide affreux & immenfe ne trouve-t'on pas jufqu'environ 1515. qui eft la plus
vieille époque à laquelle les Demandeurs puiffent remonter.*

Les Srs. produifans vont fatisfaire à cet interpellation , mais
ce fera à la confufion de celui qui la faite. Ils feront voir
que l'époque de 1083. n'a pas efté avancée en l'air, & par conféquent qu'ils vont au-de-là de celle de 1515. Premier motif
qui fait voir la néceffité de rendre publique leur Généalogie.

Au commencement du procez on pofa un fait au Sr. Cr.
de Cluny, qui eft qu'il n'étoit pas de la Maifon de Clugny,

& on l'interpella de déclarer judiciellement s'il en étoit ou s'il n'en étoit pas. Qu'eſt-ce qu'il répondit ſur cette invitation? ſa Réponſe eſt digne de remarque & fait aujourd'hui ſa condamnation. La voici; c'eſt dans ſa Requête* du 26. Fevrier 1718. p. 21. de l'impreſſion qu'on en a fait faire avec des notes.

*Cette Requête ne fait pas honeur aparemment au Défend. car quand il la cite, il dit toûjours: *dans leur Reg. imprimée,* pour faire entendre qu'elle ne vient pas de lui. Si pour l'avoir renduë publique elle eſt de venuë l'ouvrage des Srs. Produiſ. il a raiſon de s'énoncer ainſi. Sur ce pied là, elle ne ſera bien tôt de perſonne, car l'on déclare qu'elle n'eſt pas des Prod. & qu'elle leur a eſté ſignifiée de la part du Défend. le 26. Fevrier 1718.

Quand au point de ſçavoir ſi le Sr. Conſ. de Cluny eſt de la même Famille que ſes adverſaires, il laiſſe à chacun d'en juger ce qu'il penſera qu'on en peut croire. Le ſupliant n'a jamais dit qu'il en ſoit..... Il leur déclare pour lui & les ſiens qu'il ne prétend rien dans les Subſtitutions & Patronages qu'ils alléguent être dans leur Maiſon.

Cela eſt préciſ : *Il n'a jamais dit qu'il en ſoit, & il ne prétend rien dans les Subſtitutions,* &c. L'on prend droit ſur cette déclaration judicielle, pour en tirer la conſéquence : donc il n'eſt pas de la Maiſon.

Comme dans la ſuite du procez les Demandeurs aprirent que led. Sr. Conſ. de Cluny tenoit un langage différent de cette déclaration judicielle, ils crurent devoir prendre de nouvelles concluſions à cet égard, tendantes aux fins qu'il lui fut fait défenſe & à ſa poſtérité née & à naître de ſe dire iſſus & deſcendus directement de la Maiſon de Clugny. Qu'eſt-ce qu'il répondit encore à cet égard ſur ce chef de concluſions? ſa Réponſe n'eſt pas imprimée, mais elle mérite de l'être. La voici : elle eſt tirée de ſa Requête du 20. Décembre 1720. p. 34. de la copie ſignifiée.

Le Sr. Conſ. de Cluny n'a jamais eſté tenté (c'eſt lui qui parle) de faire croire que ſes parties averſes ſont ſes Parens; en effet, il eſt faux ſauf correction qu'il l'ait dit, & voulu faire croire par ſes diſcours, & pour montrer qu'il n'y a que de vaines imaginations dans les différens prétextes que les Parties averſes donnent à leur demande, c'eſt qu'on les défie de prouver que Mr. le Conſ. de Cluny ait en aucun tems de ſa vie, tenu ce propos qu'on lui attribuë : auſſi les Demand. qui ſont peu ſincers dans leur allégation, ne peuvent circonſtancier en quel tems, n'y en quel lieu, n'y à qu'elle perſonne Mr. le Conſ. de Cluny ait dit pareille choſe; ils n'oſent même ſe ſoûmettre à le prouver. A quel propos ont ils donc demandé contre lui les défences auſquelles ils ne conclurent même pas d'abord, & auſquelles ils ne ſe ſont déterminés que par la ſuite? en quoi ils ſont d'autant plus condamnables qu'ils ne ſe ſoûmettent pas même

aujourd'hui

aujourd'hui, quoi qu'on leurs ait dénié ce fait fur lequel ces fins roulent d'en raporter la preuve.

Quoi de plus précis encore que cette autre déclaration judicielle? *il eft faux qu'il ait dit que fes Parties averfes font fes parens, ... on les défie de prouver qu'il ait en aucun tems de fa vie tenu ce propos.* L'on prend droit encore fur ces termes pour prouver par fon propre langage tenu en Juftice réglée, qu'il n'eft pas de la Maifon de Clugny.

Mais aprés l'acceptation de cet aveu, & fans y préjudicier, il eft à propos de faire la preuve que fouhaite le Défendeur, c'eft-à-dire qu'il *y a eu un tems dans fa vie qu'il s'eft dit parent,* quoique cela n'ait jamais été vrai. Cette preuve ne lui paroîtra pas fufpecte; elle eft tirée des propres piéces de fa production fous la cotte 50. c'eft un certificat du Sieur Morel auquel il s'étoit expliqué de la forte qu'il a mis dans fon fac. En voici la teneur.

Je fouffigné Confeiller du Roi à la Chambre des Eaux " & Forêts de France établie en dernier Reffort à la Ta- " ble de marbre du Palais à Dijon, certifie qu'étant en " qualité d'Evangélifte au Bureau de ladite Table de Mar- " bre lors de la vifitation du procés d'entre Monfieur le " Chevalier de Clugny (c'étoit le frere du Sieur de The- " niffey) & le Sieur Maffenot, Monfieur de Clugny alors " Confeiller Titulaire au Parlement, & l'un des Commif- " faires de la Cour, pour le Jugement des procés qui fe " jugeoient à la Table de Marbre, fe retira, & étant ve- " nu derriere le Bureau, dit au fouffigné qu'il ne pouvoit " connoître du procés dudit Sieur de Clugny, *attendu qu'il* " *étoit fon parent,* portant le même nom, & ayant les " mêmes Armes; ce que j'affirme m'avoir été dit alors par " mondit Sieur Confeiller de Clugny. Fait à Dijon le 3 " Fevrier 1719. Signé, MOREL. "

Il eft donc vrai que le Deffendeur a dit avant le procés qu'il étoit parent des Sieurs de la Maifon de Clugny; le certificat du Sieur Morel qu'il a mis dans fon fac en eft une preuve accablante : & c'eft pour cela que les Dëmandeurs ont conclu, à ce qu'il lui fût fait deffenfe de fe dire iffus de la Maifon de Clugny. Il eft donc vrai encore qu'il a déclaré depuis que le procés a été commencé, qu'il n'étoit point parent. Les termes qu'on vient

C

de raporter en font la preuve : que l'on juge par cette opofition de langage quel eft le cas où il doit être crû. Mais que réfulte-t'il de cette contrariété ? un argument invincible contre lui , qui eft, que la déclaration qu'il a faite fur cette parenté prétendüe avant le procés , ne peut lui fervir de rien, parce qu'il ne s'en agiffoit pas pour lors , au lieu que celle qu'il a faite en Juftice réglée , & dans un tems où il devoit s'expliquer, eft une preuve parlante contre lui qu'il n'eft pas de la Maifon, & qu'il ne peut plus détruire actuellement.

Mais cette variation fur cet atticle n'eft pas la feule ; fuivons le encore pour un moment dans les différents tems qu'il a écrit, il a enfin franchis le pas qu'il n'avoit ofé faire auparavant, en difant dans fon Inventaire imprimé p. 20. que *fa poffeffion du Nom & des Armes de Clugny étoit plus ancienne* que celle des Srs. prod. *en ce que*, dit-il, *il remonte jufqu'en* 1382. *au lieu que fes adverfaires*, continuë-t'il , *n'ont pû aller au-de-là de* 1515.

Il fera aifé aux Srs. produif. de faire voir dans la fuite de cette production, que ce langage renferme autant de fauffetés que de mots. L'on fera voir qu'il doit fe fixer à l'époque de 1455. qui eft un acte paffé entre *Jean Batard* de Cluny fon 7e· ayeul, & les Habitans d'Avalon, & que l'époque de 1515. à laquelle il lui a plu fixer la Généalogie des Srs. de la Maifon de Clugny eft une fupofition que le dépit & la paffion lui ont dictée. Cela n'eft pas difficile à démontrer. On obferve feulement quant à préfent, que c'eft un fecond motif qui a obligé les demand. à rendre publique leur Généalogie.

Dans un autre endroit de fes écrits , le défend. tient encor un autre langage, ou il ne s'agit plus d'une poffeffion commune, mais d'un droit exclufif à tous autres qu'il prétend avoir , en difant dans fon inventaire imprimé p. 3. que *toutes les branches qui avoint compofées la Famille de Clugny étoint éteintes par defaut d'hoirs mâles à la réferve de la fienne.* Et pour dire cela il a planté pour fouche plufieurs de Clugny, defquels il a fait fortir différentes branches fuivant le caprice, & l'humeur inventif ou il fe trouvoit pour lors. Il s'eft acroché à l'un de ces de Clugny nommé *Jean* pour en faire fon 8e. ayeul : mais par malheur pour lui , comme il avoit attrapé ce *Jean* aveuglettes, il s'eft trouvé que celui de fes Fils dont il fe difoit defcendu étoit un homme d'Eglife, ainfi il eft tombé dans la foffe qu'il vouloit éviter : *incidit in foveam quam fœcit.* f. v. la note que l'on a faite fous le n°· 6. ou l'on fait voir l'état des enfans dudit Jean.

L'on vient de voir les différens langages qu'à tenu le Sr. Conf. de Cluny à mefure que le procez prenoit fon accroiffement. D'abord il a déclaré qu'il n'étoit pas de la Maifon de Clugny, enfuite il a tergiverfé. Petit à petit il s'eft enhardi, il a avancé qu'il étoit en poffeffion auffi bien que fes adverfaires, puis il a ajoûté que fa poffeffion étoit plus anancienne que la leur ; enfin comme ce procez le rendoit tous les jours de plus en plus de mauvaife humeur, il a rifqué le paquet, en difant qu'il *étoit le feul reftant de la Famille de Clugny*, & que les autres n'en n'étoint pas. L'imagination eft belle, & digne de l'invention de l'autheur. Tombe-t'il fous le fens commun que des Gentils-hommes de Nom & d'Armes, qui tant par eux que par leurs autheurs font en poffeffion depuis plufieurs fiécles d'une Nobleffe diftinguée, qui de tout tems ont efté reconnus compofer la Maifon de Clugny, que la Cour a reconnu elle-même par Arrêt de 1658. pour être de cette Maifon, puiffent s'en trouver exclus tout à coup, par un homme dont tous les autheurs ont payé la Taille, & qui lui même après s'être couché Roturier, s'eft levé Noble ? il faut pour être crû donner un peu plus de vrai-femblance aux chofes, & il n'eft pas à préfumer que des imaginations fi bizarres puiffent trouver crédit dans les efprits.

Comme le déffend. a voulu prouver qu'il étoit en poffeffion de figner fon nom en cette forme (DECLUGNY) il a donné dans le commencement du procez l'état de fa Généalogie qu'il a fait remonter jufqu'à fon 7e aieul nommé *Jean* qui vivoit dans le milieu du 15e fiécle, & comme il avoit avoüé que malgré toutes fes recherches il n'avoit pû monter fa defcendance plus haut : on lui a dit, & on lui a prouvé que c'étoit avec raifon qu'il s'étoit arrêté là, parce que ce même *Jean* étoit un Batard nommé *Jean Batard de Cluny*, on lui a donné des preuves de fon éxiftence, & même de fa defcendance. Cela étoit preffant. Comment faire pour fortir de-là ? après y avoir rêvé quelques années, il donna une Req. ou il conclu a une réparation d'honneur, & à 20000. liv. ou dix mil écus, l'on ne fçait pas bien lequel des deux de dommages & inter-

rêt pour ce chef. Dans ce tems-là les actions étoint fur
un haut pied, ainfi il n'eft pas furprenant fi le défendeur
vouloit vendre celle-là fi chére, mais elles ont bien baiffé
depuis, & il y a bien aparence qu'elle lui demeurera en
pure perte.

Il y a plus, il ne s'en eft pas tenu là, il a employé la
voye de récrimination, en difant à fon tour, que *fi quel-*
que branche pouvoit être foupçonnée de batardife ce fe-
roit plûtôt celle de fes parties qui fe piquent d'être d'é-
pée, (ce font les termes de fa rép. impr. p. 21.) qu'elle
preuve aporte-t'il de cela? il a fallu l'aller chercher bien
loing, & ce qui la rend plus curieufe, c'eft que dit - il,
Ifmaël batard d'Abraham fit profeffion des armes, hic erit
ferus homo, manus ejus contra omnes, Ifaac fils legitime
imita les vertus de fon Pere, & paiffoit les Troupeaux
comme lui. On raporte ici fes termes & fes preuves, mot
pour mot, tant pour en faire voir la folidité, que pour
qu'il ne puiffe pas dire un jour qu'on l'a fait parler d'une
maniére extraordinaire.

Comme tout cela n'eft dit qu'en récriminant,l'on ne croit
pas qu'il foit befoin d'infifter là-deffus; qu'il fuffife d'obferver fur cette récrimination, quant à prefent, que l'on
fera voir dans cette production par Titres authentiques
que s'il y a une fimilitude à faire des parties plaidantes,

Genef: c. 16.
v. 3. & 12. aux Enfans d'Abraham, ceux-cy fortent de Sara femme
légitime, & l'autre de l'Egyptienne Agard fa Servante.
L'aplication au refte des termes dont l'Ange du Seigneur
fe fervit parlant à Agard de fon fils Ifmaël en lui difant :
hic erit ferus homo, &c. n'étoit pas bien feante & convenable dans la bouche du défend. aprés ce qui eft arrivé de nos jours. Voilà donc un 3e· motif qui a mis les
Srs. produifans dans la néceffité de rendre publique leur
Généalogie.

Un autre motif qui n'eft pas moins preffant que ceux
que l'on vient de dire, c'eft que le défend. s'eft mêlé de
faire la Généalogie de la Maifon de Clugny; il en a donné une à fa façon, & fuivant l'efprit qui l'agitoit; mais
il la donnée fi défigurée, que les amis, les Aliés, & les parens de cette Maifon ne la reconnoiffent plus. *Non no-*
verunt eam. Il s'eft déchainé fans ménagement, & fans
difcrétion contre tous ceux qui en font iffus. La Nobleffe de cette Maifon n'eft fuivant fon compte qu'une

très

*trés-petite , & tres simple Nobleſſe , deſtituée de toute
illuſtration. Peu ancienne , qui n'a produit que des gens
oiſifs , inutiles à leur Prince , & à l'Etat.* Les autheurs
qui ont parlé de cette Maiſon ne ſont ſelon lui , que des
menteurs & des viſionaires , les Titres qui ont eſté produits , ſelon lui , ne ſont que des Titres *faux, falcifiés , &
altérés ; il faut* , dit-il , quelque part dans ſes écrits , *re-
garder ceux qui les ont produits comme gens indigne de
toute créance ,* (invent. impr. p. 47.) *dont l'imagination
ne ſe repait que de chiméres ,* idem p. 41. Enfin à quelle
ſaillie piquante , fauſſe , injurieuſe & calomnieuſe ne s'eſt
pas porté le défend. contre la Maiſon de Clugny , & ceux
qui en ſont iſſus? par bonheur ſes termes ſont ſi peu me-
ſurés , & on y voit régner tant de fiel & d'emportemens,
qu'il n'eſt perſonne qui ne juge en liſant ſes ouvrages
que la vérité n'eſt pas de ſon côté.

Il étoit donc néceſſaire de faire une Généal. liée , &
ſuivie , ſelon les dégrés directs , & collatéraux , pour détruire tous ces allégués dictés par l'animoſité , & la paſſion ; & pour faire voir que les autheurs des Srs. prod.
ont brillés dans le 14. 15. & 16e. ſiécle , & qu'ils ont poſ-
ſédés les premières dignités de l'Egliſe , de la Robe , &
de l'Epée. 4e. motif de leur Généalogie.

Enfin comme le défend. a prétendu que les qualités de
Meſſires & Chevaliers n'étoint pas dûës au Srs. produiſ.
il a falu prouver le droit qu'ils avoint eu de les prendre,
en démontrant qu'ils étoint d'une haute Nobleſſe , qu'ils
étoint en poſſeſſion de les prendre depuis plus de deux
ſiécles ; en un mot en faiſant la preuve des faits qu'ils ſe
ſont ſoûmis de prouver dans leur Sommation imprimée
ſignifiée à Mr. le Procur. gen. du Parlem. & au défend.
le 13. du mois de Fev. 1723. ce qui ne pouvoit ſe faire
que par une Généalogie publique. Cinquiéme & dernier motif.

Les Srs. de la Maiſon de Clugny s'étoint contentés juſqu'ici de citer quelques autheurs , & de produire quelques-uns des principaux de leurs Titres , pour donner
ſeulement une idée générale de leur Famille , & cela devoit ſuffire ſans doute : parce qu'il ne pouvoit pas tomber ſous le ſens , que jamais on pût conteſter les illuſtrations & leur deſcendance de cette Maiſon. Mais comme
la paſſion a pris le deſſus de la raiſon , & que le Sr. Conſ.

D

de Clugny s'eſt ſenti plus fort que jamais dans l'embaras, il a crû que pour ſe tirer d'affaire il n'y avoit pas d'autre parti à prendre que celui de conteſter, & de nier tout ce qui paroîtroit contraire à ſes vûës, le plus ſouvent ſans éxaminer ſi c'étoit avec choix & diſcernement.

Cette voye indigne d'un Magiſtrat, a donc obligé les Srs. produiſ. de joindre de nouvelles piéces à leur précédente produ&.de faire des obſervat. ſur chacune, de donner par ce moyen une liaiſon éxa&e de leur Généal. Ils avoint renoncé dés le commencement de cette inſtance, ſembloit il, à la ſatisfa&ion qu'ils pouvoint tirer de faire paroître cette Généalogie dans le public ; les diſtin&ions néantmoins., & les avantages qui l'accompagnent auroint dû réveiller l'amour propre : mais cet objet ne les avoit aucunement touché, & ils ſeroint encor aujourd'hui à le faire : ſi le défend. ne les avoit forcé à cela, tant par les interpellations réitérées qu'il leur en a faites, que par les fauſſes idées qu'il a voulu répandre ſur cette matiére. Outre que le procés n'eſt plus réduit qu'à ce ſeul point, comme on la obſervé plus haut.

Dans les différens écrits qu'à fait ſignifier le défend. il a fait tous ſes efforts pour rendre odieuſe la conduite de ſes adverſaires. Là il les dépeint comme gens rempli d'une vanité mal entenduë, qui employoient dans tous leurs écrits, la fauſſeté, l'ignorance, les contradi&ions, & le menſonge. A l'entendre dire, les Titres que produiſent les Srs. de la Maiſon de Clugny (qui leurs ont néantmoins été reſtitués par Arrêt de cette Cour, comme à eux ſeuls apartenants) concernent des branches dont ils ne ſont point iſſus, & qui ſont éteintes il y a plus de 150. ans. Selon lui, les Autheurs qui ont parlé de leur Maiſon, comme Mr. Chaſſeneus, Muſnier, Morery, &c. *ne méritent aucune créance : ils ont donné dans la chimére, ce ſont des viſionaires, & des impoſteurs, &c.* Rép. imp. p. 12. & 13. *Symphorien* de Clugny dont ont parlé ces autheurs *n'eſt qu'un chimére qu'on lui preſente pour l'effrayer.* En un mot rien n'eſt plus mal concerté que la deſcendance de ſes adverſaires.

Heureuſement pour les produiſans tout cela eſt avancé par une perſonne qui ne donne pour garant de ce qu'il dit que ſa propre authorité. Un tel garent n'eſt guére de recette en pareil cas. Qu'il trouve bon qu'on le rejette juſqu'à-ce qu'il ait acquis plus de poid. Il faut en matiére d'affaires, & de contestation, n'opofer aux Titres, & aux Autheurs, que d'autres Titres, & d'autres Autheurs, plus dignes de foi, que ceux que l'on combat. Quand Mr. le Conf. de Cluny fuivra cette route, ce qu'il dira pour lors méritera quelque attention. Sans cela tout ce qui viendra de fa part doit être rejetté comme provenant de la paffion & du menfonge.

Pour lui donner un éxemple de la maniére dont il doit s'y prendre, pour être crû dans le Public & au Tribunal de la Juftice, les Sieurs de la Maifon de Clugny lui déclarent qu'ils n'avanceront rien dans cet écrit qui ne foit tiré de leurs Titres & des auteurs, en ce qu'ils fe trouveront conformes à leurs titres. Qu'il faffe de même dans la fuite, s'il le peut. C'eft-là le feul moyen d'être crû, dans l'état où font les chofes.

Par raport aux Titres, ils font d'une nature à ne pouvoir être conteftez. Tous ceux qu'ils ont produit touchant l'ancienneté & les diftinctions de leur Maifon, leur ont été reftituez par Arrêt du Parlement de cette Province, & voici comment.

Un nommé *Edme de Cluny* Sieur de Vallevron, s'en étoit fervi dans un procés qu'il avoit à effuyer contre le Sr. Marquis de Rochefort, lequel lui difputoit fa Nobleffe. Ce *de Cluny Vallevron* les avoit pillé quelque part; & à l'éxemple du Corbeau de la Fable, qui s'étoit paré des plumes du pan, il avoit orné fa production de tous ces Titres, pour prouver non-feulement qu'il étoit Noble, mais même qu'il étoit iffus d'une des plus anciennes Nobleffes de la Province. Le Sieur *de Clugny* Baron de Grignon ayeul des Srs. de Grignon & de Darcey Parties au procés, ayant été avertis de cela, intervint au procés, & ayant trouvé ce *faux Cluny* faifi des Titres, & des Armes de fa Maifon, prit des conclufions, aux fins de lui faire reftituer lefdits Titres, & de faire défenfes à cet étranger de porter à l'avenir les mêmes Armes que lui. Ces conclufions lui furent adjugées par Arrêt de cette Cour du 17. Août 1658. produit au procés; & ce font ces mêmes Titres, dans l'état qu'ils ont été reftitués, qui font aujourd'hui la plus grande partie de la production des Srs. de la Maifon de Clugny

Leur généalogie eft donc fondée fur des Titres déja connus & vifez du Parlement : quoi de plus fort que cette circonſtance, pour en atteſter la verité? & où trouvera-t'on des éxemples d'une généalogie qui ait pour fondement de ſemblables Titres? la vanité qui eſt le vice dominant des hommes, les fait ſouvent ſortir de leur véritable ſphére, pour s'attribuer une origine ancienne & diſtinguée; & combien a-t'on vû de généalogies auſſi pleines de faſte que de menſonge? celle que l'on va donner au Public a déja cet avantage, qu'on la connoît pour l'une des plus anciennes de la Province; or le ſuffrage du Public eſt d'un grand poids ſur ces ſortes de matiéres; c'eſt un Juge auſſi ſévére que critique, qui ne fait aucune grace, & qui ne paſſe rien; il ſçait par tradition de pere en fils, quelle eſt la véritable ſource d'une famille, quelles en ont été les alliances, & il diſtingue à merveille *le franc d'avec le ſauvageon*, ſans chercher bien loin un éxemple de cela, quelle eſt la plus petite femmelette d'Avallon, qui ne ſçache de pere en fils, que le Deffendeur deſcend de *Jean bâtard de Cluny*: il a beau ſe deffendre & ſe tourmenter pour rompre le nœud de cette origine: elle eſt trop connuë: il n'en viendra jamais à bout.

Outre le ſuffrage du public qui diſtingue parfaitement les bons de Clugny, de ceux qui ne le ſont pas, les Sieurs Produiſans ont des Titres, comme on vient de le dire, qui aſſurent, & qui confirment ce ſuffrage. C'eſt ſur la foi de ces Titres que l'on prouvera une deſcendance bien ſuivie, liée & éxacte de dix degrez incluſivement, c'eſt-à-dire que l'on démontrera par Titres que *Guillaume de Clugny*, Bailli d'Epée de Dijon, étoit leur huitiéme ayeul.

Avant que d'en venir aux Titres, pour aller par ordre, l'on fera voir ſur la foi des Auteurs, que ce n'eſt pas dans ce Siécle que vivoit ce Bailli, qu'à commencé la Maiſon de Clugny, & que *Guillaume* n'étoit pas un homme nouveau; mais qu'il deſcendoit lui-même de *Symphorien* de Clugny qui reprit de Fief en 1083. pour la Terre de *Clugny*, & que c'eſt-là le premier auteur de cette Maiſon, qu'on ait pû découvrir dans les Siécles reculez.

L'on doit prévenir ici la Cour, que tous les Extraits que l'on va donner, ſoit des autheurs, ſoit des Titres, ſont ſi fidéles, que l'on n'y a abſolument rien changé, pas même les mots qu'il a fallu pour faire la liaſon de ce que l'on ſautoit pour abreger, avec ce que l'on reprenoit.

Les réflexions & les notes que l'on a ajoutées à chaque
Titre

Titre en particulier se trouveront aussi éxactes, que les Extraits des Titres se trouveront conformes aux originaux; l'on est redevable, en partie, de cette éxactitude à Mr. le Conseiller de Cluny. L'on a été si fort surpris du grand nombre de faits faux & hazardés, que l'on a rencontré, à chaque page, dans ses écrits imprimez, intitulez : *Réponse, Inventaire, Suplément, Addition, Mémoire*, &c. Que l'horreur qu'on en a conçû n'a pas peu contribué à inspirer une grande circonspection, pour éviter de tomber en pareilles fautes.

L'on a fait imprimer ces Extraits, pour faciliter à la Cour le Jugement du procés; parce que s'il avoit fallu recourir aux Titres toutes les fois qu'elle auroit voulu vérifier une descendance, elle auroit mis un tems infini pour cela, attendu que la plûpart de ces Titres, sur tout ceux du 14 & 15ᶜ Siecle, sont écrits d'un style & d'une lettre si différente de celle d'aujourd'hui, qu'il a fallu que l'Avocat qui écrit ceci, en ait fait une étude particuliere pour pouvoir les déchiffrer, & pour en mettre au jour la substance. Mr. le Raporteur qui en fera l'éxamen, certifiera à la Cour, s'il lui plaît, la fidélité & l'éxactitude de son travail sur les Extraits qu'il va donner des auteurs & des Titres. L'on commence par les auteurs.

Extrait du Livre composé par le Sieur Munier Conseiller & Avocat du Roi au Bailliage d'Autun, dans son Traité des Hommes Illustres d'Autun, chap. de la Maison de Clugny.

Il est bien juste de parler en cet ordre de ceux de la *Maison de Clugny,* puisque nous sçavons assurément & par de bonnes instructions, que les premiers qui ont donné naissance à cette Famille illustre, paroissoient déja du tems que vivoient ces deux personnages desquels nous venons de parler; car j'ai découvert par sept actes de reprises de Fiefs trouvez dans les Archives de l'Eglise & Convent de S. Symphorien-les-Autun, que le Fief de cette Noble Famille relevoit déja de ce tems de l'Autel & de la Châsse de S. Symphorien, dont ils le portoient en arriere-Fief, & en toute Justice haute, moyenne & basse, & les sujets de servile condition; si bien que l'on peut dire qu'ils sont en possession de ce beau Titre & qualité de Noblesse,

E

,, de plus de 500 ans, & même depuis le commencement du
,, Régne des Rois de la race des Capets : car par l'extrait qui
,, m'a esté mis en main des sept Actes de reprise de Fief faits
,, par ceux de cette Maison de Clugny , il se voit que le 1er.

(a) Symphorien de Clugny en l'an 1083.

,, qui y est dénommé, est un *Symphorien* de Clugny (a)
,, qui fit hommage à l'Autel , & Châsse dudit St. Symphorien
,, étant à genoux au bas dudit Autel pour son Fief, sa Motte
,, & Maison *de Clugny* le 1er. jour d'Août de l'an 1083. en
,, presence d'Herivé de Vouldenay Ecuyer, Theodoric de Bel-
,, vevre, Guillaume de Vesvres , & Girard de Lassy hommes
,, d'Armes , c'est-à-dire Chevaliers. Le 2e. qui fit hommage à

(b) Peregrin en l'an 1112.

,, la Châsse dudit Convent fut *Peregrin* (b) de Clugny ,
,, Louis Legros régnant en France , Hugues Duc de Bourgo-
,, gne , & Etienne 1er. siégeant à Autun le   Mars 1112. en
,, presence du Prieur dudit St. Symphorien & de l'Evêque

(c) Symphorien second en l'an 1143.

,, d'Autun. Le 3e. fut un autre *Symphorien* (c) aussi Cheva-
,, lier l'an 1143. en presence d'Edouard de Montantaulme, &
,, Jean de Verneres Ecuyer, & encor de Dorothée de Sarigny

(d) Jean en l'an 1182.

,, Chevalier. *Jean (d)* de Clugny fut le 4e. qui reprit de Fief de
,, l'Autel & Châsse dudit Prieuré, le 4. Janvier 1182. en pre-
,, sence du Prieur & d'Humbert Evêq. d'Autun. *Pelerin* (e) de

(e) Pelerin 1203.

,, Clugny fut le 5e. qui se presenta le 19. jour du mois de Mai
,, 1203. en presence de Jean de Gaulfery & Guillaume de
,, Voudenay Damoiseaux. *Huguenin* (f) de Cluny fut le 6e. le-

(f) Huguenin premier 1230.

,, quel déclare que s'étant croisé pour faire le Voyage d'outre-
,, mer, avec le Duc Hugues son Seigneur, il veut reconnoî-
,, tre l'hommage qu'il doit à l'Autel & Châsse de St. Sympho-
,, rien, à cause de sa Maison de Clugny proche le Faux-
,, bourg d'Autun, laquelle lui apartient en toute Justice hau-
,, te, moyenne & basse , & ses sujets de condition servile , le-
,, dit Acte du 1. Mars 1230. auquel Guillaume de Lamotte
,, Jean de Rossillon , & plusieurs autres Gentils-hommes sont
,, dénommés presens. Et les derniers qui rendirent ce devoir,

(g) Huguenin second & Guillaume 1331

,, furent *Huguenin* & *Guillaume* (g) de Clugny freres Da-
,, moiseaux qui reconnurent & confessérent tenir en Fief &
,, hommage de l'Autel & Châsse de St. Symphorien d'Autun,
,, leur Maison , Motte & Grange de Clugny les Autun, en-
,, semble les Fossés & Jardin de lad. Motte : comme aussi le
,, Fourg, les Moulins , les Terres , Champs , Prés & Pâture
,, avec les Bois de haute-futaye, & les Brossailles ; leurs Hom-
,, mes de Main-morte & de servile condition , & enfin la Jus-
,, tice & Jurisdiction , haute, moyenne & basse, laquelle re-

prife de Fief fut faite le 7. Fevrier 1331. régnant en France "
Philipe de Vallois , & en Bourgogne Eude dernier de ce "
nom , ainfi qu'il eft porté en termes exprés par la recon- "
noiffance que j'ai vû en langue Françoife. Quant aux au- "
tres Actes , ils font en langue Latine , & pour contenter les "
curieux de l'antiquité , j'en raporterai un feul Acte. "

 Ego Peregrinus de Cluniaco Armiger , confiteor tenere " **Nᵒ. I.**
in feudum ab altari , & capfâ Abbatis fancti Symphoria- "
ni aduenfis domum , & Mottam meam de Cluniaco juxta "
heduam , cum hortis & grangiâ , foffatis , terris , pratis , " Cotte m.m.
campis , aquis & aquarum decurfibus , item molendi- "
num meum cum clufâ ejufdem ; item nemus groffum " Au quatriéme
dictum lebarraux de Cluniaco. Item broffas & filvas , & " Sac.
homines in territorio de Cluniaco commorantes manus "
mortuæ , & fervilis conditionis ; item venationem , expa- " An 1112.
vas , & omnia ad hæc pertinentia. Item Jurifdictionem , "
merum , & mixtum imperium in prædictis. Acta funt hæc "
Ludovico rege Francorum regnante , & Stephano aduorum "
Epifcopo prefidente & Hugone Burgundionum duce . . "
Martii millefimo centefimo duodecimo , fub meo ac vene- "
rabilium patrum figillo , Priore fancti Symphoriani , & a- "
duenfis chori miniftro figillis noftris ad preces dicti Pere- "
grini has prefentes figillamus. "

 Les Sceaux pendans efd. Lettres étoint de cire rouge , & "
tous prefque uniformes , de la rondeur d'une piéce de fix "
blancs : on y voit empreint un Heaume timbré de deux cor- "
nes femées d'hermine , portant fur le toupet une pomme "
ronde , & fur lad. pomme , entre les deux cornes , un Lyon "
affis ; comme encor deffous le Heaume un écuffon en "
champ d'azur , rempli de deux Clefs d'argent , entrelaffées & "
opofées l'une à l'autre , qui font les Armes que portent en- "
cor aujourd'hui ceux qui font iffus de cette Famille. "

 Il ne refte qu'à continuër l'ordre & le degré de ceux qui "
leurs ont fuccédé jufqu'à prefent , lefquels bien loing d'avoir "
dégénéré de la vertu de leurs ancêtres , l'ont fait paroître "
avec plus d'éclat , principalem. fous le régne des premiers "
Rois de la Maifon de Valois. Le premier aprés les deux "
derniers defquels on a parlé ci-deffus , étant incertain s'il y "
en a eu d'autres entre deux , c'eft *Guillaume de Clugny* "
qui vivoit environ l'an 1360. lorfque Jean fils de Phili- "
pe 1ᵉʳ du nom Duc de Bourgogne , (*l'Imprimeur ici a* "
fauté quelque chofe , car le fens n'eft pas fini ,) lequel en "

ce tems mourut à Rouvre, auquel ceux de la Maison de Valois fuccédérent à fon Patrimoine de Bourgogne. Ce *Guillaume* affermi la grandeur de fa Maison car il époufa *Jeanne d'Autun*, qui étoit iffuë d'une des plus illuftres Familles d'Autun, de laquelle il eut de grandes richeffes & apanages, & mourut Seigneur de *Conforgien & de Menefferre* l'an 1417. laiffant pour fon héritier univerfel un fils apellé *Guillaume* comme lui, Seigneur de Conforgien Meneffere, &c.

OBSERVATIONS

Sur le Livre de Munier, & inductions que l'on doit tirer du témoignage de cet Auteur.

* Il étoit fçavant Jurifconfulte, grãd Hiftorien, grand Orateur, &c. dit le Sr. Thiroux qui a donné ce Livre au Public, Préface, P. 16.

† L'Impreffion du Livre eft de 1660. & il y avoit plus de 30. ans que l'Auth. étoit mort, Préface ibid. l'on fait cette obfervat. parce que le défendeur a dit dans fes écrits que led. Munier avoit fait la Général.de la Maifon de Clugny fur l'Arrêt de 1658 qu'il qualifie .de faux. Or comment cela auroit-il pu fe faire? puifqu'il y avoit 30.ans que cet Auteur étoit décédé lors dudit Arrêt.

Le Sieur Munier étoit un Citoyen d'Autun, homme qui avoit un caractére public, & qui étoit revêtu de la Charge de Confeiller & Avocat du Roy au Bailliage de cette Ville, (*) il compofa fon Traité des Antiquitez d'Autun & des Hommes Illuftres, il y a plus de 90 ans, (†) c'eft à dire en 1640, fur la foi de la Tradition, des anciens Manufcrits, des anciennes Chartes, Epitaphes, Infcriptions gravées fur l'airain, le marbre & la pierre dans des anciennes Eglifes, fur des Titres de fondation, & autres venus à fa connoiffance : il a travaillé auffi fur des anciens Mémoires trouvez dans les Bibliothéques des Sçavans: comme Auteur il avoit intérêt de ménager fa réputation, en recherchant éxactement la verité, & comme éxerçant un miniftére public, il devoit la dire plus éxactement qu'un autre, à caufe du caractére de fon état. Ces deux confidérations doivent donc donner inconteftablement du poids à fon Ouvrage ; auffi eft-il connu dans la Province comme un Auteur digne de foi, & qui a mérité place dans les bonnes Bibliotéques de cette Ville.

Cependant le Deffendeur fans aucun égard pour ces circonftances, a étrangement maltraité cet Auteur : Il le fait paffer dans fes écrits pour un menteur, un ignorant qui a fait des anacronifmes terribles, dont *le témoignage ne merite pas plus de créance que Frere Etienne de Lufignan, (ce font fes termes,) & Jean Lemaire de Belges, & autres Généalogiftes, dont les ouvrages ne font pleins que de chiméres & de fauffetés*, V. fa Rép. impr. p. 13 & 14.

Ce langage n'eft pas furprenant, en ce qu'il eft notoire que tous ceux qui ont bien parlé, ou qui confervent encore quelques bons fentimens pour la Maifon de Clugny, font trés-mal venus auprés du Défendeur ; mais l'honneur & la mémoire de cet Auteur n'en fubfiftera pas moins dans fon entier, pour tout cela. L'on fçait que pour juger fainement d'un Auteur, il faut fe dépouiller de toute paffion, de toute prévention, & de tout interêt ; fans cela, le jugement que l'on porte de lui, eft aveugle & injufte ; que penfera-t-on donc du jugement du Sr. Confeiller de Clugny, fur un Livre qui lui eft devenu fufpect, parce qu'il
parle

parle d'une maniere avantageuse de l'origine de ses adversaires !

L'on ne prétend pas au reste prendre un parti en faveur de Musnier entierement oposé à celui du Défendeur & le faire passer pour aussi infaillible qu'il a voulu le faire passer pour menteur; ce seroit tomber dans le même inconvénient que lui. L'on sçait qu'en fait d'antiquité, & sur tout de généalogie, il arrive que l'on ne rencontre pas toujours la vérité, & que l'on fait quelquefois des équivoques, soit dans les alliances, soit dans les surnoms qui distinguent les descendans d'une Famille les uns des autres, sur tout lorsqu'ils sont dans un grand nombre. Musnier lui-même a fait deux ou trois fautes de cette espêce; l'on n'a garde d'en disconvenir, & l'on n'a jamais entendu dire le contraire : comme par exemple, lorsqu'il a dit que *Guillaume second* avoit épousé Philiberte de Busseuil, & qu'il eut d'elle trois enfans; sçavoir, *Jean, Ferry, & Guillaume*, il s'est trompé, en ce que lesdits *Jean, Ferry & Guillaume* ne sont que les petits enfans de *Guillaume second*, & non pas ses enfans; il a sauté *Henry* qui est le pere des trois, que l'on vient de nommer; il a omis encore de nommer *Hugues* qui étoit leur frere. Mais cette erreur n'a rien d'essentiel pour la généalogie prise dans ses distinctions, & ce n'étoit que pour donner une idée générale de ces distinctions & de l'ancienneté de son origine qu'on a produit ledit Musnier, & par raport aux reprises de fief dont il atteste avoir vû les originaux; sur tout pour produire la copie de celle de 1112 qu'il nous a conservée; il n'y a qu'à voir pour cela la cotte M. M. de leur inventaire de production, signifié le 21 Juin 1720, pour en être persuadé.

Musnier a dit encore que *Guillaume* second fût allié à Philiberte de Busseuil, au lieu que ce fut avec Guilemette de Viteaulx, en premieres nôces, & en secondes avec Jeanne d'Ostun. L'équivoque vient de ce que Musnier a vû l'épitaphe d'un autre *Guillaume* de Clugny Seigneur d'Allone, enterré dans l'Eglise de Saint Jean l'Evangéliste d'Autun, avec ladite Philiberte de Busseuil qui étoit sa femme.

Mais dans le fond que prouvent des équivoques de cette nature contre celui qui les a faites? en doit-on tirer la conséquence comme a fait le Deffendeur, que c'est *un visionnaire, un menteur, un ignorant, un imposteur*? non sans doute, il faut épargner un peu plus la memoire des morts, qu'ils trouvent du moins dans leur Tombeau un azile assûré contre la mauvaise langue ? *jam parcè sepulto. (Virg.)*

Il faut donc penser de cet Auteur qu'il a cherché la vérité dans les anciens monumens de sa Patrie, & qu'il l'a trouvée en effet; mais qu'il ne l'a pas trouvée dans tous ses points, les tenebres de l'antiquité lui en ayant dérobé quelques circonstances. Faut-il pour cela lui faire un crime de n'avoir pas eu en sa puissance tous les titres qui l'auroient rendus plus exact dans la liaison de cette généalogie? non encore un coup; & si on pouvoit lui imputer quelque chose, ce seroit d'avoir travaillé à la Généalogie de la Maison de Clugny, sans avoir ouvert son dessein à ceux qui en sont issus, qui lui auroient communiqués leurs Titres, sur la foi desquels il auroit travaillé plus exactement, ou plûtôt il devoit s'adresser au

F

faux Cluny Vallevron, dont on a parlé plus haut qui avoit en fa puiffance les Titres de cette Maifon, & il auroit fermé la bouche à la partie averfe, fur les équivoques qu'il a faites

Cet auteur doit donc être crû fur le témoignage qu'il a rendu de la maifon de Clugny, parce que ce témoignage fe trouve conforme en fubftance, aux Titres contenus en ce Cayer. Il le doit être fur ce qu'il a dit de l'ancienneté de cette Maifon, parce qu'il ne l'a dit que fur la foi des anciens monumens de fa Patrie qu'il avoit confulté. Il doit être crû, quoiqu'il ait fait quelques équivoques, parce qu'elles n'empêchent pas que les noms & aliances qu'il donne à la Maifon de Clugny, ne foient les mêmes; & il n'a fait ces équivoques que parce qu'il n'avoit pas tous les Titres qu'il lui falloit pour rendre fon travail plus exact.

D'ailleurs quand Mufnier par le des fept reprifes de Fief, faites par les premiers auteurs de la Maifon de Clugny; il en parle avec une connoiffance certaine; il affure qu'il a eu en main ces fept actes de reprife de Fief; il nomme les lieux où il en a fait la découverte, qui font les Archives de l'Eglife de S. Symphorien d'Autun. Ces actes rapellent les noms, les époques, font mention des Evêques qui fiégeoient pour lors à Autun, des Rois & des Ducs qui regnoient. Toutes ces circonftances fe trouvent conformes à ce que l'on voit dans l'Hiftoire; on l'a ainfi vérifié: en faut-il davantage pour rendre le témoignage de cet Auteur digne de foi? Il ne s'agit pas ici de faire le Pirronien, comme fait le Déf. C'eft un écüeil de convenir de tout, comme c'en eft un autre de difconvenir de tout. Tous les Auteurs généralement quelconques, Antiquaires, & Hiftoriens fe font trompez fans exception: les Hiftoires de *Jofeph de Sleidam, de Philipes de Comines, les Mémoires de Pontis*, &c. que nous regardons comme ce que nous avons de plus fidéle, ont cependant donné à gauche quelque fois; & nous n'avons, à vrai dire, de livres infaillibles que les Livres Sacrez de la Bible; mais ces Auteurs ne fe font pas trompez, en tont; nous ne connoiffons même qu'ils fe font trompés, que lorfque nous avons des preuves certaines de leurs erreurs, ou tout au moins des connoiffances équivalentes aux meilleures preuves. Quelles font donc les preuves ou connoiffances que le Sieur Confeiller de Cluny a pour rejetter avec mépris le témoignage de Mufnier? Jufqu'ici il n'aporte que fa propre autorité; quelle foible preuve! Il a déchiré cet Auteur pour avoir parlé avec éloge d'une Maifon dont il dit actuellement qu'il eft feul defcendu; quel aveuglement! quelle légéreté! quelle contradiction avec lui-même!

Il y a tant d'Auteurs qui ont parlé avec éloge de l'ancienneté de la Nobleffe de la Maifon de Clugny. Il y a tant de monumens publiques de cette Maifon, dans les Eglifes d'Autun, de Dijon & ailleurs, que l'on s'étonne que Mr. le Confeiller de Cluny, qui s'en prétend iffus, ait voulu la rabaiffer, comme il a fait, par les différens écrits qu'il a rendu publiques, en avançant une infinité de faits qui font démentis par tous les Hiftoriens de Bourgogne & autres: On n'en citera que quelques-uns pour abréger, qui fortifieront le témoignage de Mufnier fur l'époque de 1083. qui a fi fort heurté le Deffendeur.

Morery dans fon Dictionnaire Hiftorique, p. 225, s'en explique ainfi.

Clugny Famille. La Famille de Clugny, Noble & ancienne à Autun, a été feconde en hommes illuftres ; elle étoit deja confidérable en 1083. que Symphorien de Clugny fit hommage à l'Autel de S. Symphorien, &c.

Gerfon Docteur en Théologie, Prédicateur ordinaire du Roi, & Vicaire Général en l'Archevêché de Roüen, dans fon livre intitulé Gerfon imprimé à Paris en 1636, ayant occafion de parler de la Maifon de Clugny, parce que ce livre eft dédié à *Antoine de Clugny* Gouverneur de S. Quentin, s'en explique en ces termes dans l'Epître qui eft à la tête de fon Livre.

La Maifon de Clugny fcize auprès de l'ancienne Ville d'Autun, & dont Cefar dit des merveilles, fleuriffoit l'an 1108. & relève à foi & hommage de l'Autel & Châffe de S. Symphorien dudit Autun.

Le Saulnier Prevôt & Chanoine en l'Eglife Cathédrale d'Autun, dans fon intitulé Autun Chrétien, p. 90. s'explique de l'ancienneté de la Maifon de Clugny, en ces termes:

Cette famille eft illuftre par l'ancienneté de fa Nobleffe, qui fe prouve par divers actes folemnels trouvez en l'Abaye de S. Symphorien d'Autun, depuis l'an 1080. & par le mérite de ceux qui en font iffus, entre lefquels Ferry, dont nous parlons, tient un rang confidérable.

L'on plaint cet Auteur quand il fera venu à la connoiffance du Deffendeur; que d'invectives il va pleuvoir fur fa tête, pour avoir voulu renchérir fur Munier!

Un autre Autheur qui renchérit encore fur Munier & fur Morery pour l'époque de 1083, c'eft le fameux Mr. de Chaffeneuz natif de la Ville d'Autun, Conf. au Parlement de Paris, enfuite Premier Préfident au Parlement de Provence; c'étoit un Magiftrat digne de foi & de vénération. L'on n'eftime pas que le Deffendeur veüille le traiter de *vifionnaire* & *d'impofteur.* C'eft dans fon Commentaire fur la Coûtume de Bourgogne, p. 25. en parlant de *Ferry de Clugny* qui affifta à l'Affemblée des Etats pour la réformation de ladite Coûtume: il s'énonce ainfi de cette Maifon.

Ferricus..... fuit oriundus ex illâ nobili Domo de Clugniaco, quæ floruit, non folum in hac Patriâ, verum etiam in Galliâ, in Officiis Regalibus & aliorum Principum Galliæ, ab anno Domini milleffimo, ufque ad hæc tempora.

Or il y a tout au moins 205. années que Mr. Chaffeneus a rendu ce témoignage de l'ancienneté de la maifon de Clugny, car la premiere Edition de fon Commentaire fur la Coûtume, eft de Lyon de 1517. Les titres du Monaftére de S. Symphorien n'avoient pas encore été brûlez, comme le dit fi joliment le Deffendeur dans fa Rép. imp. p. 13. Il aprochoit de plus prés l'époque de 1080. que le Deffendeur: fon état même étoit au-deffus dû fien: il rendoit témoignage d'un fait de fa Patrie: il parloit fans flatterie, fans paffion, fans interêt: de bonne-foi fon autorité ne vaut-elle pas mieux que celle de Mr. le Confeiller de Clugny? Que le Public, ou plûtôt que fes amis en foient les Juges?

Le fouverain Legiflateur a prononcé une Loi, qui eft quelque part dans fon Teftament, pour affermir le témoignage d'autrui: *In ore duorum, vel trium teftium ftabit omne verbum,* a-t-il dit. Or il y a ici tout ce qu'il faut à la lettre, & même dans la rigueur quelque chofe de plus, pour accomplir cette Loi ; donc, &c.

Suivant le fentiment de ces Autheurs & de quelques autres que l'on citeroit encor s'il étoit néceffaire, le défendeur n'a donc pas dû s'écrier comme il a fait dans fa Rép. impr. p. 13. que *c'est donner dans la chimére, que d'entreprendre de faire remonter une Généalogie jufqu'en l'année* 1000. *& que les furnoms n'ont efté hereditaires dans les Familles que depuis le 13e. fiécle*, puifque voilà des Autheurs dignes de foi qui prouvent le contraire.

L'on void dans les Archives du Prieuré de St. Vivant, une Chartre du 12e. fiécle de 1173. qui fait mention de Guy de Vergy, v. la Généalogie de la Maifon de Vergy par André Duchefne, dans l'épitre. Si l'on veut avoir nombre de preuves contraires à ce que vient de dire là le défendeur, il n'y a qu'à parcourir le Recueil de plufieurs piéces curieufes, pour l'hiftoire de Bourgogne, mis au jour par Mr. Perard Doyen de la Chambre des Comptes.

Malgré tout ce que l'on vient de dire, le défendeur n'a pas laiffé que de foûtenir que ce *Simphorien* de Clugny dont ont parlé les Autheurs qui vivoit en 1083. n'eft autre chofe qu'un *phantome qu'on lui prefente à chaque pas pour l'effrayer* : rép. imp. p. 12. & aprés avoir hazardé cet idée finguliére, il continue à dire, que ce *Simphorien etoit de ces gens mal-faifans, qui ayant pillé les Terres de l'Abaïe de St. Symphorien d'Autun fut obligé, pour éviter l'excommunication dont il étoit menacé, de faire Amande-honorable, & de foûmettre fon petit Fief de Clugny à l'hommage envers le Monaftére.* Ainfi, dit-il plus bas, *qui cherchés vous pour tige de vôtre Famille ? un homme qui a fait Amande-honorable en belle & grande compagnie, pour qu'on lui pardonne le defordre qu'il avoit caufé.*

Voilà au fens du défendeur, une origine qui eft bien mal concertée, & fi on l'en croid, les Autheurs que l'on vient de voir qui ont parlé de cette origine, à deffein de relever la gloire de fon ancienneté, étoient de grands imprudens : car enfin, quoiqu'il foit beau de compter fes ayeux dans les fiécles reculés, il n'eft jamais glorieux de fe faire défcendre d'un homme frapé de quelques taches, telles que le fupofe le défendeur. Il n'eft perfonne, quelque peu fenfé qu'il fut, qui ne préféra la gloire d'être defcendu depuis peu, d'un homme de bien, à celle d'être iffus dés long-tems, d'un homme que l'hiftoire nous dépeindroit, comme un turbulant & taché de crime.

Mais fur quel fondement Mr. le Conf. de Cluny a-t'il remué les cendres de *Symphorien* de Clugny, pour dire de lui, que c'étoit un homme *mal-faifant*, qui avoit *pillé les biens de l'Eglife*, & qui avoit fait *Amande-honorable* pour l'expiation de fon crime ? où a-t'il trouvé ce *Conte* fi différent de la relation qu'en ont faite les Autheurs que l'on vient de voir ? eft-ce comme il le dit fi puérilement dans fa Rép. impr. p. 11. *dans les Contes de peau d'Ane, ou de fa mere Loye ?* (expreffion baffe & indécente à la gravité d'un Magiftrat, & que l'on auroit honte de répéter ici, s'il ne s'agiffoit de faire voir le ridicule de cet ouvrage qu'il a débité dans toute la Province, comme un chef-d'œuvre de l'art.) Eft-ce dans quelques Autheurs, ou quelques manufcrits qu'il a fait cette belle découverte ? qu'il s'explique & qu'il en cite le nom, autrement c'eft s'expofer à la peine de la calomnie.

Les

Les Autheurs qui ont parlé de ces reprifes de Fief, ont-ils dit un feul mot d'aprochant de cet infamie que le défendeur attribuë à *Symphorien* de Clugny ? ils difent que *le Fief de Clugny relevoit déja en* 1083. *de la Châffe de St. Symphorien, que ce Seigneur en fit hommage.* Comment cela fe concilie-t'il avec les termes du défendeur ? qu'il fçache, lui-même, que chez les vrais Enfans de la Maifon de Clugny, il n'y eut jamais, graces au Ciel, de note d'infamie, à compter du premier jufqu'au dernier.

C'étoit une action loüable que faifoit *Symphorien* de Clugny, en reprenant de Fief à la Châffe de fon Patron. Cet hommage, loin d'être l'effet du brigandage, étoit l'effet de fa piété, & de celle de fes Autheurs, qui peut-être avoient foumis ce Fief avant lui, à la protection de ce Saint. C'étoit un acte de Religion & l'ufage de ce tems, que la plûpart des Seigneurs foumettoient ainfi leur Fief à la protection de quelques Saints qu'ils avoient particulierement en vénération ; & cela en action de grace de quelques fignalées victoires qu'ils avoient remportés fur leurs ennemis, ou de quelques périls qu'ils avoient évités. Voilà la véritable caufe pour laquelle la Terre de *Clugny* étoit tenuë en arriere-Fief de la Châffe de S. Symphorien, & non pas celle qu'a imaginé le Défendeur dans un efprit d'injure & de diffamation.

Mais à fuivre pour un moment le Défendeur dans fes égaremens, comment conciliera-t'il ce qu'il a voulu dire fur ce *Symphorien* de Clugny ? il l'a d'abord repréfenté comme un *phantome dont il n'avoit pas peur.* Enfuite il donne à ce *phantome* une exiftence réelle; il lui donne un corps & une ame capable de malfaire, & qui fe repent enfuite des défordres de fa vie paffée. Eft-ce là l'idée d'un phantôme? le phantôme n'eft qu'un objet chimérique, qui n'a d'exiftence que dans l'imagination : c'eft une vifion fauffe que les efprits foibles ont la nuit de quelque chofe qui épouvante; cependant il fait à fa mode de ce phantôme un compofé de bonnes & de mauvaifes actions. Quelle étrange contradiction ! quand on ne fçait pas donner d'autres couleurs à fes fictions, l'on ne doit pas efperer d'être crû.

Le Sr. Conf. de Cluny a encore chanté victoire fur une équivoque de Mufnier, il dit que cet Autheur a donné pour Armes à *Symphorien* de Clugny, des Clefs d'Argent, au lieu qu'elles font d'Or. Il ajoute que les Sieurs Produifans ont altérés l'exemplaire qu'ils ont produits; qu'ils ont effacé le mot d'Argent, pour y fubftituer celui d'Or & qu'ils ont bien fait d'autres *falfifications & altérations.* Rep. imp. p. 14.

Tous fes écrits font à peu prés remplis d'obfervations auffi inutiles que celle-là, il touché rarement au fond du procés. Pourquoi cela? c'eft qu'il ne fe fent pas fort fur cet article. Mais comme il faut fe défendre d'une maniere ou d'autre, il s'attache aux invectives, aux minuties, aux accufations, &c. Eh quoi donc ! dans un procés auffi férieux que celui-ci ; eft-il beau de négliger l'arbre, pour ne s'attacher qu'à l'écorce ?

Au fond quand l'on voit dans le livre de Mufnier qu'il y a le mot (Argent) au lieu qu'il devoit y avoir celui (d'Or) c'eft une faute que l'on veut bien paffer à l'Auteur. Mais qu'en réfultera-t-il contre lui? il a blazonné les Armes de la Maifon de Clugny, fur

G

les Seaux qui étoient pendants aux Lettres de reprife de Fief faites depuis 1083, jufqu'en 1331. *Ces Sceaux*, dit-il, *étoient de cire
rouge*. Eft-il furprenant qu'en blazonnant fur des Sceaux de cire
rouge, il ait pû équivoquer dans les émeaux, en prenant l'argent
pour l'or? les points qui diftinguent l'un d'avec l'autre font petits,
les empreintes étoient très anciennes, elles étoient peut-être un
peu effacées; cela a pû occafionner l'équivoque de l'Auteur, &
lorfque l'on a voulu corriger cette équivoque en paffant une bar-
re fur le mot (d'argent) pour mettre au deffus le mot (d'or,)
l'on n'a fait que ce que tous bons lecteurs font en pareil cas
fur les livres qui leur apartiennent; ils effacent & corrigent ce
qu'ils trouvent à corriger, & ne font en cela que remplacer ce
qu'auroit fait l'Auteur lui-même, s'il s'étoit aperçû de l'erreur
ou de l'équivoque. Mais de femblables minuties méritent-t-elles
d'être relevées? faut-il crier pour tout cela que tout eft rempli
de *falfifications & d'altérations*? ce n'eft pas fur de pareilles chofes que la Cour fe déterminera pour donner fa décifion. *Non
curat de minimis Prætor*. Cette équivoque au contraire eft plus
favorable en un fens aux Sieurs Produifants, qu'elle ne leur eft
nuifible; car elle prouve que l'Autheur n'a pas travaillé fur des
mémoires qu'on lui ait donné.

Mais laiffons le Défendeur joüir du plaifir qu'il trouve a dé-
ployer fa Réthorique fur des vetilles, fans perdre un plus long
tems à y répondre; obfervons feulement à la Cour qu'il réfulte plufieurs chofes du témoignage que rend Mufnier des fept
reprifes de Fiefs qu'il a eu entre fes mains, & des Sceaux pendants aufdites reprifes de Fiefs contenants les Armoiries de la
Maifon de Clugny.

1°. Il réfulte de là que la Nobleffe de la Maifon de Clugny
n'eft pas une petite & fimple Nobleffe, comme l'a dit tant de
fois le Défendeur, mais une ancienne & haute Nobleffe, dont
l'origine eft fi éloignée de nous dans les fiécles, qu'on ne peut
la découvrir parfaitement. Les ufages de nôtre tems font bien
différents de ceux d'autrefois. Aujourd'hui les Seigneurs des Fiefs
portent le nom de leurs Fiefs; autrefois il n'en étoit pas ainfi,
c'étoit les Fiefs qui portoient le nom de ceux qui en avoient
été les premiers Seigneurs: *Tabernacula eorum in progenie, &
progenie: vocaverunt nomina fua in Terris fuis*. Difoit autrefois
le Prophête Roi, Pf. 48. Loyfeau dans fon Traité des Ordres,
ch. 12, n. 52 & 53, nous attefte que tel étoit l'ufage des *anciens Romains qui de leur nom faifoient des dérivatifs dont ils dé-
nommoient leur Terre*. Cujufmodi funt fundus Cornelianus, Sem-
pronianus, Catullianus, &c. *Ce que faifoient pareillement les anciens François*, ajoute-t-il, ... *ce qui étoit certes fort honnora-
ble, car c'étoit figne que la Terre étoit ancienne en la Famille;
voire qu'elle avoit été edifiée & érigée par les ancêtres d'icelle,
puifqu'elle portoit le nom de la Famille*.

L'on voit un exemple de cet ancien ufage dans la Terre *de
Clugny* qui a reçû de fes premiers Seigneurs cette même & ancienne dénomination. Ainfi puifque la Seigneurie de *Clugny* a
reçû fon nom des autheurs des Produifants, il faut en conclure
que leur Nobleffe eft plus ancienne que cette Seigneurie.

2°. Les qualités que prenoient pour lors les descendants de la Maison de Clugny sont une autre preuve de la distinction de leur Famille. Les uns se qualifioient Hommes d'Armes, dignité très-distinguée autrefois, comme nous l'aprend le célébre Ducange si versé dans l'antiquité. Ecoutons-le nous expliquer le rang & les fonctions de l'Homme d'Armes; c'est dans son glossaire *media & infima latinit.* sous le mot (*Armiger.*) *Præsertim*, dit-il, *videntur appellati Armigeri qui principum ensem & scutum deferebant, quibus ij uterentur si necessitas incumberet ..... Armigerorum porrò summa fuit olim dignitas, ut qui primas tenerent in Regum aulis, & nonnumquam ad regalem ipsum apicem eveherentur.* Les autres comme les deux derniers se qualifioient Damoiseaux : or ce titre de Damoiseau, suivant la remarque d'un Antiquaire (*b*) étoit dû seulement aux Seigneurs qui n'avoient pas encore atteint l'âge requis pour être faits Chevaliers. *Cette qualité se donnoit anciennement aux fils des Rois, des Ducs, des Comtes & des Barons, & encore aux enfans des Chevaliers qui servoient en qualité de Pages chez le Roi ou les Princes Souverains,* suivant l'observation d'un autre Auteur. (c'est Loyseau, tit. des ordres des simples Gentils-Hommes, ch. 5, n. 25.

Les Ecuyers ou Damoiseaux, dit l'Auteur des mœurs & coutumes des François, p. 90, *étoient de jeunes Gentils-Hommes qui aspiroient à être Chevaliers. Le nom de Damoiseau marquoit quelque préeminence, plus de naissance que de mérite au dessus des autres Ecuyers.*

Ducange dans son gloss. *med. & infim. latinit.* sous le mot *Domicellus*, s'explique ainsi de cet avant nom : *invaluit postmodum ut Baronum præsertim & magnatum filii non* Domini, *sed* Domicelli *audirent, ut qui cœteris scutiferis, & natalium splendore & parentum dignitate præstarent.*

3°. Outre le nom de la Terre, les qualités & les dénominations que l'on vient de dire, les Armoiries de la Maison de Clugny marquent qu'elle étoit ancienne & distinguée du tems de la première reprise de Fief de 1083. En effet suivant le raport que nous a fait Musnier de ces Armoiries, ainsi qu'il les a vû gravées sur les Sceaux attachés ausdites Lettres de reprise de Fief, tout y est remarquable. Les clefs qui sont au milieu de l'Ecu sont *une marque de sûreté & de puissance*, dit l'Auteur de la science des Armoiries, p. 175; le heaume ou cimier qui est au dessus de l'écusson, est une marque de son illustration ; car de ce tems-là il n'étoit permis qu'aux personnes de la haute Noblesse de les mettre sur leur Armes. En voici la preuve tirée du Palais de l'honneur, p. 67.

Le Timbre ou Cimier, dit-il, *est une vraie marque d'une notable dignité, ou d'une ancienne ou illustre Noblesse, qui sert d'ornement au haut de l'écu, marquant la Charge de la personne; les cimiers ont été ainsi apellez, parce qu'on les pose à la cime ou sommet des casques qui sont sur l'écu des Armes. L'usage en est venu, de ce qu'anciennement les plus grands Seigneurs & Généraux d'Armées avoient accoutumé de porter sur le haut de leur casque diverses figures, soit d'animaux, oiseaux, ou autre chose, tant pour donner de la terreur à leur ennemis par ces representations redoutables, qu'aussi pour se faire reconnoître par leurs gens dans la mê-*

lée des combats, & les rallier près leurs perfonnes, n'étant pas per-mis aux fimples Ecuyers d'en porter fur leur cafque.

L'on doit obferver avant que de finir cet article, que quoi-que Mufnier n'ait fait mention que des fept reprifes de Fief de la Terre de *Clugny* qu'il a vû, & qui ont été fuivies de-puis l'époque de 1083, jufqu'à celle de 1331; cependant ce n'eft pas à dire que le dernier qui a repris de Fief en 1331, ait été le dernier de la Maifon Seigneur de cette Terre; car l'on voit par les piéces des Produifants, que cette Terre étoit, encore dans la Maifon en 1469. (V. la note fous le n°. 23.) En telle forte que conciliant les Titres avec les Autheurs, il paroît qu'elle a été poffédée par les auteurs des Produifants, pendant prés de qua-tre cens ans.

L'on a crû devoir inférer ici tout au long le témoignage qu'a rendu Mr. Chaffeneuz, ce célébre Magiftrat, fur la Maifon de Clugny, pour donner une idée générale de fon ancienneté & de fes diftinctions, aprés quoi l'on prouvera par Titres ces mêmes diftinctions.

Témoignage que rend Monfieur de Chaffeneuz *fur l'antiquité & quelques illuftrations de la Maifon de* Clugny.

M Effire *Ferry* de Clugny, &c.

N°. II.

Cotte y.y.y. au cinquié-me Sac.

(i) M. Chaf-feneuz écrivit ceci en 1517. Il fe fert du terme de Maifon en parlant de la Fa-mille de Clu-gny, c'étoit un Jurifconfulte & un grand Hom-me, dont l'au-torité ne doit pas entrer en paralelle avec celle du Défen-deur qui pré-tend que l'on ne doit pas dire Maifon, mais Famille.

„ Hæc Civitas Æduenfis, multos habuit Doctores, & in „ Jure peritiffimos multum excellentes temporibus fuis, „ & inter alios habuit hunc de Clugny, qui fuit in Jure „ peritiffimus, Canonicus & Officialis heduens; & tan- „ dem Epifcopus Tornacenfis. Ex illâ enim Civitate He- „ duenfi fuit oriundus: & ex illâ *nobili domo* (i) *de Clu-* „ *gniaco*, quæ floruit non folum in hac Patriâ, verum „ etiam in Galliâ, in officiis Regalibus & aliorum Prin- „ cipum Galliæ; *ab anno Dni. millefimo*, ufque ad hæc „ tempora. Ex illâ enim fuerunt Ballivi Nivernenfes, Al- „ tiffiodorenfes, Heduenfes, Auxeti & Divionenfes. Plura „ & diverfa officia in domibus Principum, fcilicet Chrif- „ tianiffimorum, Regum Franciæ & Ducum Burgundiæ „ obtinentes; & etiam his temporibus ultimatè præteritis „ fuerunt multum Excellentes Viri. Videlicet Dom. *Ferri-* „ *cus de Clugny* de quo hic fit mentio: qui tandem fuit „ Epifcopus Tornacenfis & Proclamatus Cardinalis, & „ tempore Sixti Papæ miffus per Ducem Burgundiæ, & „ Legatus cum Duce Cliviacenfi in Concilio mantuano, „ qui fuit Cancellarius iftius Status dignitatis, feu ordinis „ qui dicitur, *l'Ordre de la Toifon*; fuit & ejus Frater

Dom.

Dom. *Guillel. de Clugny* Episcop. Pictaviensis, qui tan- «
dem fuit *Cancellarius Franciæ*, & vir magnæ experientiæ «
& magnæ autoritatis apud Christianissimum Regem Fran- «
ciæ Ludovicum XI. & qui quidem multis fondationibus, «
& donis dotaverunt, & decoraverunt plures Ecclesias, «
maximè ecclesiam Heduens. Tornacens. & Pictavien. fuit «
Magister *Joannes de Clugny* eorum frater qui fuit Doc- «
tor in utroque Jure, Consiliarius & Magister Requesta- «
rum ordinarius illustrissimi Principis Philippi Ducis Bur- «
gundiæ Dom. de Monthelon Sancti Romani & de Rai- «
gneo, qui habuit tres filios videlicet Nobilem virum *Guil-* «
lelmum de Clugny Dom. de Monthelon, qui fuit tem- «
pore suo Consiliarius Caroli Ducis Burgundiæ; Dom. «
Bartholomeum de Clugny Can. Heduens. & Archidiac. «
Avalonen.; & Dom *Ant. de Clugny* Priorem de Col- «
chiis. sunt & his temporibus nostris, & ex descenden- «
tibus ex dicto Dom. *Guil. de Clugny*, Dom. *Guillel-* «
mus de Clugny Canonic. Heduens. & Prior Commenda- «
tarius de Colchiis. & Nobilis vir, & Dom. *Ludov. de* «
Clugny ejus frater Dom. de Monthelon. Sunt etiam ex «
illâ Domo de Clugniaco plures Nobiles in Bugurndiâ, «
qui de câ descenderunt; quos laboriosum esset enume- «
rare, qui omnes sunt ex illâ prosapiâ & progenie *de* «
Clugny, habente ortum & originem ex hac Civitate He- «
duensi (*Mr. Chasseneuz dans son Com. sur la Cout.* «
de Bourg. p. 25.) «
«

Les deux actes qui suivent concernent le premier degré qu'on
puisse établir par Titres de la Généalogie des Sieurs de la Maison de Clugny. L'on va bien plus loin par les Autheurs , comme on l'a dit ; mais à s'en tenir aux Titres, l'on voit que *Guil-*
laume premier qui suit fût leur huitiéme ayeul, c'est-à-dire aux
Sieur de Darcey, de Grignon & au Sieur Charles-Antoine de Clugny.

Extrait de l'acte de reprise de Fief des Terres de la Croix,
de Domecy & de Burribauguay, faite par Guillaume
de Clugny Bailli de Dijon à la Duchesse d'Athenes.

N° III.

Nous Jeanne de Eu Comtesse d'Estampes, Duchesse « Cotte
d'Athenes, ayant licence & pouvoir de Monseigneur sur « Au 6ᵉ· Sac.
le Gouvernement & administration de toutes nos Terres « 3 Septembre
« 1368.

» & besognes, faisons sçavoir que nôtre amé & féal Conseiller Maître *Guillaume (k)* de Clugny d'Ostun licencié en Loys, est aujourd'hui entré en nôtre foi, & nous ha faict hommage de la Terre, & de tout ce qu'il doit tenir de nous en Fié, és Villes, Finages, Territoires de la Croix de Domecy, & de Burribaugay, auquel hommage nous l'avons reçû, sauf nôtre droit & l'autrui, &c. Donné en nôtre Château de Beauché le troisiéme jour du mois de Septembre 1368. »

Au dos de cette reprise de Fief on y lit ces mots: (*reprinse de Beurrybauguay & de la Croix de Domecy, faite par Monseigneur le Bailly de Dijon Clugny.*)

Il y avoit un Seau attaché à ces Lettres, mais la durée des tems l'a enlevé.

Guillaume est le même qui est dénommé dans les Lettres suivantes.

Copie des Lettres de Philipe Duc de Bourgogne en faveur dudit Guillaume de Clugny *Bailly de Dijon & Seigneur de Conforgien.*

N°. IV.

» Philipe fils de Roi de France, Duc de Bourgogne qui ores est, & si long-tems avenir, ou à son Lieutenant; salut & dilection. Nous avons octroyé & octroyons par la teneur de ces Lettres de grace espécial à nôtre amé & féal Conseiller Maître *Guillaume (l)* de Clugny nôtre Bailly de Dijon, que pour toutes les Lettres de acquets de héritaiges par lui faicts & à faire qui venront au Scel de notre Chancellerie, il soit quitte audit Scel, tant comme il nous plaira. Si vous mandons que de nôtre présente grace vous faites & laissiés notred. Conseiller paisiblement joüir & user en rendant ces presentes aud. nôtre Conseiller & retenant transcrit d'icelles collationné, en la Chambre de nos Comptes que ce que les Seauls desdites Lettres pourront monter, ils allouent en nos Comptes ou d'autres à qui il apartiendra sans difficulté aucune, nonobstant ordonnance ou deffences contraires. Donné à Monbar le 26ᵉ jour d'Oct. l'an de grace 1374. » *Signé* J. Blanch, *avec paraphe.*

Au dos de ces Lettres il y a une inscription sur laquelle est un petit trou ; voici la copie figurée de l'une & de l'autre.

,, P.ᵉ noble hõme & faige m.
,, Guillme de Clugʸ Licen. en Lois.
,, Baillif de Dijo **O** diz Baillif
,, d'Auxois Sᵣ. de **O** gien.

Outre cette infcription, il y en a une autre en ces termes.

Comme noble Seigr. Maître Guille. de Clugny «
Seigneur de Conforgien fut Bailly de Dijon. «

Cette piéce prouve d'abord que *Guillaume* premier du nom que l'on établi par Titres, avoit mérité l'eftime & l'amitié de fon Prince, puifqu'il lui accorda un Privilége particulier pour toutes les acquifitions d'héritage qu'il avoit faites & qu'il feroit dans la fuite.

Par les deux piéces que l'on vient de voir, il paroît que *Guillaume* fut en premier lieu l'un des Confeillers de la Duchefse d'Athenes, Seigneur de Beurribauguay, de la Croix de Domecy & de Conforgien, enfuite Baillif d'Auxois, puis Baillif de Dijon. L'on verra par la fuite qu'il fut encore Chambellan de Philipe Duc de Bourgogne, ce qui prouve qu'il étoit Baillif d'épée.

Guillaume premier Baillif de Dijon fut fils de *Huguenin* l'un des *Damoifeaux* qui fit la derniere reprife de Fief de la Terre de Clugny, à la Châfſe de S. Symphorien d'Autun en 1331, conjointement avec *Guillaume* fon frere.

Parmi les Titres qui ont été reftituez aux Sieurs de la Maifon de Clugny, il n'en eft point qui remonte jufqu'à *Huguenin*; il n'en eft pourtant pas moins vrai qu'il ne fût le pere du Baillif, duquel on s'explique ici, cela fondé fur les motifs & circonftances fuivantes. 1°. Les anciens mémoires qui font dans la Maifon de Clugny le portent ainfi. 2°. L'époque du titre qui parle de l'exiftence de *Guillaume* fuit immédiatement celle de la derniere reprife de Fief de *Huguenin*, & l'on y voit que le fils fuit le pere dans l'ordre naturel du tems. 3°. *Guillaume* pour être Baillif devoit être *de qualité requife*, comme parlent les anciennes Ordonnances, c'eft-à-dire d'une grande & ancienne Noblefſe, & cela fe trouve dans la perfonne de *Huguenin* fon pere qui ne pouvoit prendre la qualité de *Damoifeau*, fans être lui-même iffu d'une ancienne Noblefſe, comme on l'a prouvé plus haut. 4°. Comme il eft acquis par Chaffeneuz, Mufnier, Saulnier, Gerfon, &c. Autheurs dont on a parlé plus haut, que les ancêtres des Produifants defcendent des de Clugny qui fe font fuccédez les uns aux autres, & dont on voit l'exiftence dans les reprifes de Fief qui fe fuivent depuis 1083, jufqu'en 1331, l'on ne voit pas que *Guillaume* le Baillif puifſe tirer fon origine d'aucun autre, que de *Huguenin*, qui fit une branche diftincte & féparée de *Guillaume* fon frere, comme on le verra dans la fuite. Enfin le même nom & les mêmes Armes que portoit *Huguenin*, comme il fe voit aux Sceaux des reprifes de Fief de la Terre de Clugny, *Guillaume* le Baillif les portoit aussi, comme il se voit sur sa Tombe qui est dans la Chapelle des Peres de l'Oratoire de cette Ville, dont on parlera plus bas, & comme on le voit encore sur un Soleil, un Calice, une Chasuble que ledit *Guillaume* premier a donné à l'Eglise de S. Jean l'Evangéliste d'Autun.

Toutes ces circonstances de même nom, mêmes Armes, même qualité, d'époque qui se concilient parfaitement, du témoignage des Auteurs, ne laissent pas à douter que *Guillaume* ne tire son origine d'un de ces deux freres qui firent la derniere reprise de Fief en 1331; & comme ils ont fait deux branches, comme on le verra plus bas, & que *Guillaume* est l'autheur d'une des deux, il faut nécessairement que *Huguenin* soit l'autheur de l'autre, & pour cela qu'il soit pere de *Guillaume* le Baillif qui a fait cette autre branche qui est la seule qui subsiste aujourd'hui.

Mais laissant à part, pour un moment, ces réflexions, à ne commencer la Généal. des Srs. de la Maison de Clugny, que par ceux dont ils ont des Titres. L'on y voit que *Guillaume* 1er. Bailly de Dijon, est le 8e. Ayeul des Srs. de Grignon & de Darcey, & du Sr. *Charles Antoine* de Clugny. A la suivre par la tradition & les Autheurs, ils peuvent remonter tout au moins, jusqu'à 17 degrés, dont *Symphorien* qui fit la premiere reprise de Fief de sa Terre de Clugny à la Châsse de S. Symphorien en 1083 auroit fait le premier; il est sans doute peu de Généalogies, même des plus anciennes Maisons de France, qui puissent voir de si loing la durée de leur Noblesse.

Les Produisants se contenteront néanmoins dans cet ecrit de la produire suivie depuis *Guillaume* le Bailli, pour ne raisonner que sur les Titres qui leur restent. Quand ils n'auroient pas le témoignage des Autheurs qui la font remonter trois siécles plus haut; quel avantage n'y auroit-il pas toûjours de pouvoir compter par une filiation non interrompuë, éxacte & bien suivie, pour huitiéme ayeul un Bailli d'Epée de la Capitale de nôtre Province, qui, pour être le Chef de la Noblesse, devoit être d'une Naissance distinguée & sans reproche?

Guillaume le Bailli fut marié à une *de Semur*, dont on ignore le nom de Baptême; la preuve de cette alliance résulte, de ce que dans plusieurs endroits de l'Eglise de S. Jean l'Evangéliste d'Autun, l'on y voit les Armes dudit *Guillaume* miparties de celles de la Maison *de Semur*. Il est à propos de donner ici la description desdites Armes que l'on voit dans ladite Eglise (*m*) sur le pied d'un Soleil, d'un Calice, sur une ancienne Chasuble de velours qui subsiste encore, & sur la vitre d'une Chapelle de ladite Eglise. D'une part, & dans le même Ecu, sont les Armoiries de la Maison de Clugny, composées de deux Clefs d'Or, en champ d'azur, posées en pal, les anneaux entrelacez, pometez, & en lozange. D'autre part, l'Ecusson est partis de trois bandes d'azur, en champ d'Argent, qui sont les Armes de la Maison de Semur. (*n*) On observe ici, que quoique les Armes de la Maison de Semur portent trois bandes de gueules, à la différence qu'elles sont ici d'azur; cependant on ne peut douter un moment que ce ne soient les Armes de Semur par les piéces dont elles sont composées; cette légére différence de bandes d'azur, au lieu de

gueules

(*m*) Preuve. Procés verbal dressé de l'état des Lieux du 30 Juillet 1722.

(*n*) Grand Armorial, p. 74.

gueules, n'étant qu'une brizure de cadet; car la même chofe fe trouve dans la Maifon de Mailly, dont trois branches font différenciées par les émaux, quoiqu'elles portent toutes les mêmes Armes; on citeroit nombre d'autres exemples femblables s'il étoit néceffaire.

Or la Maifon de Semur, fuivant le témoignage des Généalogiftes & des Hiftoriens, eft l'une des plus anciennes & des plus Illuftres du Royaume, puifqu'elle a donné des filles dans les premieres Maifons de Bourgogne, & notamment une dans la Maifon Royale de France, de la troifiéme race. C'eft ce que l'on voit par le mariage *d'Alis de Semur* fille de Dalmatius, Baron de Semur & d'Aremburge de Vergy qui époufa dans le milieu du onziéme fiécle *Robert premier* Duc de Bourgogne, fils de Robert Roi de France, & frere d'Henry premier qui régna aprés ledit Robert. C'eft ce que l'on voit dans les Hiftoriens, & entre autres dans la généalogie de la Maifon de Damanzé, p. 13 & 14.

Que les Armes de Clugny, au refte, que l'on a dit être gravées fur le pied d'un Calice, d'un Soleil, &c. qui font encore actuellement dans l'Eglife de S. Jean l'Evangélifte d'Autun, foient véritablement celles de *Guillaume* de Clugny Baillif de Dijon, miparties avec celles de la Maifon de Semur, on ne peut pas en douter un moment. La preuve en réfulte de la tranfaction du 3. Décembre 1509 placée plus bas fous le n°. 33, où il eft fait mention d'un Calice d'Argent donné à ladite Eglife de S. Jean par ledit *Guillaume*, fur lequel fes Armes étoient gravées; laquelle tranfaction porte entre autres chofes ces termes. *Le Calice d'Argent d'icelle Chapelle armoyé aux Armes de mondit Seigneur Fondeur d'icelle Chapelle*, qui eft dans l'Eglife de S. Jean. (Ce font les termes du Chápelain qui faifoit la defferte de cette Chapelle au tems de la tranfaction.)

L'on va donner ici une copie figurée defdites Armes de Clugny miparties avec celles de Semur, ainfi qu'on les voit fur le Calice, la Chafuble, le Soleil qui furent donnez par ledit *Guillaume* à l'Eglife de S. Jean d'Autun. Ladite copie tirée par Ordonnance de la Cour, Parties prefentes le 30 Juillet 1722, & paraphée par le Lieutenant Général au Bailliage d'Autun, pardevant lequel cette reconnoiffance fut faite defdites Armoiries.

Par Nous Paraphé en conféquence de nôtre Procés Verbal de ce jour 30. Juillet 1722. Signé P I L L O T.

H

Il eſt tems actuellement de parler de la forme dont eſt compoſé l'acte de 1374 dont on vient de donner l'extrait, parce que le Défendeur a pris de là matiere à incidenter; enſuite l'on parlera de ce qu'il contient en ſubſtance pour prouver le véritable état dudit *Guillaume*, & faire voir la diſtinction du rang qu'il a tenu, parce que malgré l'évidence que portent avec eux les deux actes ci-deſſus qui le concernent, le Défendeur a voulu ſoutenir que ce même *Guillaume* Baillif d'Epée avoit été un Bourgeois de la Ville d'Autun, idée ſi ſinguliére, que non-ſeulement elle eſt démentie par Titres autentiques, mais même qu'elle choque ouvertement le bon ſens.

Quant à la forme dudit acte, il eſt évident que le petit trou que l'on y voit, qui ne touche point au corps de l'acte, n'empêche pas qu'on n'y liſe ces mots tels qu'on les a figuré & écrit: *Pour noble homme, & ſaige Maiſtre Guillaume de Clugny licentié en Lois, Baillif de Dijon, jadiz Baillif d'Auxois, Seigneur de Conforgien.* Tout le démontre ainſi; la qualité de Bailli qui ſe trouve dans le corps de l'acte; la petiteſſe du trou; les lettres que l'on conçoit naturellement qui doivent être ſupléées à celles qui reſtent, & qui ne ſont pas effacées: tout cela fait une conviction de ce que l'on vient de dire. Cependant Mr. le Conſeiller de Cluny, qui ne ſe rend pas aiſément aux convictions & aux évidences, prit le parti d'incidenter ſur ce petit trou, ſitôt que les Lettres dont on parle furent produites. L'incident eſt curieux; on ne doit pas le ſouſtraire au Public, tant pour détruire ce qui a été objecté, contre la foi de cet acte, que pour donner quelque idée générale de la maniere dont Mr. le Conſeiller de Cluny s'eſt deffendu ſur le fond du procés dont il s'agit.

Mr. le Conſeiller de Cluny, jaloux aparemment du Titre d'honneur de Bailli qu'avoit porté *Guillaume premier*, fit tous ſes efforts pour rendre cette piéce ſuſpecte aux yeux de la Cour, & pour la faire rejetter du procés: après l'avoir examinée ſcrupuleuſement, & cherché les moyens de l'anéantir, il crût qu'il pourroit ſoutenir que *Guillaume* n'étoit qu'un Bailli de Robe longue, & qu'il étoit Lieutenant du Bailli d'Auxois. Pour prouver qu'il étoit Lieutenant du Bailli d'Auxois, il s'aviſa de dire (o) que les Produiſans avoient fabriqué ce trou exprès, pour effacer les mots de (*Lieutenant du*) qu'il prétend qui rempliſſoient le vuide, pour ne faire paroître que (*Baillif d'Auxois.*) qui étoient les mots qui reſtoient de ladite ſuſcription. Il dénonça l'Audience & conclut à un Raport d'Experts pour reconnoître ce trou. Les Procureurs des Parties parurent à cette dénonciation; c'étoit ſans doute bien aſſés que deux Procureurs paruſſent pour plaider ſur un incident qui paroiſſoit plûtôt un jeu qu'une matiere ſérieuſe; mais point du tout, il demanda à la Cour, après que les Procureurs eurent plaidé, que la Cauſe fût remiſe à un autre jour pour y être diſcutée de nouveau par Avocats, & il fut ainſi ordonné par Sentence du 9. Août 1720. Pour ſatisfaire à cette Sentence, les Avocats des Parties vinrent plaider.

Enfin après que la Cour eut oüi cette plaidoirie, ce bel incident plaidé avec aparat, fut joint au fond. Ne nous arrêtons pas à faire voir le ſingulier, ni à relever la bizarerie de cet incident. L'un & l'autre ne ſe voit que trop à la confuſion de celui qui en eſt

(o) Dans ſa Requête ſignifiée le 28 Juillet 1720, pleine d'invectives, de baſſes & fauſſes cuſations qui marquent la paſſion de celui qui en eſt l'Autheur. *Non probris, ſed rationibus certandum*, dit la Loi.

l'auteur. Obfervons feulement que fi Mr. le Confeiller de Cluny avoit voulu ouvrir les yeux pour fe rendre à la vérité, il y avoit une infinité de circonftances qui la lui auroit rendu fenfible.

1°. Il n'eft pas bien furprenant, fi dans un acte qui eft fait depuis 450 ans, on y trouve un petit trou de la largeur d'un poid. Le tems qui detruit tout a ufé bien autre chofe depuis ce tems-là. Il y a lieu de s'étonner au contraire qu'on l'ait confervé fi entier, auffi-bien que beaucoup d'autres. Mais ce petit trou ne touche point à ce qui eft contenu dans le corps de l'acte ; il eft feulement à la marge & ne touche qu'aux termes de la fufcription, ce qu'il eft bon d'obferver.

2°. Le corps de l'acte ne fait pas mention que *Guillaume* de Clugny fut Lieutenant du Bailli d'Auxois ; pas un feul mot d'aprochant de cette qualité, il y eft feulement denommé en ces termes, *Bailly de Dijon*, & rien autre : or pourquoi, quand cela ne paroît pas évidemment dans la fufcription, donner plus de crédit à une imagination qu'à ce que l'on voit dans le corps de l'acte même ?

3°. Rien n'eft plus mal imaginé, que de dire que *Guillaume* étoit Bailly de Dijon, & en même tems Lieutenant du Bailly d'Auxois. Sans le prouver l'on eft perfuadé que la Cour fent tout le foible de cette imagination. En effet, comment fe pourroit-il faire qu'un Bailly de Dijon, Capitale d'une Province, fût Lieutenant d'un autre Bailly de la dépendance de cette même Province ? & quel homme auroit-ce été que ce *Guillaume* de Clugny, fi l'on avoit réuni en fa perfonne deux Charges fi difproportionnées en Dignité ? rien n'étoit fi élevé pour lors que la Charge de Bailly, comme on le fera voir bientôt. Au lieu que les Lieutenants des Baillys n'étoient pas à beaucoup prés fi diftingués. Les Baillys étoient députés par le Roi pour gouverner les Provinces ; c'eft pour cela qu'ils étoient apellés *Miffi Dominici*, ou *Miffi Regii* (*p*) Au lieu que les Lieutenans des Baillys étoient des Officiers Commis que les Baillys inftituoient & deftituoient lorfqu'il y avoit caufe raifonnable de le faire, comme il fe voit és anciennes Ordonnances [*q*] qui font dans le vieux ftile du Parlement de Paris, tit. des Senechaux.

(*p*) Loyfeau Titre des Offices non venaux, l. 4, n. 21.

(*q*) Ordonnance de Moulins de 1490, art. 6. Loyfeau liv. 1, ch. 3, n. 34.
Ordonnance de Charles VIII. à Paris en 1443. art. 73.
(*r*) V. cette tranfaction fous le numero 33.

4°. On a produit & communiqué un acte du 3 Décembre 1509 qui devoit lever tous les doutes fur ce fujet ; cet acte eft une tranfaction [*r*] faite entre *Guillaume* de Clugny, Seigneur de Monthelon, & Jean Deffoulx Clerc & Citoyen d'Autun. Voici ce qui y donna lieu.

Guillaume de Clugny, Seigneur de Conforgien, & Bailly de Dijon, qui eft celui dont il s'agit ici fit plufieurs Fondations, & une entre autres de trois Meffes par femaines, dans la Chapelle de S. Benigne de l'Eglife Paroiffiale de S. Jean le Grand d'Autun, pour laquelle Fondation il donna des fonds proportionnés. Par la fuite du tems les Chapelains nommés à la defferte de ces trois Meffes négligérent ces fonds & en laifférent périr une partie ; de forte que les Chapelains qui fe fuccédérent ne trouvant plus les mêmes fonds, ne voulurent plus faire la même defferte ; *Guillaume* de Clugny Seigneur de Monthelon, l'un des defcendants de ce Bailly de Dijon, fit une inftance audit Jean Deffoulx Chapelain de ladite Chapelle pour l'obliger à faire faire la Defferte def-dites Meffes ; celui-ci au lieu de plaider paffa une tranfaction avec lui, dans laquelle il s'obligea à faire dire une Meffe chaque femai-ne, pour fatisfaire à la Fondation qu'il rapelle faite par *Guillau-me Seigneur de Conforgien, qui étoit* (eft-il dit, dans la tranfaction) *Bailly d'Auxois, & depuis Bailly de Dijon du tems du Roi Jean, & de Philipe fans Terre Duc de Bourgogne.* On ne peut pas dou-ter que lorfque ce Chapelain tranfigea, il n'eût devant les yeux le Titre primordial de la Fondation fur laquelle il tranfigeoit, & qu'il ne donna à *Guillaume* de Clugny Bailly que les qualités qu'il avoit vûës écrite fur le Titre de Fondàtion; *il faut voir cette tran-faction placée felon l'ordre de defcendance au n°. 33.*

Ces qualités de Bailly d'Auxois & de Dijon qui fe trouvent énon-cées dans un acte folemnel & autentique ne doivent-elles pas in-finiment plûtôt faire foi en Juftice que l'allégué bizarre, vague & dénué de preuves de Mr. le Confeiller de Cluny ? & à confidérer fainement les chofes, lequel croira-t-on des deux, ou des Pro-duifants qui juftifient par écrit ce qu'ils avancent, ou de la Par-rie adverfe qui hazarde un fait qui n'a aucun fondement, & mê-me dénué de toute vrai-femblance ? les actes que l'on produit de 1374 & de 1509 font hors de toute fufpicion, & le fait qu'a avancé Mr. le Confeiller de Cluny, & qu'il foutient encore au-jourd'hui avec chaleur, ne doit fon origine qu'à l'imagina-tion qui l'a enfantée depuis quelques jours. Les énonciations des actes anciens font des preuves ; cela eft certain ; *in antiquis enun-ciativa probant.* Les allégués des Parties ne font point écoutés, lorfqu'ils ne font pas fondés fur preuves ; cela n'eft pas moins cer-tain, & par conféquent.

Ces actes qui mettoient la vérité en évidence devoient donc faire impreffion fur Mr. le Confeiller de Cluny, & de mê-me que la lumiere perce les plus fombres ténébres, ainfi devoient-ils convaincre l'efprit le plus durement obftiné. Mais point du tout, au lieu de céder à la lumiere, Mr. le Confeiller de Cluny a attribué à fes adverfaires qui les ont produit un ridicule, qui certainement ne fe trouvera que dans fa remarque. Voici comme il en parle dans fa Requête du 5 Aout dernier. *Ils ont eu l'im-prudence*, dit-il en parlant des Produifants, (& c'eft là le plus mo-déré de fes termes ; que la Cour juge des autres) *d'avancer que ce Bailly de longue Robe dont il eft parlé dans le Tit. de 1374 dont il s'agit vivoit encore en 1509 ; en forte qu'à leur compte il auroit au moins vécu 160 ans.*

Jamais les Produifants n'ont raifonné de la forte, & l'on défie encore actuellement Mr. le Confeiller de Cluny de faire voir dans quel endroit de leurs écrits eft l'anacronifme ridicule qu'il leur im-pute. Il faut faire voir comme ils ont parlé dans leurs deffences à fa Requête. *Voici un autre Titre, difent-ils, qui eft un acte du 3 Décembre 1509 où ce même Guillaume de Clugny Seigneur de Conforgien eft nommé Bailly d'Auxois, & depuis Bailly de Dijon ; ce Titre rapelle une Fondation faite par ce même Guillaume de Clu-gny ainfi qualifié.* Y a-t-il rien là qui aproche ce qu'a voulu dire Mr. le Confeiller de Clugny ? & où eft la preuve qu'on ait dit ou voulu dire que ce *Guillaume* de Clugny avoit vécu au moins 160
ans ?

ans? mais on n'auroit jamais fait fi l'on vouloit s'arrêter à le relever de toutes ses fausses démarches. C'est cependant dans de semblables discours que git son triomphe, accoutumé à attribuer à
ses adversaires des choses auxquelles ils n'ont jamais pensé, il se
forme ainsi lui-même des phantômes pour avoir le plaisir de les
combattre.

Il est donc constant que *Guillaume* qui vivoit en 1374 étoit
Bailly de Dijon, & qu'il ne pouvoit pas être en même tems Lieutenant du Bailly d'Auxois, suivant les remarques que l'on vient
de faire.

A quoi l'on ajoute que le Défendeur ayant connu lui-même
que ce fait qu'il avoit hazardé étoit dénué de toute vrai-semblance, il a changé de langage dans ses derniers écrits, en disant qu'il y avoit dans ce petit trou dont on a parlé, *Licencié en
Loix*, & que l'on a fait le trou à dessein d'effacer ces mots, qui,
dit-il, ne faisoient pas honneur. Cette nouvelle imagination qui
détruit la premiere, se détruit aussi d'elle-même. La remarque est
trop bizarre & la fausseté trop évidente pour donner à cela une
sérieuse réponse.

Enfin pour qu'il ne reste absolument rien à dire sur la foi de l'acte
dont on parle, de 1374. L'on vient d'obtenir de la Cour un Arrêt, qui ordonne que pardevant Mr. Pouffier Doyen de la Cour,
Il sera dressé Procès verbal, Partie presente ou dûement apellée,
de l'état des piéces représentées par le Sieur de Thenissey. Cet
Arrêt a été exécuté, & Procès verbal dressé en conséquence: ce
Procès verbal qui est des 12. 15. & 16. Mars dernier, porte entre autres choses ces termes: *Sur la requisition dudit Sieur de Thenissey, nous lui avons octroyé acte que toutes les piéces par lui re-
presentées sont en bon etat & sans altération... Il nous a aparu...
dans la piece du 26 Octobre 1374.* [qui est celle dont il s'agit,) *un
trou à la marge, qui paroît causé par la vétusté de la piéce, & qui
tient jusqu'au bord de l'écriture dudit acte.* L'on ne pense pas que
cela ait besoin de commentaire: ce seroit en affoiblir les termes.

Mais ce n'est pas là tout: cette chicanne est suivie d'une autre sur
le même sujet. Mr. le Cons. de Cluny a soutenu dans sa Requête
du 28 Juillet, & dans celle du 20 Décembre dernier, que ce Guillaume de Clugny étoit Bailli de Robe longue, & non Bailli d'E-
pée. Raportons ses termes mot pour mot, ils serviront à faire
voir son erreur, ses emportemens & la nécessité où il a mis les
Sieurs de Clugny de commenter leur production.

On observera à la Cour, dit-il, (ſ) *que l'entêtement de ces adversaires a été de fourer des Baillis d'Epée dans leur Famille dès le
14e siècle, croyant par là se donner une illustration qui leur manque, & eblouïr leur Partie & même leurs Juges par cette supo-
sition: or pour développer leur supercherie sur cet art. l'on dit sur
la foi des Régistres de la Chambre des Comptes, qu'avant l'année
1560. la plûpart des Baillis etoient gens de Lettres, Baillis de
longue Robe; car ce ne fut que par l'Ordonnance faite en 1560.
aux Etats d'Orleans, que ces places furent affectées aux gens d'E-
pées qui se trouveroient de qualité à en porter; mais depuis ce
tems-là les Sieurs de Thenissey & Conforts ne font pas voir que leur
Famille en ait fourni en aucun Bailliage. On avouë qu'en 1374.*

[ſ] Requête du 28 Juillet 1720.

Guillaume de Clugny étoit Bailly de Robe longue au Siége de Dijon ..... cela est si vrai, que dans la teneur de ces mêmes Lettres, ce Guillaume de Clugny est qualifié Maître qui est une dénomination, laquelle n'a jamais convenu aux Baillys d'Epée.

Rep.. Cette autre remarque du Défendeur n'est guére plus digne d'être réfutée que celle qu'il a faite sur le trou dont on vient de parler. Comme les Sieurs Produisants au reste ont interêt de ne laisser aucune aparence de doute sur cette matiere, ils vont la traiter.

Il ne s'agit pas ici pour prouvér un fait de 1374 de rapeller une Ordonnance faite en 1560; l'on avouë que par cette Ordonnance les dignités de Baillys furent singulierement affectées aux gens d'Epée; mais faire rétrograder cette Ordonnance de 186 ans pour en tirer cette conséquence; donc *Guillaume* premier étoit un Bailly de Robe longue; c'est une pitoyable conséquence, parce que cette Ordonnance peut prouver tout au plus, qu'avant 1560 il y avoit eu quelques Baillys de Robe longue parmi les Baillys de Robe courte; & comme l'on vouloit éviter cela dans la suite, il fut ordonné que ces dignités ne seroient plus possédées que par des Gentils-Hommes de Robe courte. La raison de cela est tout au long dans l'Edit de Blois de 1579, article 283, qui porte les termes suivants.

Et d'autant que les Offices de Baillys ou Seneschaux sont de ceux ausquels pour la grandeur de la Charge où ils sont apellés est trés-nécessaire de pourvoir de personnes de respect; Ordonnons que nul ne sera par ci aprés pourvû ausdits Etats, qu'ils ne soient de Robe courte, Gentil-Homme de Nom & d'Armes, &c.

Qu'est ce que supose cette Ordonnance? qu'il y avoit eu avant ce tems-là des personnes qui avoient possédé ces Dignités qui n'étoient pas de qualité requise; mais pour y remédier, qu'est-ce qu'elle dit? qu'il ne sera plus pourvû que *des Gentils-Hommes de Nom & d'Armes*; pourquoi cela? *pour la grandeur de la Charge,* est-il dit, qui demandoit qu'il ne fut pourvû que *de personnes de respect.*

Cette Ordonnance comme celle de 1560 ne fut donc donnée, pour ce qui concerne les Baillys des Provinces, que pour remédier à un abus qui s'étoit introduit de nommer à ces Dignités des gens de Robe qui n'étoient pas de qualité requise, c'est-à-dire Gentils-Hommes de Nom & d'Armes; c'étoit pour rétablir les choses sur l'ancien pied; car suivant la premiere Institution des Baillys, on n'y nommoit que des gens d'Epée ou des personnes qui étoient de Robe & d'Epée tout à la fois. C'est ce que nous aprennent les anciennes Ordonnances, les Autheurs & l'usage de ce tems. Il faut en raporter les preuves pour ne pas tomber dans le deffaut du Défendeur qui a dit beaucoup de choses dans ses écrits concernant les anciens usages, & qu'il n'a pas prouvées.

Quant aux Ordonnances, celle de Charles VII. du mois d'Avril 1453 donnée au Montil-les-Tours, art. 82, suffira sur ce point. En voici les termes.

„ Ordonnons que nos Baillifs & Seneschaux, aprés „ que leur aurons donné iceux Bailliages ou Seneschauf-

39

fées, avant que en prendre poffeffion, ne qu'ils puif- "
fent prendre aucune Jurifdiction, faffent le ferment "
en nôtre Cour de Parlement, ainfi qu'il eft accoutu- "
mé de toute ancienneté, finon qu'ils fuffent empê- "
chés en leurs perfonnes au *fait de nôtre Guerre* ou "
à l'entour de nôtre perfonne, comme *Chambellans* "
couchans devant nous. "

Ces derniers termes, *finon qu'ils fuffent empêchés au fait de nôtre Guerre* prouvent donc qu'avant 1453 ces Baillys étoient gens d'E-pée, gens de Guerre. Cela eft inconteftable, & ne devoit pas for-mer un doute dans l'efprit du Défendeur, qui fçait mieux qu'un autre, que les Officiers de Robe longue ne vont pas à la Guerre, & même qu'ils doivent rarement fe fervir des Armes. Ces autres mots; *ou à l'entour de nôtre perfonne comme Chambellans, couchans devant nous*, prouvent encore que les Baillys devant être des hommes d'Epée, parce que le Chambellan étoit un homme d'E-pée, un Gentil-Homme qui veilloit à la Garde de la perfonne du Roi, qui couchoit dans fa Chambre, & qui comme dit Mr. Ra-gueau dans le langage de fon tems, *devoit géfir quand la Reine n'y étoit pas aux pieds du lit du Roi*. C'eft pourquoi les Latins (*t*) apelloient le Chambellan ou Chambrelan, *Camerarius* ou *Cuftos cubiculi, Cubicularius, Prapofitus Sacri cubiculi, cui erat Thalami Cefariani cura clarus cubiculo Prapofitus*, &c.

(*t*) Ammianus, l 6.
Gorgonius in l. quoties C. ubi Senat.

Suivant cette Ordonnance de 1453, il eft donc fans contredit que les Baillys étoient d'Epée & de Robe courte, puifqu'ils al-loient à la Guerre, & que la garde de la perfonne du Roi leur étoit confiée en qualité de Chambellans. Mais cette Ordonnance ne nous inftruit pas affés de l'état & de la dignité des Baillys. Voyons qu'en atteftent les Autheurs verfés dans l'antiquité.

Ce fut en l'année 1361 (*u*) que le Roi Jean vint à Dijon pour y prendre poffeffion du Duché de Bourgogne, comme étant héritier du Sang de Philipe de Rouvre dernier Duc de la premiere race; il fit alors quelques Réglemens, il confirma les Priviléges de la Province & accorda aux Etats qu'elle feroit régie & gouvernée par Baillis & Chancellier, & par Affemblée de jours généraux ou Parlement. Voilà pour ce qui concerne l'état & la dignité des Baillis de ce tems. Surquoi l'on obferve que *Guillaume* de Clugny étoit Bailli à peu prés dans ce même tems; car il l'étoit en 1368, comme le prouve la fufcription du premier acte qui le concerne.

(*u*) Abregé de l'hift. de Bourgo-gne, p. 45.

Les Ducs & les Comtes avoient autrefois en leur Province l'ad-miniftration des Armes, de la Juftice & des Finances. Après eux, comme le remarque Loyfeau, (*x*) les Rois mirent en leur place des Baillis & Senefchaux qui avoient le même pouvoir és Armes, en la Juftice & aux Finances. Ils étoient envoyez pour un tems dans les Provinces du Royaume, ainfi que les Ambaffadeurs font envoyez dans les Provinces étrangeres. On les choififfoit parmi le nombre des Chevaliers: *Ex ordine Militum feligebantur Ballivi.* (*y*) Ils fervoient en Guerre lorfque le Souverain le leur ordon-noit; *fi bellum ingrueret, vel à Rege fubmonerentur, & citarentur Feudatarii, Ballivi communias Balliviarum fuarum, in exercitum*

(*x*) Loyfeau, l. 4, ch. 4, des Char-ges militaires, n. 21 & 67.

(*y*) Ducange dans fon gloff. *media & infima latinit.* fous le mot *Ballivi*, p. 438
Monftrelet Froiffart. v. 1, ch. 121, p. 127.

ducebant, iisque præficiebantur. Ils servoient en paix en distri-
buant & administrant la Justice dans les Provinces de leur Ressort.
Justitia in Provinciis & majoribus Civitatibus administranda cura à
Principe iis demandata erat.

Sr. Julien de Baleure se trouve conforme à ce que l'on vient de

(z) S. Julien cité. dire. (z) *Les Baillifs*, dit-il, *furent mis en la place de ceux qui*
d'Autun, p. 215. *plus anciennement exerçoient l'Office de Comtes, ils furent créés Ca-*
pitaines pour les bans & arrierebans ; Juges pour pacifier les diffé-
rents des Sujets, & Receveurs des deniers du Prince, pour les ren-
dre en son epargne : or depuis que la licence de plaider eût bandon
en France, on ordonna des Lieutenants aux Baillifs . . . . Il y a
environ 50 ans que l'etat de Baillif d'Autun fut donné par le Roi
à Messire Hugues de Loges Chevalier de l'Ordre du Roi, Lieute-
nant dudit Seigneur au Gouvernement de Bourgogne, &c.

(&) L'extrait du Or il est à remarquer que S. Julien écrivoit du tems de l'Or-
Privilége du Roi donnance d'Orleans de 1560. (&) Ces faits historiques prouvent
pour l'impression donc qu'anciennement, & long tems avant cette Ordonnance le
de son livre est de
1567. véritable état des Baillifs étoit qu'ils fussent d'Epée, & qu'il exi-
geoit que ceux qui étoient revetus de cette dignité eussent une
connoissance des Loix pour pouvoir rendre la Justice lorsqu'ils
la vouloient rendre par eux-mêmes & sans le ministére des Lieutenants qu'ils pouvoient avoir.

Palliot dans son Parlement de Bourgogne fait mention de plusieurs Gentils-Hommes de Nom & d'Armes qui étoient des plus
distingués, & qui furent Baillifs dans la Province aprés *Guillaume*
de Clugny. En voici deux ou trois seulement.

(a) Palliot, p. 13. Girard de Bourbon placé sous l'époque de 1423 étoit Ecuyer
d'Escuirie du Duc & son Baillif de Châlon. [a]

(b) Ibid. Jacques Seigneur de Busseüil (Maison qui a fait alliance avec
celle de Clugny) placé sous la même époque étoit Ecuyer Chambellan du Duc, son premier Maître d'Hôtel, & Baillif d'Autun. (b)

Philipe Bouton fut peu de tems aprés Baillif de Dijon & d'Au-
xonne du tems de Philipe le Bon. Palliot atteste que c'étoit un
des valeureux Chevaliers de son tems, & qu'il fut tué à l'Armée
[c] Ibid. p. 225. de Nancy. [c]

Affricain de Mailly, Chevalier Baron d'Escots, Chambellan ordinaire & Panctier du Roi, Chevalier d'Honneur du Parlement &
Bailly de Dijon succéda à Jean Seigneur de Rochefort dans cette
[d] Ibid. p. 129. dignité de Baillif. [d]
& 160.
Ces exemples, & beaucoup d'autres que l'on raporteroit s'il
étoit nécessaire, par lesquels on voit que ce qu'il y avoit de meilleur dans la Noblesse de ce tems occupoit la dignité de Baillif,
prouvent parfaitement que si cette dignité étoit distinguée, la Noblesse à qui on l'accordoit l'étoit aussi.

L'on ne croit pas qu'aprés de tels exemples il soit nécessaire
d'examiner ce que c'étoit que les Baillifs de *Meaux* & de *Mon-*
targis qu'a cité le Deffendeur dans son inventaire imp. p. 38. Ce
seroit une recherche assés inutile qui ne tendroit à rien, & qui
en tout sens ne détruiroit pas ce que l'on vient de dire.

Quand on suposeroit au reste avec le Deffendeur, ce qui n'est
pas ; sçavoir que *Guillaume* de Clugny étoit un Baillif de Robe
longue, en seroit-il plus avancé dans les inductions inutiles qu'il
prétend

prétend tirer de là ? Il a hazardé , fans aucun fondement, que ledit *Guillaume* étoit Bailly de Robe longue, pour donner à entendre qu'il n'étoit pas de la haute Nobleffe; mais qui ne fçait qu'il y a dans la Robe, comme dans l'Epée, des gens de la haute Nobleffe ; & qui eft-ce qui peut ignorer, aprés ce que l'on vient de dire, que la Dignité de Bailly n'ait toujours été donnée aux gens les plus diftingués de la Province ? Quand on la donnoit aux gens d'Epée, on faifoit choix de ce qu'il y avoit de meilleur dans la Nobleffe qui faifoit profeffion des Armes. Quand, par quelque néceffité, on la donnoit aux gens de Robe, ce qui étoit trés-rare, l'on faifoit choix pareillement de ce qu'il y avoit de plus diftingué dans la Nobleffe qui faifoit auffi profeffion des Loix & des Belle Lettres. Paillot nous fournit deux exemples de cela, p. 5. & 6. de fon Parlement; l'un en la perfonne de Philibert Paillart, qui fut avant *Guillaume* de Clugny Bailly de Dijon & d'Auxois, & qui fut enfuite Préfident au Parlement de Paris, puis Préfident au Parlement de Beaune & de S. Laurent, Chancelier de Philipes le Hardy, Ambaffadeur des Rois de France Charles V. & Charles VI. l'autre, en la perfonne de Guy Armenier qui fut fecond Préfident au Parlement de Paris, & Bailly d'Aval au Comté de Bourgogne.

Ainfi fuivant ces remarques, foit que l'on dût confidérer *Guillaume* de Clugny comme un Baillif de Robe longue, ou comme un Baillif de Robe courte, il n'en feroit pas moins vrai qu'il ne fût de la haute Nobleffe, & la conféquence que le Défendeur voudroit tirer de là, opofée à ce que l'on vient de dire, n'en feroit pas moins abfurde : on le foutient Baillif d'Epée, non pas pour donner plus de luftre au huitiéme ayeul des Sieurs Produifants, comme l'a imaginé le Défendeur, mais uniquement parce qu'il eft vrai qu'il l'étoit, & que l'on doit foutenir la vérité telle qu'elle eft.

Mais quel eft le fondement qui fait foutenir fi opiniâtrément au Défendeur que *Guillaume* de Clugny étoit Baillif de Robe longue, & non pas d'Epée? c'eft que dit-il, *ce Guillaume eft qualifié Maître, qui eft une dénomination, laquelle n'a jamais convenu aux Baillifs d'Epée.*

A juger de la qualité de Maître, fuivant l'ufage prefent; l'on convient que la remarque auroit quelque fondement ; mais fi l'on en juge par ce qu'elle fignifioit autrefois, que doit on en penfer ?

Au tems que vivoit *Guillaume* de Clugny, la qualité de Maître fe donnoit à la haute Nobleffe, elle étoit un Titre de puiffance & d'autorité, auffi-bien que de fageffe & d'érudition. De nos jours, à la vérité elle s'eft étenduë abufivement jufqu'aux Clercs de la Bazoche. Mais il n'en étoit pas ainfi pour lors. Les Confeillers aux Cours Souveraines, les Premiers Préfidents, les Maîtres des Requêtes, les Chefs de Confeil la prenoient, comme on l'obfervera dans la fuite, & ils s'en trouvoient honnorés. Feu Mr. de Harlay Premier Préfident au Parlement de Paris eftimoit encore fi fort cette ancienne qualité, qu'il ne croyoit rien au deffus de fa fignification.

Les Evêques & Archevêques prenoient encore cette qualité dans le milieu du feiziéme fiécle. Dans *l'Appian Alexandrin* on y lit ces mots en tête du livre. *Traduit par feu Maître Claude de Seyf-fel, premierement Evêque de Marseille, & enfuite Archevêque de Turrin.*

Les gens d'Epée qui joignoient à leur état l'étude des Loix & des belles Lettres, fe qualifioient Maîtres & Licenciés és Loix, ou Chevaliers en Loix. Comme l'on s'eft propofé de ne rien avancer qui ne fut fondé fur preuves, voici quelques exemples qui feront voir que la Robe & l'Epée fe concilioient fouvent dans un même fujet.

L'on voit dans l'hiftoire de Loüis XI. (e) qu'un nommé *Pierre de Goux*, y eft qualifié *Chevalier & Maître es Loix.*

L'on voit au Receüil de plufieurs piéces curieufes pour l'hiftoire de Bourgogne, compofé par Mr. Perard Doyen de la Chambre des Comptes de cette Ville, un teftament de François de la Pallu (f) Comte Souverain de la Petitepierre & de la Roche, au bas duquel on y voit une fignature en cette forme : *Jean de Lurieulx Docteur en Loix, Chevalier,* p. 601, fous l'époque de 1456.

L'on trouve dans Froiffart l'exemple d'un Baillif de Blois, qui étoit homme de Robe & d'Epée tout à la fois. *Or étoit avenu, dit-il, (g) qu'un vaillant homme & de grande prudence, Chevalier en Loix & en Armes, Bailly de Blois, lequel fe nommoit Meffire Renaut de Sens, &c.*

L'Epitaphe de Guy de Rochefort que l'on voit dans l'Abaye de Citeaux, prouve qu'il fut homme d'Epée & de Robe tout à la fois : on y lit entre autres ces trois Vers Gaulois.

De Roichefort ou Comté de Bourgoigne,
Chevalier fut, en Loix prudent & faige,
Et Chevalier en Armes, bien le fçay-je.

Guy de Rochefort fut Chef du Confeil du Parlement, puis Chancelier de France. (h) Ce fut par la porte honorable des Armes qu'il entra en toutes les éminentes Charges qu'il a exercées ; car après avoir donné des preuves de fa valeur, portant les Armes pour le fervice du Duc de Bourgogne, il le fit premierement Chevalier d'Armes, puis fon Confeiller, &c.

Dans les commencemens que les Baillifs furent prépofez pour rendre la Juftice, ils étoient obligez de la rendre par eux-mêmes, & non par des Lieutenans, comme l'obferve le docte Mornac. (i) *Cum hi tamen Ballivi, primâ fuâ inftitutione, jus per fe, nec per Vicarios, ut nunc, in fingulis Provinciis redderent.* Or pour rendre la juftice par eux-mêmes, ils devoient être inftruits des Loix, & ils s'en inftruifoient par les degrez. C'eft conformément à cette premiere inftitution que *Guillaume* de Clugny étoit gradué, quoique homme d'Epée ; & c'eft pour cela qu'on lui donnoit la qualité de *Maître* attachée pour lors à tous ceux qui étoient licentiez en Loix, & qui diftribuoient eux-mêmes la juftice.

Dans la fuite, les Baillis plus attachez à la profeffion des Armes qu'à l'étude des Loix, négligérent celles-ci, & n'étant plus en état de rendre la juftice par eux-mêmes, on leur donna des Lieutenans, qui prenoient fur les gages des Baillifs la quatriéme partie de ce qui leur étoit dû par le Roi : cela fe pratiquoit toujours,

(e) Compofée Par Mathieu, imp. en 1610, f. 79.

[f] Il y a une alliance de cette Maifon avec la Maifon de Clugny.

(g) Froiffart, vol. 4, ch. 34.

(h) Parlement de Bourg. p. 43.

(i) Mornac in Dig. lib. 1, tit. 18. de Officio Præfidis.

à moins, dit l'Ordonnance de Loüis XII. *qu'iceux Baillis ne suf-
sent graduez, & lettrez residans & exerçans en personne.* (*k*)

Ainsi, lorsqu'il arrivoit que les Baillifs d'Epée étoient graduès, il prenoient la qualité de *Maîtres & Licenciés ès Loix*, qui étoit, comme on l'a dit, un titre de puissance & d'autorité. Et c'est pour cela que *Guillaume* de Clugny Bailly de Dijon est qualifié *Noble Homme, Noble Seigneur, & Saige Maître*; parce qu'en effet il avoit réüni en sa personne l'art Militaire & l'étude des Loix, conformément à la premiere institution des Baillys.

Sur ces mots *noble Homme & saige, &c.* l'on doit encore ob- server que dans les siécles éloignés, les Palatins de Bourgogne ne prenoient pas d'autres qualités. L'on voit en effet au Recüeil de plusieurs piéces curieuses pour l'histoire de Bourgogne un Comte Palatin qualifié en ces termes. *Noble Baron & Saige Othon, Com- te Palatin de Bourgogne, Seigneur de Salins*, &c.

L'on voit encore aujourd'hui dans un Chartre qui est à la Cham- bre des Comptes de cette Ville, que le Duc Philipes ne fut pas qualifié autrement dans le Concile de Basle tenu en 1437 que de *Nobilem virum Philipum*.

Si le Défendeur avoit voulu se donner la peine de faire ces sortes de recherches de l'antiquité, il ne seroit pas tombé dans une infinité d'erreurs, comme il a fait là-dessus, il n'auroit pas avancé si legérement que *Guillaume* Baillif de Dijon avoit été un Bourgeois d'Autun. Imagination qui choque trop le bon sens pour la réfuter, & il n'auroit pas dit que la qualité de Noble Hom- me ne dénotoit pas une haute Noblesse, puisqu'on vient de don- ner des exemples du contraire.

A quoi l'on ajoute que Loyseau dans son Traité des ordres des simples Gentilshommes, s'est expliqué de la même maniere sur la distinction de cette ancienne dénomination. *Noble Homme,* dit-il, (*l*) *étoit le Titre de la Noblesse de dignité, & même de la haute Noblesse, comme il se voit souvent dans du Tillet des Princes du Sang prenans qualité de Nobles Hommes*, &c.

Si tout cela ne suffisoit pas pour convaincre le Défendeur que ce *Guillaume* étoit Bailly de Robe courte, qu'il cherche par lui- même à s'éclaircir de la vérité qu'on opose à son opiniâtreté; il trouvera dans l'Eglise des Prêtres de l'Oratoire de cette Ville, autrefois apellée le Val-des-Choux, (*m*) le Tombeau de ce Baillif. La durée des tems a effacé quelques lettres de son Epitaphe qui est au tour de sa Tombe, mais il en reste encore assés pour le- ver tous les doutes que l'on pourroit avoir là-dessus, parce que cela est réparé par les Titres L'on va donner ici la description de cette Tombe collationnée, Partie apellée le 15 Janvier 1722.

Elle est située prés le Benitier en entrant dans ladite Eglise, elle est longue environ de dix pieds sur six de large; on y voit dessus deux figures gravées qui representent deux hommes ar- mez de toutes piéces, c'est-à-dire de pied en cap, avec les cuis- sards, brassards, jambieres, &c. Ces hommes ont les pieds sur deux Lions couchés au poil hérissé, ils portent sur la cuisse droi- te chacun leur Ecusson taillé, & non en rond, dans lesquels il y a les Armes de la Maison de Clugny, c'est-à-dire deux clefs adossées, posées en pal, les anneaux en lozange & entrelassés; &

(*K*) Ordonnan- ce de Blois en Mars 1498, art. 49. *Idem.* A Blois en Novembre 1507, art. 210.

(*l*) Ch. 5 n. 20

(*m*) *Guillaume de Clugny* choisit le lieu du Val-des- Choux pour y être inhumé, parce que ce lieu, avoit esté fondé par ses Pré- décesseurs, suivant qu'il le paroit par l'Acte de 1454. qui est sous le numero XI.

sur la cuisse gauche, ils portent chacun leurs épées plus droites
que panchées, au tour de ladite Tombe on lit l'Epitaphe suivante en lettres gothiques ainsi figurées (les points marquent ce
qu'il y a d'effacé.)

Epitaphe de
Guillaume de
Clugny Bailly
de Dijon , &
Seigneur de
Conforgien.

" Ci gient Nobles .... & Saiges Maîtres ....
" de Conforgien Licencié en Loix & en Decret Conseil-
" ler ...... Lant de Mgr Phe fils de Roy de France Duc
" de Bourg, & son Bailly de Dijon qui trepassa le XXII.
" de Novembre mil CCCIIII^{XX}VI. lequel a fondé seans
" tous les jours Messe à perpetuité , & à tous les pre-
" miers & darniers ung anniversare.

Quoique les noms de ceux qui sont inhumés sous cette Tombe ne paroissent pas , cependant il n'est pas permis de douter
que ce ne soit là deux enfans de la Maison de Clugny, un aîné & un cadet, parce que l'un porte les Armes de cette Maison à pur & à plein, & l'autre les porte avec une brisure qui
est une quinte feüille placée entre les deux clefs, qui distingue
le cadet d'avec l'aîné.
L'un de ces deux inhumés est *Guillaume* dénommé dans les
actes de 1368, 1374 & 1509, sous les numeros 3, 4 & 33 ; tout
concourt à le démontrer , & il n'y a qu'à concilier ce qui
reste écrit pour cette tombe avec ce qui se trouve dans lesdits
actes. *Guillaume* vivoit en 1374 , il étoit *Baillif de Dijon* du
tems de Philipe Duc de Bourgogne, fils de Jean Roi de France;
il étoit *Seigneur de Conforgien*, & prenoit la qualité de *Noble*
& Saige Maître Licencié és Loys & en Decret. Cela paroît par les
Titres qu'on vient de nommer, & il paroît sur le Tombeau dont
il s'agit, que l'un de ceux qui y reposent est qualifié dans les mêmes termes, *Noble & Saige Maître Licencié és Loix & en Decret,*
Seigneur de Conforgien, Baillif de Dijon , de Philipes Duc de Bourgogne fils de Roi de France, & qu'il mourut en 1386, époque
qui se concilie trop bien avec celle du Titre de 1374, jointes
à cela les qualités qui se trouvent les mêmes, & les autres circonstances, pour douter un seul moment que *Guillaume* dénommé ausdits Titres ne soit le même que celui dont les cendres
reposent sous la Tombe dont on vient de faire la description.
Mr. le Conseiller de Cluny est d'accord avec nous sur ce point,
comme il le paroît par son inventaire signifié le 2 de Juillet 1721
p. 33 de la copie signifiée, ainsi nulle difficulté sur ce fait que
le Tombeau dont on vient de donner la description ne soit
celui de *Guillaume* le Baillif Seigneur de Conforgien. Cela ainsi
vérifié, il résulte plusieurs choses essentielles à observer.
1°. Que *Guillaume de Clugny* étoit Baillif d'Epée, comme on
l'a déja dit, puisqu'il est representé sur cette Tombe armé de
pied en cap , & un Lion au poil hérissé sous ses pieds , ce qui
n'auroit aucunement convenu à un Baillif de Robe longue; car
l'armure d'un côté dont *Guillaume* est couvert dénote sans contredit un homme d'Armes & un Guerrier; le Lion au poil hé-
risse

riffé ; d'un autre côté, eft un hierogliphe qui fignifie la généro-fité, le courage, la force , la magnanimité, la vaillance de celui qu'il porte, (*n*) ce qui défigne encore que c'étoit un Baillif d'Epée. Nous voyons aux Mauzolées des Ducs de Bourgogne qui font aux Chartreux de cette Ville, qu'ils font reprefentez avec des Lions fous leurs pieds ; ce qui marque une diftinction qui ne peut s'é-tendre qu'aux Nobles d'Epée, & même qu'a ceux de la haute Nobleffe.

(*n*) V. l'Au-theur du Palais de l'honneur, p. 23.

2°. Il réfulte par l'infcription qui eft au tour de la Tombe, que *Guillaume* étoit en même-tems un homme de Lettres, puifqu'on lui donne la qualité de *Maître & licentié en Loix,* & un hom-me de Guerre, puifqu'il eft reprefenté fur fon Tombeau, armé de toutes piéces: ainfi il commandoit en tems de Guerre , & avoit l'adminiftration de la Juftice en tems de Paix : cela fe pratiquoit ainfi de ce tems, comme le remarque Loyfeau, quand il dit, (*o*) *qu'aprés les Ducs & les Comtes , les Rois mirent en leur place des Baillifs qui avoient le même pouvoir qu'eux és Armes, en la Juftice & aux Finances.*

(*o*) Liv. 4, ch. 4, des Charges mi-litaires, n. 21 & 67.

3°. Il réfulte que *Guillaume de Clugny* étoit Baillif & Cham-bellant du Duc de Bourgogne, puifqu'après le mot de (Confeil-ler) on y voit un refte de mot ainfi figuré (…… lant qui eft le refte du mot (Chambellant) & en effet les Baillifs étoient or-dinairement Chambellans. Nous en voyons plufieurs exemples dans l'Hiftoire & dans Paillot. (*p*) Or le Chambellant eft le pre-mier Officier de la Chambre du Roi: autrefois , comme l'obferve Fauchet, (*q*) il gardoit le Tréfor du Prince, il faifoit l'Office de Maître d'Hôtel, d'Ecuyer Tranchant, de Gentilhomme Servant, &c. ce qui prouve encore que *Guillaume* étoit Baillif d'Epée.

(*p*) Parlem. de Paillot.

(*q*) Des Dignitez de France.

4°. Que *Guillaume* n'a pû être Lieutenant du Baillif d'Auxois, comme l'a bizarrement hazardé le Deffendeur, puifqu'il étoit Baillif d'Epée, Confeiller ; Chambellant, &c.

5°. Que la qualité de Maître & licentié és Loix, étoit pour lors un titre de puiffance & d'autorité, (*r*) & une qualité trés-dif-tinguée que l'on donnoit de ce tems aux gens de la haute No-bleffe, foit de Robe ou d'Epée, lorfque ceux-ci avoient acquis la fcience des Loix.

(*r*) V. la note faite fur le Num. 8.

6°. L'Ecuffon taillé, équarré & vuidé fur la Tombe de *Guil-laume,* marque qu'il étoit Chevalier & de la haute Nobleffe, parce qu'autrefois il n'étoit permis qu'aux Chevaliers & gens de la haute Nobleffe de porter leur Ecuffon en cette forme; les fim-ples Ecuyers les portoient ronds comme une rondache : en voici la preuve tirée d'un célébre Autheur verfé dans l'ufage de l'Antiquité : *Il y avoit,* dit-il, (*f*) *de grandes confiderations à la forme de l'Ecuffon & au timbrement des Armoiries; l'Ecuffon du Chevalier pouvoit être taillé, equarré & vuidé à fon plaifir, & y ajoutoit un timbre pris d'une partie de l'Armoirie, & le héaume fermé & tout droit; l'Ecuffon de l'Ecuyer étoit rond comme une ron-dache, & n'avoit point de timbre, mais le feul heaume fermé & tourné d'un côté.*

(*f*) Matthieu Hift. de Loüis XI. fol. 488.

L'on ne peut s'empêcher ici de faire part au Public de la ma-niere dont le Sieur Confeiller de Cluny répond quand les au-toritez le preffent. On avoit déja fait cette précédente obfervation

L

en plaidant & par écrit, & l'on avoit cité *Mathieu* dont on vient de raporter les termes ; cet Autheur eft fameux parmi les antiquaires, comme l'on fçait. De quelle maniere le Défendeur y a-t-il répondu quand on l'a cité ? fa réponfe eft curieufe ; la voici. *L'argument*, dit-il, (*t*) *tiré de la figure de l'Ecuffon eft puérile & badin, il ne mérite pas que l'on y réponde.* Voilà une réponfe auffi aifée à faire qu'elle eft en elle même cavaliére, & c'eft fe tirer joliment d'un mauvais pas que de répondre de la forte ; felon le Sieur Confeiller de Cluny c'eft un amufement *puéril & badin* que de creufer dans l'antiquité, pour faire voir les ufages ne font plus les mêmes, & qu'il faut raifonner bien différemment de ce qui fe pratiquoit autrefois, avec ce qui fe pratique de nos jours. Il s'agit de faire voir que le Blazon des Armes a changé, & qu'autrefois l'Ecu du Chevalier étoit tout différent de celui du fimple Ecuyer, cela eft néceffaire au procés ; parce que, comme il s'agit actuellement de l'état des perfonnes, l'on veut prouver que *Guillaume de Clugny* étoit de la haute Nobleffe. Cette recherche, felon le Défendeur, eft *puérile & badine.* Qu'eft-ce que l'Avocat qui a fait cette recherche doit répondre à fon tour fur ces termes de mépris ? rien. Le parti du filence fera le plus eftimé des honnêtes gens, parce que c'eft là vraiement le cas de ne rien répondre.

Enfin il réfulte de ces obfervations que le Raport d'Experts que le Deffendeur perfifte à demander pour reconnoître ce qui étoit écrit dans un petit trou de cette piéce de 1374, eft tout-à-fait inutile, puifqu'il tend à reconnoître une chofe qui ne peut être, comme on l'a établi. Raport au refte que les Produifants apréhendent fi peu, qu'ils continuent d'inviter, comme ils ont déja fait, ledit Sr. Conf. de Cluny à trancher fur icelle fon infcription de faux, s'il la croit fufpecte, (ainfi qu'il eft des régles générales lorfqu'on foupçonne une piéce) & non pas à demander inutilement un Raport qui ne doit s'ordonner qu'après l'infcription tranchée.

Les trois actes qui fuivent concernent *Jean* de Clugny Coufin audit *Guillaume* le Bailly, & font trés-effentielles pour l'inftruction de ce procés.

N°. V. *Extrait collationné d'une partie du teftament de Noble Homme* Jean de Clugny *Seigneur de Champeculeon, & nombre d'autres Terres.*

A tous ceux qui ces prefentes Lettres verront & oiront. Nous Etienne Armenet Confeiller de Mgr. le Duc de Bourgogne, Préfident de fes Parlemens, & Gouverneur de la Chancellerie de fondit Duché. Salut. Sçavoir faifons que Nous avons vû le Teftament de feu *Noble Homme Maître Jehan* (*u*) *de Clugny*, Licencié en Lois fils de feu *Guillaume de Clugny* d'Oftun par lui faict & paffé fous le Scel de la Cour de mondit Seigneur & de ladite Chancellerie, & publié en icelle

(1) Second inventaire fignifié le 3 Juil. 1721. p. 33 de la copie. Invent. impr. p. 33.

Cet acte eft de 1412. au fix. fac ; il fut collationné le 27 Mars 1562. il eft du nombre de ceux qui ont été reftituez par Ar. du Parl. (*u*) *Jean* coufin de *Guillaume* premier, huit. ayeul des Produifans.

Court au Siége d'Oftun, parmi laquelle publication a été "
décerné & ordonné les claufes contenuës audit Tefta- "
ment, être extraittes, baillées & délivrées, & que icel- "
les claufes ainfi extraittes vaillent & foient valables, & "
de tel effet comm'eft & peut être ledit teftament, au "
profit de ceulx & celles à cui les claufes peuvent & "
doivent compéter & apartenir, auquel Teftament font, "
& avons vû entre autres chofes les claufes ci-aprés tranf- "
crittes de mot à mot. "

Item. Je fonde dés maintenant, & veux que par mes "
hoirs & exécuteurs, pour & au nom de moy, pour le "
remède de l'ame de moy & de mes prédéceffeurs, & "
fucceffeurs, foit fondé une Meffe perpétuelle que je veux "
& ordonne dés maintenant être ditte chacun jour doref- "
navant & perpétuellem. du Service & Office des Trépaf- "
fés, en la Chapelle Nôtre - Dame qui eft du côté ma "
Tour affife au foit Marchaul d'Oftun, & veux que par "
mes hoirs foient inftitués deux Chapelains qui feront "
chargés de célébrer ladite Meffe, chacun jour perpetuel- "
lement en ladite Chapelle. "

Item. Je veux & ordonne que lefdits deux Chapelains "
foient fondés perpétuellement de 40 livres tournois d'an- "
nuelle & perpétuelle rente que j'affigne perpétuellement "
fur mes biens & héritages que s'enfuivent. Sur ma mai- "
fon en laquelle je demeure à prefent affife audit Fort de "
Marchaul d'Oftun (*x*) fur madite Tour féant audit Fort "
de Marchaul d'Oftun du côté de ladite Chapelle. Sur la "
maifon en laquelle demeure actuellem. Etienne Debroys "
Founelier fceant audit Fort de Marchaul d'Oftun, de "
côté la Grange de *Huguenin de Clugny* mon frere Sur "
ma maifon qu'eft affife à Oftun en la ruë Chalxchien. "
Sur ma Terre de st. Pierre en Vaulx. Sur ma Terre de "
Montigoulx. Sur ma Terre de Cortecloux. Sur ma Terre "
de Chailly prés de Charbonnieres. Sur ma Terre de Cham- "
peculeon. Sur ma Terre que j'ai au lieu de Vergoncey. "
Sur mon pré apellé communém. le prey de Fontaine "
Chaude, &c. "

Copie vallant à l'original deument collationnée à ice- "
lui par moi Edme Goujon l'efné Notaire Royal & Gref- "
fier en la caufe dont ci-aprés fera fait mention, fuivant "
l'Apointem. rendu pardevant Mr. l'Official d'Oftun, ce "
jourd'hui Samedi 27 jour du mois de Mars 1562, &c. "
Signé, G O U J O N. "

(*x*) Cette maif. fubfifte encore actuellement, elle fut acquife par lesEchevins de la Ville d'Autun pour faire des Cafernes.

L'on y voit encore les Armes de la Maifon de Clugny. Il y a outre ce- la plufieurs autres maifons fi- fes au Fort de Marchaul énon- cées audit tefta- ment que l'on n'a pas rapor- tées ici pour a- bréger.

Les Armes de Clugny font en plufieurs en- droits de cette maifon, v. le Procés verbal du dernier de Juillet 1722.

Cette piéce est en bonne forme, elle a été collationnée par Ordonnance de l'Official d'Autun, Partie apellée dans un procés meu au sujet de la Chapelle fondée par *Jean de Clugny* au Fort de Marchaul d'Ostun; elle fut collationnée en 1562 sur l'Original qui ne pouvoit être que de 1412.

L'on voit dans cette piéce que *Jean* y est dit *Noble Homme*, & ensuite fils de *Guillaume*: or ce *Guillaume* est celui qu'on a dit ci-devant être le dernier qui reprit de Fief à l'Autel de S. Symphorien. *Faut voir la note que l'on a faite sur l'enquête du 4 Novembre 1448 qui suit.*

Le pere de *Jean* est simplement apellé dans cet acte *Guillaume de Clugny d'Ostun*, au lieu que dans celui de 1331, il est qualifié *Damoiseau*, qualité trés-distinguée, comme on l'a déja observé; mais cela n'a rien d'oposé, il ne s'agissoit pas dans cet extrait de Testament de rapeller les qualités de *Guillaume*, parce que cet acte ne le concernoit pas; on ne voit pas même d'où vient il est fait mention de lui, & que son nom s'y trouve : or comme l'acte concernoit *Jean* en particulier; & qu'il contenoit ses dispositions, il étoit en quelque façon nécessaire de mettre l'essentiel de ses qualités pour distinguer son état de Noble d'avec celui des Roturiers, c'est pour cela qu'il est qualifié *Noble Homme*.

D'ailleurs lorsqu'en 1331 on donna dans la derniere reprise de Fief à *Huguenin & Guillaume* tous deux freres (dont le premier étoit pere du Baillif qui précéde, & le dernier l'étoit de *Jean* duquel on fait actuellement mention, la qualité de *Damoiseaux*, c'est parce qu'ils étoient fort jeunes pour lors, & que cette dénomination ne convenoit qu'aux Seigneurs peu avancés en âge, on cessoit de la leurs donner lorsqu'ils étoient devenus des hommes formés. *Damoiseau*, dit Loyseau, (*y*) *est le diminutif de Dam qui signifie Seigneur jusqu'à ce qu'étant devenus Chefs de Maison, ils soient qualifiés Seigneurs tout-à-fait.* Ainsi & aprés un certain tems on ne la donna plus à *Huguenin* & à *Guillaume de Clugny* lorsqu'ils furent devenus Chefs de Maison; & c'est pour cela que dans l'acte dont on vient de donner l'extrait, *Guillaume* n'est pas qualifié Damoiseau comme il le fut dans la reprise de Fief de 1331; à quoi l'on ajoute que toutes les fois que l'on parle d'une personne, on n'a pas coutume de mettre à la suite de son nom toutes ses dénominations, sur tout lorsqu'il n'est pas en qualité, ou qu'il n'est point interessé à l'acte que l'on rédige; il y a une infinité d'exemples de cela.

Pour prouver au reste que *Guillaume de Clugny* dont il est parlé dans cet acte, qui est dit le pere de *Jean*, est le même *Guillaume* dont il est parlé dans la derniere reprise de Fief de 1331 dont Musnier a fait mention, il est plusieurs circonstances en fait qui ne permettent pas d'en douter.

1°. *Guillaume* d'où *Jean* a pris naissance vivoit dans le quatorziéme siécle, & cela convient parfaitement à l'époque de la reprise de Fief faite par *Guillaume* dans le quatorziéme siécle aussi.

2°. *Guillaume* qui reprit de Fief étoit Noble & même de la haute Noblesse, puisqu'il est qualifié *Damoiseau*; ainsi puisque *Jean* qui étoit Noble & aussi de la haute Noblesse, comme il le paroît par les Charges distinguées dont il étoit revêtu & les Seigneuries

(*y*) Tit. des Ordres des simples Gentilshommes.

gneuries qu'il poſſédoit, eſt dit dans le teſtament dont il s'agit, fils de *Guillaume de Clugny*; il faut néceſſairement que ce *Guillaume* ſoit le même que celui qui a repris le dernier de Fief, à moins qu'on ne voulût ſupoſer qu'il y avoit deux *Guillaume* qui vivoient dans le même tems, & qu'ils étoient tous les deux de la haute Nobleſſe : or une telle ſupoſition ne paroît pas aſſés vraiſemblable pour détruire ce que l'on avance.

3°. *Guillaume* qui reprit de Fief en 1331, portoit les Armes de la Maiſon de Clugny; les Sceaux pendants aux Lettres de repriſes de Fief en font foi; & *Jean* dont nous parlons actuellement, portoit les mêmes Armes auſſi; car l'on voit par ſon teſtament, que la maiſon où il faiſoit ſa demeure, étoit ſize au Fort de Marchaul d'Autun : or cette Maiſon, qui apartient actuellement à la Ville d'Autun, qui a été convertie en Cazerne, porte encore aujourd'hui en pluſieurs endroits les Armes de Clugny, comme l'atteſte le Procés verbal du mois de Juillet 1722, qui en a été dreſſé; d'où il eſt aiſé de conclurre, que puiſque *Jean de Clugny* portoit les mêmes Armes que *Guillaume* le Damoiſeau, & que ledit Jean eſt dit fils de Guillaume, il faut néceſſairement que ce ſoit de *Guillaume* le Damoiſeau, & non d'un autre que *Jean* ſoit iſſu.

V. la note ſur le numero premier.

Ce *Jean de Clugny* n'eſt point un des autheurs en ligne directe des Produiſants, mais il l'eſt en ligne collatérale, en ce qu'il eſt dit couſin à Guillaume Seigneur de Meneſſere leur 7ᵉ ayeul. (z) ainſi ils le reconnoiſſent pour un des leurs, & nul qu'eux n'a ce droit-là, parce que ſa poſtérité en ligne directe eſt éteinte.

(z) V. le num. 7.

Jean fut Conſeiller du Duc de Bourgogne, Juge des Pays & Comté du Charollois, Garde du Grand Sceau de ſa Chancellerie qu'il a tenu pendant long-tems ſans vouloir prendre aucun gages de ſon Prince, (&) Seigneur d'Alonne, de Champeculeou, de S. Pierre en Vaulx, de Montigoulx, de Cortecloux, de Chailly, &c. comme on vient de le voir par ſon teſtament dont on vient de donner l'extrait; de ſorte que c'étoit un puiſſant Seigneur; ſa réſidence étoit au Fort de Marchaul d'Oſtun où il avoit pluſieurs Tours & Maiſons qui lui apartenoient. Ce Fort de Marchaul, ou autrement dit Mars Champ, apellé par les Latins *Campus Martius*, étoit une Place forte qui faiſoit une portion d'Autun, & qui étoit conſtruite pour la conſervation de la Ville. *Huguenin* de Clugny Seigneur de Sanvigne, & neveu de *Jean* étoit Capitaine de ce Fort, (a) autrement dit, la Ville de Marchaul.

(&) Num. 6.

a V. le num. 6.

Jean eut deux freres, l'un nommé *Huguenin*, & l'autre *Jean*; il eſt fait mention d'eux dans l'acte dont il s'agit & dans celui qui ſuit, au n°. 7.

On ignore avec qui *Jean* Garde des Sceaux fut marié. Le Deffendeur qui en a voulu faire ſon huitiéme ayeul, lui a donné pour femme Guiotte de Beze; mais comme il n'a raiſonné ſur aucun Titre, il y auroit trop de riſque à le croire ſur ſa parole, d'autant plus qu'il s'eſt trompé dans une infinité d'endroits ſur le compte dudit *Jean*; il en a fait un Roturier, & il étoit d'une ancienne Nobleſſe, il lui a donné pour frere deux Bourgeois d'Autun, ce qui ne pouvoit quadrer à ſon état, & dont on va faire voir le faux; en un mot il en a fait ſon huitiéme ayeul, & l'on va faire

M

voir par le Commentaire qui accompagne la cotte 7 fuivante, que ce fyftême, dont l'ambition & l'orgueil lui ont fourni l'invention n'eft qu'une fiction imaginée pour tromper le Public, & pour s'anter dans une maifon dont il eft étranger.

L'acte qui fuit concerne le même *Jean* de Clugny dont il eft parlé au titre précédent.

Extrait des Lettres d'amortiffement touchant la Fondation
faite par Jean de Clugny *Confeiller du Duc de*
Bourgogne , & fon Garde des Sceaux.

N.° VI.

Cette piéce eft de la product. de Mr. le Conf. de Cluny , mais elle appartient aux Srs. Produifants, ils en forméront la demande en reftitution,

1414.

„ Jehan Duc de Bourgogne , Conte de Flandres , d'Ar-
„ tois & de Bourgogne , Palatin, Seigneur de Salins &
„ de Malines, à tous prefens & avenir falut. Nous tenons
„ & croyons faire grand & agréable fervice à nôtre Sei-
„ gneur quant nous entendons aux chofes qui touchent
„ & regardent l'augmentation de l'état des Eglifes & du
„ Service Divin , & eft chofe bien convenable que ceux
„ jouiffent de plus grand liberté & faveur qui tant de jour
„ comme de nuit fervent à Meffe en Sainte Eglife. Com-
„ me donc feu *Maiftre Jean de Clugny* de notre Ville
„ d'Oftun jady notre Confeiller & feu *Jean de Clugny*
„ fon fils jady auffi Chanoine d'Oftun meus en leur vi-
„ vant de dévocion aient fondé en ladite Ville d'Oftun
„ aucunes Chapellenies & anniverfaires pour le reméde &
„ falut des ames d'eux & de leur prédéceffeurs & fuccef-
„ feurs , jufques à la fomme de 50 livres tournois de
„ rante ; c'eft à fçavoir ledit feu nôtre Confeiller 47 liv.
„ & ledit feu Chanoine : ainfi que par *Guillaume , Jean ,*
„ *Geoffroy & Alix de Clugny* enfans de nôtredit feu Con-
„ feiller nous a efté par leur fuplication trés-humblement
„ expofé , en nous fupliant trés humblement que eu regart
„ & confidération aux bons & loyaulx fervices que a fait
„ icelui nôtre Confeiller leur pere tant à feu nôtre trés
„ cher Seigneur & pere dont Dieux ait l'ame, comme à
„ nous longuement & par l'efpace de 25 ans ou envi-
„ ron audit Office de Confeiller , & auffi qu'il a tenu
„ & gardé le *Grand Scel de nôtre Cour de Bourgogne*
„ long-temps , fans avoir eu ou prins de nous aucuns
„ gaiges , il nous plaife de notre benigne grace lefdits 50
„ livres tournois de rente amortir. Sçavoir faifons que nous
„ aians bonne fouvenance defdits fervices , voulans iceux
„ recognoiftre, comme raifon eft avons admortis & ad-
„ mortiffons lefdites 50 livres tournois de rente moiennant

250 livres que lesdits enfans ont paié ou paieront comp- "
tant à notre Receveur dudit lieu d'Ostun. Si donnons "
en mandement, &c. Fait en notre Ville de Lisle au mois "
de Juillet l'an de grace 1414. *Signé sur le replis*, par Mon- "
seigneur le Duc en son Conseil , GUITMER. "

Il n'est pas nouveau que l'on voye les Titres de la Maison de
Clugny en des mains étrangéres : *Hereditatem acceperunt.* Edme
de Cluny Sieur de Vallevron en avoit usurpé la plus grande partie ; il en étoit munis, & par là il avoit beau champ pour faire
croire qu'il en étoit issu. Cette origine flattoit trop son ambition,
pour ne pas s'en servir à ce sujet. Aussi le fit-il ; avec ses preuves en main, il soutint hardiment au Sieur Marquis de Rochefort, qu'il étoit un des enfans de la Maison de Clugny. *Charles*
de Clugny Baron de Grignon ayant sçû cette entreprise , intervint au procés, & conclut à ce qu'il fût fait deffenses audit Vallevron de se dire issu de l'ancienne Maison de Clugny, & qu'il
fût condamné à lui restituer tous les Titres dont il se prévaloit,
& qui ne lui apartenoient pas. La Cour donna Arrêt sur ce différend en 1658. qui ordonna la restitution requise. Cette usurpation tourna à la confusion du *faux Cluny.* En voici une qui pouroit bien avoir le même sort à l'encontre de Mr. le Conseiller de
Cluny : *Hereditatem acceperunt, & nihil eis proderit.*

Ces Lettres d'amortissement, dont on a dessein de parler, sont
de la production de Mr. le Cons. de Cluny ; puisqu'il s'en sert
& qu'elles ne lui apartiennent pas, à plus forte raison ceux qui en
sont les héritiers naturels doivent-ils en tirer avantage. *Jean de
Clugny* dont elles font mention, étoit cousin germain du 7e. ayeul
des Produisants. (*b*) La branche qu'il avoit formée ne subsiste
plus : c'est donc aux collatéraux existants à qui elles doivent re-
tourner : ainsi elle est de l'héritage des Sieurs Produisants.

b On en voit la preuve dans la piéce qui suit.

En attendant qu'on la répéte, voyons à quelle fin le Deffendeur
a mis cette piéce dans son sac. Les gens adroits tâchent de tirer
avantage de tout. Mr. le Cons. de Cluny avoit besoin d'un 8e.
ayeul pour donner du lustre à son origine, & pour se tirer du
mauvais pas où il s'étoit fourré en convenant qu'il n'alloit pas
plus loin que son 7e. ayeul : comment faire pour le trouver ? l'entreprise est difficile : se faire des Titres, cela a des suites & rebu-
te l'honnête homme ; se servir des Titres d'autrui, cela paroît plus
innocent ; on risque moins, & cela est beaucoup plus aisé. Aussi
est-ce à ce dernier moyen qu'il s'est attaché jusqu'ici pour se fabriquer un 8e. ayeul.

Mais avant que de faire éclorre cette nouvelle découverte, ne
devoit-il pas se ressouvenir du langage qu'il a tenu dans sa Requête précédente ? (*c*) où il convient de bonne-foi qu'il est
obligé de fixer sa généalogie à son 7e. ayeul, ne pouvant aller
plus loin. Voici ses propres termes : *Le Sieur Conseiller de Cluny
avouë que parmi ses papiers domestiques , il n'a rien trouvé qui aille
plus haut que son 7e. ayeul.* Un homme sujet à varier , doit au moins
avoir bonne mémoire. Au tems que Mr. le Cons. de Cluny fit
cette déclaration, il avoit fait une recherche exacte de tous ses

c Requête du 26 Février 1718 que l'on a rendu publi- que avec des notes en marge , c'est à la page 15.

Titres de famille ; c'étoit-là le cas, en effet, de les produire tous, & de les scrupuleusement examiner, parce que s'exposer à se contredire dans la suite sur un fait de cette importance, & varier en pareil cas, c'est incontestablement donner atteinte à la vérité : or voyons le langage que tient Mr. le Conseiller de Cluny, & examinons s'il est conforme à celui qu'il a tenu ci-devant, pour sçavoir s'il dit vrai ou non. *Un Jean de Clugny*, dit-il dans une Requête postérieure, *(d) que le Supliant avoué pour le pere de son 7e ayeul, fut marié avec Guyotte de Beze*, &c. Voilà en vérité un langage bien different. Plus haut il convient qu'il ne pousse sa généalogie qu'à son 7e ayeul, & qu'il n'a rien trouvé au-delà. Plus bas il affirme pour un 8e. cette variation dans un fait de cette importance, répand tout au moins le doute dans les esprits ; & c'est même lui faire grace, que de ne pas dire qu'elle est du premier abord, un indice certain du mensonge, parce que, comme dit la Loi : si une personne se sert de deux écrits contraires, ils se détruiront l'un & l'autre, par, les conséquences oposées qui se tireront également de l'un & de l'autre. *Scripturæ diversa fidem sibi invicem derogantes, ab unâ eâdemque parte prolata, nihil firmitatis habere poterunt. L. 14. Cod. de fide instrumentorum.* Mais on va démontrer par la piéce suivante que rien n'est plus faux & plus mal imaginé que cette nouvelle découverte, & que Mr. le Conf. de Cluny vérifie par lui-même, *ce que disoit le Maréchal de Guebrian, que quand l'on cherche de l'antiquité dans des papiers, & parmi des mémoires domestiques, on n'y trouve souvent que des mensonges de vanité. (e)*

L'acte qui suit concerne ledit *Jean* de Clugny rapellé aux deux Titres précédents & fait mention du nombre des enfans dudit *Jean*, & quel fut l'état de chacun d'eux.

Extraits ou articles principaux tirés d'une enquête faite par les Chapelains de la Chapelle Nôtre-Dame fondée par Jean de Clugny *Seigneur de Champeculeon.*

Numᵒ. VII.

Cotte au 6e Sac, restituée par Arr. du Parl.

,, Pardevant Vous Noble Homme & Saige Monsr. le ,, Gouverneur de la Chancellerie du Duché de Bourgo- ,, gne, le Lieutenant de Monsr. le Chancellier de Bourgoi- ,, gne, ou le vôtre, dient, mettent avant, entendent aprou- ,, ver, ou vous déduire souffisance informer vénerables per- ,, sonnes Messires Philibert de Morey, & Ligier de la vie ,, Prêtres Chapelains perpétuels de la Chapelle Nôtre-Da- ,, me ou Fort de Marchault d'Ostun, fondée par feu *No- ,, ble Homme Maître Jehan de Clugny (f)* jadis Seigneur ,, de Champeculeon, à cause de leurdite Chapelle Impétrans ,, & Demandeurs à l'encontre de Richart du Meix Bou- ,, chier demourant à Ostun Deffendeur & Opposant d'au- ,, tre part, les faits, articles & raisons qui s'ensuivent à la

fin

d Requête qu'il fit signifier le 20 Décembre 1720. Réponse imprimée, p. 3. Inventaire imprimé, p. 3 & 4.

e Ce sont les propres termes dont s'est servi Mr. le Conf. de Cluny dans sa Requête du xi Juillet 1720 écrite & signée de sa main.

f Jean cousin de Guillaume huitiéme ayeul. fol. 2, ver. & 3 recto.

fin & és fins ci-aprés écrittes & déclarées, & à toutes
autres deulx dues & profitables, &c.

Item. (g) Que ledit feu Maître *Jehan* fit son testament & derniere volonté par lequel entre autres choses,
il donna & légua pour le reméde de l'ame de lui & de
ses prédécesseurs, & successeurs, quarante livres tournois
de rente annuelle à deux Chapelains qui soient institués
par ses héritiers en ladite Chapelle pour dire & célébrer
tous les jours perpétuellement une Messe Cothidienne.

Item. (h) Lequel feu Maître *Jean* après son testament fait alla de vie à trépas.

Item. (i) Et après ladite publication dudit téstament
faite *Noble & Vénérable Personne & Saige Guillaume
de Clugny* l'aisné jadis Seigneur de Meneserre *cousin germain* dudit Maistre *Jehan* comme exécuteur du testament d'icelui Maistre *Jehan*, *Jehan de Clugny* Chanoine *d'Ostun & de Beaune*, & *Guillaume de Clugny* le
jeune, Seigneur d'Alonne, enfans naturels & légitimes,
& héritiers dudit Maistre *Jehan*, tant pour eulx, comme eux faisans forts pour *Geoffroy de Clugny* Escuier &
Damoiselle *Alix de Clugny*, leur frere & sœur agréerent
& consentirent ledit testament, memement en tant que
touchoit ladite rente de .40 livres tournois, & baillérent,
délivrérent & cédérent à feu Messires Jacques de Communes & Messire Philibert de Morey, lors Chapelains
d'icelle Chapelle, par plusieurs parties & assignaux lesd.
40 livres tournois de rente & nomement ainsi qu'est contenu audit testament entre lesquelles rentes sont lesdits
dix-huit gros tournois de rente sur ledit prey de Fontai-
ne-Chaude, propre, particulier & exprés assignal pour
icelle rente.

Phorien Pillot d'Ostun Pescheur, homme franc de
Monsgr. le Duc de Bourgogne en âge de 60 ans ou environ, &c. dit & dépose par son serment, qu'il a plusieurs fois vû & en bonne connoissance dudit feu Maistre *Jehan*, lequel étoit *Notable homme (k) de grande
autorité & prudence, &c.*

Noble homme *Huguenin de Clugny* Ecuyer Seigneur
de Sanvignes, Capitaine de la Ville de Marchaut d'Ostun
en âge de 58 ans ou environ, & Memorat de 40 ans
comme il dit, témoin produit par les Impétrans, juré
reçû, dit & dépose par son serment sçavoir que à feu

N

Margin notes:
g Art.4, fol. 3. versò.
h Art. 6 fol. 4. rectò.
i Art. 8, f. 4. rec. & 5. ver.
K Ces mots Notable Homme, &c. furent insérez dans le vû de l'Ar. de 1658 que les Srs. de la Maison de Clugny avoient produit en premier lieu, (& cela prouve que le Vû étoit fidel,) le Deffendeur en tire avantage & prétend que ce sont des termes puérils & badins qui en font voir la fausseté. V. sa Requête imprimée, pag. 16 sur la fin.

„ Maiſtre *Jehan de Clugny* , au tems qu'il vivoit , com-
„ pétoient & apartenoient pluſieurs beaux droits , rentes ,
„ revenus , Seigneuries & héritaiges , & le ſçay pour ce
„ que ledit Maiſtre *Jehan* de Clugny étoit oncle de lui
„ qui parle frere de ſon pere , dit & dépoſe que ſont en-
„ viron 36 ans que ledit feu Maiſtre *Jehan* eſt allé de vie
„ à trépas , & depuis ſon trépas a vû & ſçû tenir , &
„ poſſéder ledit prey à *Guillaume* & *Geoffroy* de Clugny
„ freres , enfans & comme héritiers d'icelui feu Maiſtre
„ *Jehan* de Clugny , tant comme ils ont été unys , & com-
„ muns en bien , & par partage fait entre eux , eſt eſchu
„ & advenu ledit prey audit *Geoffroy* de Clugny , &c.

F. 23 , rec. f.
25 , V.
4 Novembre
1448.

„ Fait audit Oſtun 4ᵉ. jour de Novembre l'an que deſ-
„ ſus 1448 , par moy Commis avant dit. *Signé à la fin*
„ *de laaite enquête* , Cotin , *avec paraphe.*

Pour l'intelligence de cette piéce , il faut obſerver que l'enquête qu'elle contient fut faite ſur un différend mû entre les Chapelains de la Chapelle Nôtre-Dame & un nommé Richart du Meix ;
celui-ci poſſédoit un pré , ſur lequel *Jean de Clugny* Fondateur de
ladite Chapelle avoit affecté la rente perpétuelle de dix-huit gros,
& prétendoit que l'ayant acquis franc & quitte , il ne devoit point
payer ladite rente ; les Chapelains prétendoient le contraire , &
ſur leur requiſition l'enquête fut ordonnée , pour établir que *Jean*
Fondateur étoit mort vêtu & ſaiſi de cet héritage. Les témoins
oüis ont dépoſé pluſieurs choſes auſſi utiles à l'inſtruction de ce
procés-ci qu'elles le furent à l'inſtruction de celui dont il s'agiſſoit pour lors.

1°. Que *Jean* qui y eſt dénommé , (lequel eſt le même que celui dont il eſt parlé dans les deux actes précédens ,) eſt un des
Autheurs collatéraux des Produiſants , car il y eſt dit couſin germain de *Guillaume* de Clugny l'aîné Seigneur de Meneſſere leur
ſeptiéme ayeul : or comment étoient-ils couſins germains ? le voici.
Jean Garde des Sceaux dont on parle actuellement & *Guillaume*
le Bailly d'Epée de Dijon dont on a parlé plus haut , étoient enfans de deux freres ; ſçavoir , de *Guillaume* & *Huguenin* qualifiés Da-

l Repriſe de
1331 ſous le n.
premier.

moiſeaux , (*l*) ainſi *Jean* & *Guillaume* premier étoient proprement
dit couſins germains , & ſi *Guillaume* ſecond , dit *Guillaume l'aîné*
Seigneur de Meneſſerre , eſt dit dans cette enquête couſin germain
de *Jean* , c'eſt que *Jean* avoit le germain ſur lui , ce que nous apel-
lerions actuellement à la mode de Bretagne ou de Bourgogne oncle , improprement dit.

Ce fait ainſi avéré par le Titre ci-deſſus , que *Jean* Garde des
Sceaux étoit couſin de *Guillaume* Seigneur de Meneſſerre , il en réſulte deux conſéquences également certaines. La premiere , que le
Deffendeur s'eſt grandement trompé , quand il a dit ſur la foi des
lambeaux ou paperaſſes , qu'il attribuë à Pailliot , que *Guillaume*

m Suplément
impr. p. 19.

Seigneur de Meneſſerre étoit fils de *Jean* Garde des Sceaux (*m*)
puiſqu'il paroît par cet acte qu'il n'étoit que ſon couſin. La der-

niere, que *Jean* le Garde des Sceaux étant confin à *Guillaume*
Seigneur de Menefferre, il est donc un des Autheurs collatéraux
des Sieurs Produisants, puisque ledit *Guillaume* Seigneur de Menefferre etoit leur septiéme ayeul, & par conséquent les Titres
qui viennent de lui, & que le Deffendeur a en sa puissance,
doivent lui être restitués comme étant les seuls issus de la Maison de Clugny, ausquels tous les Titres de cette Maison doivent
nécessairement apartenir. Les Sieurs Produisants en formeront bien-
tôt la demande en restitution.

2°. L'enquête dont on vient de voir l'extrait fait mention de
tous les enfans qui ont survécu, à *Jean* Garde des Sceaux, & qui
ont été ses héritiers. Ces enfans étoient au nombre de quatre ;
sçavoir, *Jean* qui étoit Chanoine d'Autun & de Beaune, *Guillaume* dit le jeune Seigneur d'Alonne, *Geoffroy* Seigneur de Champeculeon, & *Alix.*

Les Lettres d'amortissement de 1414 dont on a donné ci-devant un extrait, donnent cinq enfans à *Jean* ; mais cela n'a rien
de contraire, parce qu'en même tems qu'elles énoncent le nombre de cinq enfans, elles spécifient qu'il y en avoit un qui étoit
déja mort au tems qu'elles furent délivrées, & c'étoit *Jean* premier Chanoine d'Autun ; de sorte qu'en conciliant ces deux actes
ensemble, il est évident que *Jean* Garde des Sceaux eut cinq enfans, dont deux furent d'Eglise, & tous deux nommés *Jean* ; le
premier étoit Chanoine d'Autun & n'étoit plus au monde en 1414;
les Lettres d'amortissement dont on vient de parler en font foi :
l'autre *Jean* qui survécu à son pere étoit Chanoine de Beaune &
d'Autun, & fut héritier de son pere avec ses autres freres & sœurs,
l'enquête dont il s'agit en fait foi ; ainsi rien n'est plus aisé qu'à
concilier ces deux actes ensemble, en considérant que le premier
fait un détail de tous les enfans de *Jean* morts & vivants, & que
le second ne rapelle que ceux qui existoient après leur pere, &
qui furent ses héritiers. Cette observation est de la derniere importance au procès, parce que, comme on va le voir, Mr. le
Cons. de Cluny se dit depuis quelques jours descendu de ce *Jean*
Garde des Sceaux. Si cela étoit, il seroit, comme les Produisants,
enfant de la Maison de Clugny, & par conséquent il auroit le
même droit qu'eux au Nom & aux Armes qu'ils portent. Ceci
mérite une extrême attention, parce que c'est le nœud du procès.
Pour aller par ordre, il est à propos d'examiner d'abord le genre
& la nature des preuves qu'employe Mr. le Cons. de Cluny pour
se dire issu de *Jean* Garde des Sceaux, après quoi on remarque-
ra ce qui est contre lui.

Jean de Clugny, dit-il, (n) *Citoyen d'Autun Licencié és Loix qui
contracta mariage le 6 Janvier* 1382 *avec Guiotte de Beze, assisté
de Hugues & Guillaume de Clugny qui s'établirent caution du doüaire
de sa femme en* 1400; *il fut fait Garde des Sceaux aux contrats
de la Chancellerie d'Autun, & en* 1404, *Conseiller du Duc és Bailliages d'Autun & de Montcenis. Ce Jean de Clugny eut cinq enfans,
entre autre un second Jean de Clugny marié à Philipe de la Bou-
tieres, aussi originaire de la Ville d'Autun, & desquels je descend,
suivant que je l'ai prouvé au procès de degré en degré, par pièces
& monumens authentiques. Ce n'a pas été sans peine que je suis venu
à bout de cette preuve, Georges de Clugny mon trisayeul ...... fut*

n Imprimé inti-
tulé Réponse &c.
signifié le 4 Août
1721, à la page 3.

chaſſé de la Ville d'Avallon ...... *ſa maiſon fut pillée, ſes Titres & papiers brûlés, &c. (o)*

La reſſource ordinaire de ceux qui dans les affaires embarraſſantes manquent de Titres, c'eſt de dire; *l'on a volé mes ancêtres, leurs Titres & papiers ont été pillés & brûlés.* Exception & défaite uſée qui n'a plus guére de crédit au Palais, & qui n'a pas beſoin de réponſe. Mais arrêtons-nous un moment ſur les avant derniers termes.

L'on ne ſçauroit raiſonnablement douter que Mr. le Conſ. de Cluny n'ait ſué plus que d'une fois, avant que d'atteindre au but où il aſpiroit. A juger de la *peine* qu'il nous dit lui-même qu'il s'eſt donné; qui ne croiroit en effet qu'il eſt *venu à bout de ſa preuve?* on préſumeroit aiſément qu'il ne s'eſt pas donné une *peine inutile:* mais à juger de la preuve en elle-même, qui pourra raiſonnablement penſer qu'elle trouve dans les eſprits des plus crédules, l'on ne dit pas du crédit, mais ſeulement un air de vraiſemblance? voyons enfin de quelle nature eſt cette preuve, & rendons publique cette nouvelle découverte, ſur laquelle il falloit le plus apuyer, & ſur quoi neanmoins le Deffendeur a paſſé ſi rapidemment dans ſes écrits intitulez *Reponſe* & *Inventaire* qu'il a rendu publics. Voyons s'il dit vrai, quand il avance qu'il a *prouvé au procés de degré en degré par piéces & monumens authentiques qu'il deſcend de Jean Garde des ſceaux,* qu'il dit être ſon huitiéme ayeul. Suivons le pas à pas.

C'eſt dans ſa Requête ſignifiée le 26 Février 1718 (*p*) que les Sieurs Produiſants ont rendu publique, avec des notes qu'ils ont mis en marge, que Mr. le Conſ. de Cluny s'eſt expliqué pour la premiere fois de cette deſcendance; mais il s'y eſt expliqué d'une maniere ſi chancellante, que l'on voit bien qu'il ne marchoit encore qu'à tâton dans les ténébres de l'antiquité; là il ne parle que de Jean de Clugny ſon nouveau huitiéme ayeul prétendu *qu'en paſſant & ſans affectation.* (ce ſont ſes termes.) Il obſerve qu'il y a quelque choſe *qui peut faire penſer,* & même *avec un pretexte aſſés plauſible* (dit-il) qu'il eſt iſſu de ce Jean. Ce n'eſt pourtant *qu'en paſſant & ſans affectation* qu'il fait cette obſervation; de ſorte qu'à ſon propre mot, ce n'eſt là qu'une légére idée qu'il hazarde, ſans confiance, ſans preuve, & ſans tirer à conſéquence. Pour ne rien changer de ſes termes, voici comme il s'explique. (*q*) *Le Sr. Conſ. de Clugny obſerve en paſſant, & ſans affectation qu'il eſt dit dans les Mémoires de Palliot, qu'un Jean de Clugny Conſeiller du Duc de Bourgogne qui vivoit encore en 1412 avoit epouſé Guiotte de Beze, dont il laiſſa un grand nombre d'enfans: or ce qui peut faire penſer avec un prétexte aſſés plauſible que le Sieur de Clugny en eſt iſſu, c'eſt que Pierre de Beze aſſiſta comme parent* (*r*) *au contrat de mariage de Barthelemie de Clugny fille de Pierre, mariée en 1511.*

(*r*) Le fait eſt auſſi faux que le raiſonnement. Pierre de Beze n'aſſiſta au contrat que comme témoin. & non comme parent; il n'y a qu'à voir ce contrat de mariage, tout informe qu'il eſt, pour être inſtruit de la vérité, il eſt ſous la cotte 13 du Deffendeur.

Voici mot pour mot comme il finit: *Preſens Noble Homme Lucas de Veſignieux Ecuier Seigneur dudit lieu, Mr. Pierre de Beze, Eſſé de Vezelay; Jean l'Evêque dudit lieu de Vezelay; & Etienne d'Uxois d'Avallon, témoins à ce apellés & requis.* Dans ce contrat *Barthelemie* de Clugny eſt qualifiée ſimplement honnête, &c. Marguerite, ſimplement Marguerite; & Jean, ſimplement Jean. Ils étoient plus modeſtes que le Deffendeur leur arriere petit fils, qui ſe fait apeller *Monſeigneur* dans ſes Terres.

A prendre

Marginal notes:

o Sa maiſon fut pillée, ſes Titres & papiers brûlés. Cela eſt dit pour demander grace aux lecteurs s'ils ne ſe trouvent pas ſatisfaits de ſes preuves.

p A la p. 23 & 24.

q P. 23 & 24.

A prendre droit, pour un moment fur ces prétendus *Mémoires de Paillot*, l'on voit bien, par ces termes douteux & chancelans, que le Sieur Conf. de Cluny, ne penfoit pas pour lors donner une preuve de fa defcendance de *Jean* qui pût toucher les efprits; il en fentoit lui-même le foible, & il prevoyoit bien qu'on s'en aper-cevroit auffi-bien que lui; c'eft pour cela qu'il ne voulut rien affu-rer de pofitif là-deffus, & qu'il ne fit fon obfervation que *comme en paffant, & fans affectation*. Et en effet, quel eft l'efprit, quel-que foible & quelque crédule qu'il fût, qui voulût fe con-tenter d'une telle preuve pour faire la liaifon d'une généalogie? Je veux prouver que je defcend de *Jean de Clugny Garde des Sceaux*; & voici comme je raifonne au plus jufte (ce n'eft tou-jours que pour un moment) *Jean premier* fut marié à Guiotte de Beze, de laquelle il eut *Jean fecond. Jean fecond autem* eut *Pierre*; *Pierre autem* eut *Barthelemie*: cela eft certain (du moins à en croire pour le premier degré, ce qui eft écrit fur un quart de pa-pier, que j'apelle Mémoire de Paillot) & fi vous en difconvenez tant foit peu, voici qui va convaincre vôtre incrédulité; car l'on voit par le contrat de Mariage de Barthelemie de Cluny, paffé en 1511, que *Pierre de Beze affifta, comme parent à ce contrat*: s'il y a affifté comme parent, ce ne pouvoit être que du chef de Guiot-te de Beze; & déflors je conclus que *Jean premier* marié avec Guiotte de Beze, a eu *Jean* fecond qui étoit l'ayeul de Barthe-lemie.

Un femblable raifonnement feroit-il bien perfuafif & admiffible en bonne Logique? l'induction que Mr. le Confeiller de Cluny veut tirer de l'affiftance de Pierre de Beze (à le fupofer parent) ce qui n'étoit pas, au mariage de Barthelemie de Cluny, eft-elle bien légitime pour établir que *Jean* fon 7e. aveul, eût pour pere *Jean* Garde des Sceaux? Comment l'un pouroit-il faire liaifon né-ceffaire avec l'autre? fi cela eft difficile à comprendre, il l'eft en-core plus que l'on veuille toucher la Cour par un raifonnement femblable. (*f*) Auffi Mr. le Conf. de Cluny n'en fut-il pas tou-ché le premier, quoiqu'il en fût l'autheur, il ne le propofa d'a-bord qu'avec défiance, ou comme il le dit lui-même, *en paffant & fans affectation*; mais comme il a vû dans la fuite que fi cette idée qu'il avoit hazardée *en paffant* pouvoit trouver quelque cré-dit, cela quadreroit à merveille au rhabillage de fa généalogie, il a ceffé de la propofer comme douteufe. Il tient actuellement un langage plus affûré, & il dit fans héfiter; *je defcends de Jean de Clugny Garde des Sceaux, je l'ai prouvé au procès de degre en degre par pieces & monuments authentiques*.

Que Mr. de la Bruiere qu'a cité le Deffendeur dans fes écrits (*t*) a excellemment dépeint la conduite en général de ceux, qui pour donner du luftre à leur généalogie, vont chercher dans l'obfcurité que nous prefente fouvent l'éloignement des fiecles, une tige honorable! écoutons-le dans fes caractéres fe mocquer de la fauffe vanité de ces ambitieux qui veulent en impofer au Public. *Je le declare nettement*, dit-il, (*u*) *afin que l'on s'y prépare, & que perfonne un jour n'en foit furpris. S'il arrive jamais que quelque Grand me trouve digne de fes foins; fi je fais enfin une belle fortune, il y a un Geoffroy de la Bruiere que tous les Chroniques rangent au*

f Voyés ce qui eft dit ci-aprés fur cet article.

t Page 19 de fa Réponfe imprimée

u Au chap. de quelques ufages, p. 545.

O

nombre des plus grands Seigneurs de France qui suivirent Godefroy de Boüillon à la Conquête de la Terre Sainte : voilà alors de qui je descends en ligne directe.

Telle est la situation où se trouve aujourd'hui Mr. le Conf. de Cluny, parce qu'il se voit placé dans un poste distingué, il veut chercher aussi de la distinction dans l'origine, ne la trouvant pas chez les siens, il faut la chercher ailleurs, & chez ceux qui ne lui apartiennent pas. Jean de Clugny, comme on l'a vû, étoit un puissant Seigneur, tant par le nombre de ses Terres, que par sa naissance, & la Charge qu'il occupoit ; peut-être que le Deffendeur si accoutumé à dépriser les enfans de la Maison de Clugny ne nous contredira pas en ce point ; encore n'en sçait-on rien : mais ce seroit chose étrange, si la haine qu'il a conçû contre tous ceux qui sont issus de cette Maison l'emportoit sur l'amour propre ; ce ne seroit pas la premiere fois. On en fournira plus que d'un exemple.

Mais que sa découverte auroit été heureuse pour lui si elle avoit été apuyée de quelque preuve, & si ses adversaires avoient été dans l'impuissance d'en faire voir la fausseté ! quel sujet de triomphe si l'idée qu'il a hazardée sur cette descendance étoit favorablement reçuë ! l'amour propre d'un côté y trouveroit merveilleusement son compte, sa confiance d'un autre sur le fond du procés seroit entiere ; & c'est pour le coup qu'il pouroit dire avec autant de vérité qu'il l'a dit inconsidérément : *j'ai autant de droit de vous disputer vôtre Nom & vos Armes, que vous en avés de me disputer l'un & l'autre.* Parce que ce Jean de Clugny Garde des Sceaux étant un des Autheurs collatéraux des Sieurs de la Maison de Clugny, dés qu'il seroit reconnu pour être le huitiéme ayeul du Deffendeur, il faudroit reconnoître toutes les Parties plaidantes issuës du même tronc, & qui par conséquent leur auroit transmis à tous également le même Nom & les mêmes Armes, avec un droit égal de propriété sur l'un & sur l'autre, suivant cette maxime, *jungat æqualis gratia quos junxit æqualis natura.*

Que Mr. le Conf. de Cluny au reste se trouve bien éloigné de son compte ! que d'obstacles il a à détruire avant que d'arriver au but où il aspire ! *il a établi*, dit-il, *par piéces & monuments authentiques*, qu'il descendoit de Jean Garde des Sceaux ; & où sont ses preuves ? quelles *piéces*, & quels *monuments authentiques* a-t-il aporté pour les fonder ? éclaircissons ce fait, & mettons au jour la nature de ces preuves.

Au commencement de l'instance Mr. le Conf. de Cluny cita dans une Requête qu'il fit signifier le 26 Février 1718 les Mémoires de Palliot ; les Sieurs de la Maison de Clugny firent imprimer cette Requête, & y ajoutérent quelques notes marginales. Dans l'endroit où il étoit parlé de ces Mémoires de Palliot, les Sieurs Produifants y mirent cette note-ci. *(x) On ne sçait si ce qui est dit là des Mémoires de Palliot est véritable ou non, le Deffendeur cite seulement l'Autheur sans en raporter les termes ; aparemment que ces Mémoires sont en manuscrit, les Demandeurs l'invitent & le somment de le produire.*

x V. la p. 22 & 23 de la Requête, & les notes 43 & 44 qui sont en marge.

Les Produifants croyoient que si le Deffendeur répondoit à cette invitation, ce seroit en leur communiquant les livres manuscrits

---

de Palliot qui traitent de plusieurs généalogies de la Province; car qui dit manuscrit, dit un livre ou un cahier, & non des feuilles volantes, qui ne sont le plus souvent que des brouillons inutiles. Ils s'attendoient à voir un ouvrage suivi qui eût un commencement, une fin, qui eût quelque liaison, quelque ordre, dont les feuilles seroient tout au moins attachées ensemble, ou cottées par 1, 2, 3, &c. afin que l'on pût s'y prendre par un bout & finir par un autre. C'est à ces marques en effet que l'on distingue les manuscrits; point du tout, il leur donna copie le 7 Juillet 1720 de l'extrait d'un prétendu contrat de mariage de *Jean* de Clugny avec Guiotte de Beze qu'il dit avoir été écrit de la main de P. Palliot, ledit extrait écrit sur un petit morceau de papier volant, à ce qu'on a apris; car il n'a pas encore été au pouvoir des Produisants de voir l'original de cet extrait, ni des autres qui ont été donnés dans la suite; Mr. le Conf. de Cluny en parle dans ses inventaires, mais jusqu'ici on ne les a pas vû dans sa production, ce doit être quelque chose de curieux. Quoiqu'il en soit, en attendant que l'on ait vû ces paperasses informes fabriquées chez lui, probablement, & à son goût sur des Titres ou Mémoires qu'il n'ose representer. Plaçons une ou deux réflexions sur ces prétendus extraits.

Palliot, comme on le sçait, étoit un Imprimeur de cette Ville, il a mis au jour quelques Ouvrages qu'il a imprimé, & il a laissé un manuscrit en plusieurs volumes qu'il n'a pas eu le tems, ou qu'il n'a pû imprimer. Ce manuscrit contient la généalogie de plusieurs Familles de la Province; c'est un Ouvrage qui est médité, corrigé & reflechi: si Mr. le Conf. de Cluny avoit produit ce manuscrit ou les livres imprimés de Palliot, ils seroient de quelque autorité dans le cas, où ils ne seroient contredits par aucun Titre; & c'est ce qu'on lui demandoit pour s'instruire de son sentiment sur ce qui avoit été mis en avant. Mais vouloir tirer avantage de plusieurs morceaux de papier détachez, sans suite, sans liaison, sans ordre, sans datte, sans signature, tels que les a produit le Deffendeur pour se dire descendu de *Jean* Garde des Sceaux, & pour tirer d'autres inductions. C'est extrêmement mal juger des réflexions de la Cour; c'est présumer que le Public est ignorant jusqu'à la stupidité.

Quoique les Mémoires écrits de la main de Palliot, dit le Deffendeur, *(y) soient sur des feuilles volantes, ils font plus de foi que les Mémoires entiers, qu'il a dressé, parce que ce sont les minutes des Mémoires mêmes; & la maxime n'est pas douteuse, que les minutes méritent plus de créance que les Ouvrages qu'on fait sur ces mêmes minutes.*

y Inventaire imprimé, p. 30 & 31.

L'on convient de la maxime; mais cela s'entend des minutes des actes publics faits en Justice ou pardevant Notaire qui méritent toujours plus de croyance que les extraits qu'on en tire: cela est vrai en ce sens là; mais avancer que des brouillons qu'écriroit un Autheur sur des feuilles volantes font plus de foi que les Mémoires entiers qu'il auroit dressé, c'est un paradoxe étrange, c'est vouloir soutenir que les premieres idées & le premier plan que jette un Autheur sur le papier, sont toujours les plus sûres. Combien de fois arrive-t-il aux Ecrivains, lorsqu'ils veulent

arranger & perfectionner leurs Ouvrages? (& cela arrive fur tout
en matiére de généalogie, où il faut une extrême attention, lorfqu'on en eft aux degrés éloignés, & qu'on n'a pas tous les Titres
fuffifants.) Combien de fois leur arrive-t-il d'effacer leurs premiéres idées, leur feconde, leur troifiéme, en un mot de corriger
leurs Ouvrages, jufqu'à ce qu'une longue connoiffance de Titres
& une méditation affiduë leur ait fait rencontrer la vérité qu'ils
cherchoient? on éprouve cette vérité dans le tems qu'on écrit
ceci. Et quel eft l'Ecrivain qui ne l'ait pas éprouvé de même? fi
Pailliot qui n'eft mort que depuis quelques années vivoit encore
aujourd'hui, & qu'on lui demandât, *vos broüillons méritent-ils plus
de foi que vos Ouvrages en manufcrit que vous avés perfectionné,
ou que ceux que vous avés imprimé?* l'on eft bien perfuadé que
Pailliot ne s'aviferoit pas de répondre que fes *brouillons font fes
précieufes minutes*, & qu'on doit plutôt s'y arrêter & y ajouter
foi qu'à fes ouvrages corrigez. Si Mr. le Conf. de Cluny veut confentir dés à préfent que l'on compulfe les endroits du manufcrit
de Pailliot qui concerne fa famille & fon origine, on y confent
auffi. Ce feroit-là le cas de vérifier fi Pailliot a tranfcrit mot pour
mot, ces broüillons que Mr. le Conf. de Cluny apelle *les minuttes
d'un Hiftoriographe de France*: minuttes qu'il lui a aparemment dic-
tées, car l'Auteur ne s'explique pas fi c'eft fur des originaux ou
fur des Mémoires qu'il a travaillé.

La Cour fçait, ajoute Mr. le Confeiller de Cluny dans le même inventaire imprimé, *(z) que lorfque Pailliot entreprit de tra-
vailler pour le Public, il alla dans toutes les Eglifes, Monaftéres
& Maifons particulieres qui voulurent bien lui communiquer leurs
Titres, & qu'il en écrivoit les extraits fur de petites feüilles volantes, auffi bien que de tous les autres Titres qui par hazard lui tomboient
fous la main, & c'eft fur ces extraits qu'il a compofé tous fes ouvrages qui n'en font que les copies, enforte que les petits Mémoires qu'a
Mr. de Clugny, & dont ceux qu'il produit font parties, font à l'é-
gard des ouvrages de Pailliot, ce qu'eft la minutte d'un contrat qui
eft entre les mains d'un Notaire à l'égard des groffes qu'il en délivre.
Tous ces petits extraits, qui font de véritables minuttes, furent remis à Monfieur de Clugny après la mort dudit Pailliot.*

z Au commen-
cement de la p. 31.

Réponfe: De tous les extraits de Pailliot, dont Mr. le Confeiller
de Cluny a donné copie aux Produifants, il n'y en a qu'un feul
dont il tire avantage pour fe dire iffu de Jean de Clugny Garde
des Sceaux, qui eft l'extrait prétendu du contrat de mariage dud.
Jean de Clugny avec Guiotte de Beze du 3 Janvier 1382. Arrêtons-nous à celui-là feul pour le préfent, & tâchons de découvrir comment l'orignal de ce prétendu contrat de mariage auroit
pû tomber entre les mains de Pailliot, pour en avoir tiré un
extrait.

Pailliot alloit, dit le Deffendeur, *dans les Eglifes & les Monaftéres, il écrivoit fes extraits fur de petites feüilles volantes*: ce n'eft
certainement pas là où il a tiré le contrat de mariage de Guiotte
de Beze. *Il eft des titres qui par hazard lui tomboient fous la main*,
continuë-t-il; cela eft bien difficile à croire: *le hazard* ne favo-
rife guére ces fortes de recherches. *Pailliot alloit encore dans des
Maifons particulieres qui lui communiquoient leurs titres*, ajoute
le Deffend.

le Deffendeur ; fi cela eft, le bon fens fait préfumer que ce ne peut être que dans la maifon de Mr. le Conf. de Cluny que Palliot a tiré ce prétendu extrait, puifqu'il convient que *ces mêmes extraits lui ont été remis*. Or fi ce ne peut être que dans la maifon du Deffendeur que Palliot a puifé l'original du contrat de mariage de la prétenduë Guiotte de Beze, pourquoi le Deffendeur ne produit-il pas cet original plûtôt que l'extrait qu'il dit qu'en a tiré Palliot ? la raifon en eft bien fenfible ; c'eft que, ou l'original fur lequel Palliot a tiré l'extrait, qu'on dit être de lui, eft faux ou altéré, ou cet extrait n'a été tiré que fur des Mémoires fabriqués par le Deffendeur qu'il y auroit trop de rifque de mettre au jour.

Dans la copie que Mr. le Conf. de Cluny a donnée aux Produifants, il n'eft pas dit d'où ce prétendu extrait a été tiré, fi c'eft fur l'original, fi c'eft fur une copie, ou fur un fimple mémoire ; le nom du Notaire qui a dû recevoir ce prétendu contrat de mariage n'y eft pas non plus : qui vit donc jamais un extrait plus vicieux que celui-là, fi on le confidére feulement par raport à fa forme? fi d'un autre côté on le confidére par raport à la perfonne qui l'a tiré, Palliot étoit-il revêtu d'un caractére public pour mériter foi en Juftice fur un extrait qu'on dira être de fa main? fi Palliot en écrivant cet extrait avoit dit qu'il l'a tiré fur un original en bonne forme, s'il l'avoit attefté par fa fignature, cet extrait auroit du moins quelque forme de vrai-femblance ; encore felon les bonnes régles ne feroit-il pas reçû ; mais rien de tout cela ne s'y trouve : que doit-on donc raifonnablement en penfer ?

Le Deffendeur fur la fin de fon Inventaire imprimé (*&*) foutient que les copies collationnées par un Notaire, qui eft neanmoins une perfonne revêtuë d'un caractére pour être crû en Juftice, ne peuvent faire foi ni préjudicier à un tiers, lorfqu'elles ont été collationnées en l'abfence des Parties intereffées ; il a cité à ce fujet plufieurs Autheurs, & entr'autres Dumoulin fur la Coutume de Paris, tit. 1, ß. 8, n. 70, dont il raporte le fentiment en ces termes : *Collatio abfente adverfario & non vocato nullam fidem, nullum judicium, nec præfumptionem facit, propter finiftram fufpicionem, &c.* Or fi fuivant ce fentiment une copie collationnée mot pour mot fur l'original, par une perfonne publique, ne fait pas foi, à moins que la collation n'ait été faite, Partie préfente ou dûëment apellée ; à plus forte raifon ne doit-on pas s'arrêter à un extrait qu'on dit avoir été tiré par un Particulier qui n'attefte pas fi c'eft fur un original, ou fi c'eft fur des mémoires que cet extrait a été tiré, & même qui n'a pas figné cet extrait : il eft évident cependant qu'il y a bien plus de raifon pour l'un que pour l'autre, & fi fuivant le fentiment du Deffendeur la régle eft générale, il doit bien s'imaginer qu'elle ne porte pas une exception pour lui en particulier.

Mais quand on fupoferoit pour un moment, que l'extrait du contrat de mariage de *Jean de Clugny* avec Guiotte de Beze eft écrit de la main de Palliot, qu'il a été tiré fidellement fur l'original en bonne forme ; bien plus quand on fupoferoit que le Deffendeur a produit l'original même, il n'en feroit pas plus avancé

& Pag. 45 & 46.

P

62

pour établir fa defcendance de *Jean* Garde des Sceaux, parce que,

1°. Ce n'eft pas du contrat de mariage de *Jean premier* que l'on peut prouver la defcendance de *Jean fecond*, à moins que l'on ne voulût dire que *Jean fecond* avoit pris naiffance avant le mariage de fon pere.

2°. L'argument que Mr. le Conf. de Cluny prétend tirer de l'alliance prétendue de Guiotte de Beze pour prouver fa defcendance de *Jean* Garde des Sceaux, eft un fophifme des plus abfurdes; pour mieux en juger, il n'y a qu'à le mettre au jour felon fes propres termes.

a Voyez fon inventaire impr. p. 4.

Pour établir, eft-il dit, que *Jean fecond* defcend de *Jean premier* Garde des Sceaux, *Mr. de Cluny (a) employe le contrat de mariage de Bartholomine de Clugny fille de Pierre de Clugny premier du nom, & de Margaerite Obbé en datte du 20 Juillet 1511; auquel Pierre de Beze affifta, comme parent de ladite Bartholomine de Clugny, ledit Pierre de Beze étant parent de ladite Bartholomine du chef de Guiotte de Beze, femme de Jean de Clugny premier & bifayeul de ladite Bartholomine de Clugny.*

On raporte ici mot pour mot les termes dont Mr. le Conf. de Cluny s'eft fervi pour prouver ce premier degré de defcendance, afin que l'on ne croye pas, qu'en expofant fes preuves on les diminue, ou qu'on les altére. Cette fimple expofition n'eft pas peu propre à en faire découvrir la foibleffe. Pour peu qu'on y faffe attention, on verra clairement que fi jamais preuve de degré fut tirée par les cheveux, c'eft celle-là. En effet, pour que cette preuve pût avoir quelque fondement, il y a deux fupofitions à faire, dont l'une eft trés-incertaine, & l'autre trésfauffe.

La premiére, qu'on apelle incertaine, c'eft que pour pouvoir dire vrai-femblablement que Pierre de Beze fût parent à Bartholomine de Clugny du chef de Guiotte de Beze, il faut fupofer que Guiotte de Beze avoit un frere, que ce frere avoit des enfans, que de l'un de fes enfans eft iffu Pierre qui affifta au contrat de mariage de Batholomine de Clugny. Avec de telles fupofitions, comme on l'a déja dit, Mr. le Confeiller de Cluny pourra aller bien loin.

La feconde fupofition qu'il y auroit à faire, ce feroit de dire que Pierre de Beze a affifté comme parent au contrat de mariage de Bartholomine de Clugny, & que le contrat en fait mention; & c'eft qui eft abfolument faux; la Cour vérifiera, s'il lui plaît, ce fait, & elle verra que le contrat de mariage de ladite Bartholomine que le Deffendeur a produit fous cotte 13, fait feulement mention que Pierre de Beze affifta à ce contrat comme témoin, & non comme parent. On en a raporté plus haut les termes au bas de la page 56.

Voilà donc une premiere preuve qu'employe Mr. le Conf. de Cluny pour fe dire iffu de *Jean* Garde des Sceaux détruite, & qui doit être rejettée, puifqu'elle ne fe foutient qu'à force de fupofitions entaffées les unes fur les autres, & qu'en faifant agir les refforts d'une imagination embrouillée.

Une autre preuve qu'employe encore le Deffendeur pour prouver la defcendance de *Jean fecond*, de *Jean premier*. (Celle-ci eft auffi curieufe que la premiere ,) confifte à faire cet argument-ci. *Jean fecond avoit époufé Philipée de la Boutiere.* (*b*) *Or la Cour eft fupliée d'obferver que la Famille de la Boutiere eft auffi origi-naire de la Ville d'Autun. François de la Boutiere qui fut premie-rement Avocat du Roi à Autun, & enfuite Confeiller au Parle-ment, vivoit en même tems que Philipée de la Boutiere, comme on le peut voir dans Paillot, p. 152; ce qui fortifie la preuve de la def-cendance de Jean fecond de Jean premier.*

On aura peut-être peine à croire que le Deffendeur ait rendu public un tel argument, dans une matiere auffi intereffante & auffi férieufe que celle-ci. Cela eft pourtant vrai ; il n'y a qu'à voir fes écrits dans l'endroit que l'on vient de citer : quoi donc ? quand il feroit vrai que Philipée de la Boutiere auroit été origi-naire de la Ville d'Autun, ce qui n'eft pas prouvé, parce qu'il feroit dit que François de la Boutiere a été Avocat du Roi dans cette Ville, pouroit-on en tirer la conféquence: donc *Jean fecond,* qui avoit époufé ladite Philipée de la Boutiere, eft defcendu de *Jean premier* Garde des Sceaux ? & quel raport y a-t-il d'une de-meure avec une defcendance ? jamais vit-on une conféquence plus héteroclite & moins dérivée de fes prémices ? Employer de tels raifonnemens fi dénuez du bon fens, & les faire imprimer, n'eft-ce pas encore un coup extrêmement mal juger du goût de la Cour & des réflexions du Public ? mais auffi n'eft-ce pas faire entrevoir foi-même fa propre foibleffe ?

Mais, ajoute le Deffendeur (toujours avec la même juftesse) *les Sieurs de Theniffey & Conforts par leurs deffenfes fignifiées le 15 Juillet 1720, ont avoüé cet extrait* (qui eft celui dont nous venons de parler) *écrit de la main de Paillot, & Mr. de Clugny leur déclare encore, en tant que befoin, qu'il accepte cet aveu, par conféquent tous les autres extraits qu'il a produit depuis, & ceux qu'il produira dans la fuite, feront foi en fa faveur.* (*c*)

Rep. Quelle autre conféquence fut encore plus fauffe & plus mal tirée que celle-là ? 1°. Il eft faux que les Produifans ayent reconnu dans aucun endroit de leurs écritures, que ce préten-du extrait de contrat de mariage de *Jean de Clugny* avec Guiotte de Beze, fût écrit de la main de Palliot. Il n'y a qu'à vérifier en particulier les deffenfes qui viennent d'être citées du 15 Juillet 1720, pour être perfuadé du contraire. 2°. Quand il feroit auffi vrai qu'il eft faux, que l'on fût convenu que cet extrait fut écrit de la main de Paillot, feroit-ce bien conclure que de dire: *donc tout ce qui vient de Paillot, fans diftinction, doit faire foi en ma faveur?* où eft-il écrit que Palliot fût infaillible, fur tout dans les extraits ou brouillons qu'on lui attribuë, pour que tout ce qui viendroit de lui, dût faire foi en faveur du Deffendeur ? n'eft-ce pas là encore un coup, tirer des inductions contre les no-tions communes & les régles générales du bons fens ? Ce feroit perdre le tems que de s'arrêter à en faire voir le faux d'une

(*b*) Inventaire imprimé, p. 4.
(*c*) Dans fon Inventaire imp. p. 31. Cette preuve eft auffi héteroclite que celle dont fe fervit Gilblas pour perfuader à une inconnuë qu'il vouloit attraper, qu'il étoit allié à un Gentilhomme de la haute Nobleffe. *Je fuis,* lui difoit-il, *de fa Maifon, puifqu'il faut vous le dire, fon ayeul époufa la belle fœur d'un oncle de mon pere..* (Gilblas tom. 1, p. 325) L'une vaut certainement l'autre ; & la conclufion qu'on doit tirer de ce paralelle eft fort naturelle, il n'eft pas befoin d'en dire plus.

maniere plus étenduë : si le Deffendeur avoit cité Palliot dans ses Ouvrages vûs & corrigez tels qu'il les a mis au jour ; comme à deffaut de titres on a recours aux Autheurs, en ce cas son raisonnement seroit de quelque poids. Mais citer des broüillons de cet Autheur pour une attestation digne de foi, c'est ni pas penser ; citer des Broüillons qui dans leur contenu même, & selon toute leur signification la plus étenduë, ne prouvent rien ; c'est une dérision : *Quand on est en Justice réglée*, dit le Deffendeur, *on doit s'attendre à être contredit sur tout ; c'est pourquoi on ne doit rien avancer sans être muni de bonnes preuves.* (*d*) La maxime rétorquée contre lui, est aussi vraie que l'aplication en est juste en ce cas-ci.

d Réponse impr. p. 13. l. 24. & 25.

Or si le genre de preuve & les raisonnemens qu'a employé Mr. le Conseiller de Cluny ne sont pas capables de trouver créance dans les esprits, même du peuple le plus simple, il en faut déja tirer la conséquence, que lui-même qui a été l'Architecte de sa généalogie, en a commencé l'édifice sur un fondement trop ruineux pour se soutenir long-tems : *Sublato autem fundamento, corruit ædificium.*

Mais ce n'est pas assés de faire voir que le fondement de la généalogie du Deffendeur est faux & n'a aucune solidité ; ce n'est pas encore assés d'avoir établi que selon les régles du Barreau & de la Logique, l'on ne peut tirer aucune induction des pitoyables preuves & raisonnemens qu'il employe ; il faut actuellement relever son erreur & ses sophismes par une démonstration, pour ne rien laisser en arriere sur cet article qui pourroit paroître à quelques-uns si essentiel.

L'on démontre par piéces autentiques, que Mr. le Conf. de Cluny ne peut tirer son origine de Jean de Clugny Garde des Sceaux, comme il le prétend.

Les Lettres d'amortissement & l'enquête dont on a donné ci-devant des extraits, qui sont les seuls titres qui nous aprennent le nom & le nombre des enfans de *Jean* de Clugny, démontrent évidemment qu'il n'eut point de fils nommé *Jean*, qui ne fussent d'Eglise, & par conséquent le Deffendeur n'en peut tirer légitimement son origine. Dévelopons ceci avec autant d'exactitude de nôtre part, que le Deffendeur en a peu fait paroître de la sienne : ceci est important.

L'on voit que *Jean* Garde des Sceaux eut cinq enfans. Faisons-les tous paroître sur la scéne, pour tirer d'eux la vérité que nous cherchons.

Le premier se nommoit *Jean* ; il fut Chanoine de Beaune & d'Autun, ainsi qualifié dans les Lettres d'amortissement de 1414, en ces termes : *& feu Jean de Clugny son fils jadis Chanoine d'Ostun.* (*e*) Il mourut jeune & avant Jean son pere ; les mêmes Lettres font mention de son décés, comme on le voit par les termes qu'on vient de raporter, *& feu Jean*, &c. Il est encore fait mention de lui dans l'acte qui rapelle les Fondations de plusieurs enfans de la Maison de Clugny, du 12 Avril 1502, dont l'on donnera copie plus bas sous le N°. suivant, en ces termes :

e Num. 6.

mes: *Pro generoso adolescente Joanne de Clugniaco, quondam Canonico Ædnense & Belnense filio quondam Joannis de Clugniaco Militis, & Domini de Alona.*

Comme l'on s'est fait un scrupule de ne rien hazarder, mais d'aporter des preuves sur tout, l'on doit ici prévenir l'objection qu'on pouroit faire en disant, ce *Jean* de Clugny Chanoine d'Autun dont vous parlez dans cet acte de Fondation de 1502, n'est pas le même que celui dont il est parlé dans les Lettres d'amortissement de 1414; une raison de différence, c'est que l'on voit que le pere de *Jean* dont il est parlé dans lesdites Lettres d'amortissement, est qualifié Garde des Sceaux, au lieu que le pere de *Jean*, dont il est parlé dans l'acte de 1502, y est qualifié Chevalier sous le mot *Militis.*

Cette objection, qui se présente d'abord à l'esprit, & que tout homme qui ne seroit pas instruit des anciens usages pourroit faire, est aisée à résoudre.

1°. Beaucoup plus de preuves concourrent à faire voir que *Jean* Chanoine d'Autun, contenu dans les Lettres d'amortissement, est le même que celui dont il est parlé dans l'acte de 1502, qu'il n'y en a pour faire voir le contraire. Etablissons le par la conformité qui se trouve du même sujet dans les deux actes: *Jean* est dit Chanoine d'Autun dans les Lettres d'amortissement; & il est pareillement qualifié dans l'acte de 1502. On connoît par les Lettres d'amortissement, que *Jean* mourut jeune, & il est rapellé tel dans l'acte de 1502, sous ces termes, *pro generoso adolescente.* Les Lettres d'amortissement font mention que *Jean* avoit fait une Fondation à Autun, & l'acte de 1502 rapelle une Fondation faite par ledit *Jean*; *Jean* dont il est parlé dans les Lettres d'amortissement, étoit fils de *Jean* Seigneur d'Alonne qui est le Garde des Sceaux, & ledit *Jean* dont il est parlé dans l'acte de 1502, est dit pareillement fils de *Jean* Seigneur d'Alonne: *Filio quondam Joannis de Clugniaco Domini de Alonâ.* Il n'y a donc qu'une seule différence aparente, qui se trouve dans l'acte de 1502, sous le mot *Militis*, qui veut dire Chevalier: qualité donnée à *Jean* Seigneur d'Alonne Garde des Sceaux, au lieu que dans les Lettres d'amortissement, *Jean* dont il y est parlé, est qualifié simplement de Garde des Sceaux, sans la dénomination de Chevalier: mais que peut faire une seule différence aparente contre tant de conformitez qui se détruisent? cela seul suffiroit pour répondre à l'objection. Venons à une seconde réponse non moins plausible.

2°. On l'a déja dit, & le Deffendeur en convient, il ne faut pas raisonner des usages de nos jours, comme l'on feroit des usages anciens; communément parlant, on n'apelleroit pas aujourd'hui un homme de Robe, un Chevalier, & on donneroit plûtôt à un Président, ou à un Maître des Requêtes la qualité de Président, que celle de Chevalier, quoiqu'ils fussent Présidens & Chevaliers tout à la fois; il nous paroîtroit donc plus naturel de qualifier encore aujourd'hui *Jean* Garde des Sceaux, parce qu'il étoit homme de Robe, que de le désigner sous la qualité de Chevalier attribuée particulierement aux gens d'Epée; mais à consulter les siécles passez, il n'en est pas de même: on donnoit indifféremment la qualité de Chevalier aux gens de Robe & aux gens d'Epée. En voici la preu-

Q

f Gloff. med. & inf. latinitatis, fous le mot Miles, p. 546. ve tirée du Gloffaire de Ducange. (f) *Milites autem ifti litterati, ii funt quos noftri*, Chevaliers en Loix, *vocabant*; *id eft qui cum gente nobiles effent, Legum ftudiis operam impenderant, ut in fupremis Regum Foris* |us *dicerent.*

Froiffart nous donne un exemple d'un homme qui étoit tout à la fois homme de Robe & d'Epée, & qui prenoit également la qualité de Chevalier en Loix & en Armes. Or étoit avenu, dit-il, g Froiffart vol. 4. chap. 34. (g) *qu'un vaillant homme & de grande prudence, Chevalier en Loix & en Armes, Bailly de Blois, lequel fe nommoit Meffire Renaut de Sens,* &c.

h Premier vol. p. 105. & 143.
i In tract. de Nob. q. 14.
k Bartol. ad Leg. 1. Cod. de Pref. qui in Urbe. Monftrelet (h) & d'Argentré (i) nous donnent auffi des exemples de ces Chevaliers en Loix d'autrefois. Barthole (k) nous dit qu'un Docteur en Droit qui l'avoit profeffé pendant dix ans, devenoit Chevalier immediatement aprés cet efpace de tems : *Doctorem actualiter regentem in jure civili per decennium effici militem ipfo facto.*

Tous ces exemples & une infinité d'autres qu'on ajouteroit s'il étoit neceffaire, prouvent que l'on a pû défigner indifferemment Jean fous la qualité de Garde des Sceaux, comme fous celle de Chevalier, parce qu'il étoit l'un & l'autre tout à la fois, & par conféquent que Jean Chanoine & Official d'Autun fils dudit Garde des Sceaux, Seigneur d'Alonne, eft le même qui eft rapellé dans l'acte de 1502.

Le fecond fils dudit Jean de Clugny Garde des Sceaux, fut auffi nommé Jean : il furvécut à fon pere, & fut l'un de fes héritiers. Il eft parlé de lui dans l'enquête de 1448, dont il s'agit en ces termes: *Jean de Clugny Chanoine d'Autun & de Beaune.* Probablement ce font les mêmes Canonicats qu'avoit eu Jean fon frere, dont l'on vient de parler, qui mourut jeune; il fut encore Official d'Autun, Auditeur des Caufes d'apel à Beaune, qui étoit une Jurifdiction particuliere autre que le Parlement, Confeiller au Parlement de Bourgogne, & Garde des Sceaux de la Chancellerie d'Autun aprés fon pere. Cela paroit dans le Parlement de Bourgogne de Palliot, qui place ledit Jean fecond fous l'époque de 1422 & 1427; ce qui prouve que l'on ne peut pas confondre ces deux Jean, puifque Jean premier Chanoine étoit mort en 1414, comme les Lettres d'amortiffement en font foi, au lieu que Jean fecond Chanoine occupoit la dignité des Sceaux en 1427. Ce même Jean fut nommé à l'Archevêché de Befançon, comme on le voit dans l'acte qui fuit de 1502, en ces termes: *Pro generofo Domino Magiftro Joanne de Clugniaco, quondam Canonico & Officiali Æduenfe & Electo in Archiepifcopatum Bifuntinenfem.* (Ces dernieres circonftances, prouvent que la Maifon de Clugny étoit de ce temslà en trés-grande recommendation, puifqu'elle occupoit les premieres dignités de l'Eglife, de la Robe & de l'Epée.) Selon le plan de généalogie que s'eft forgé le Deffendeur, ce feroit ce même Jean Chanoine, & enfuite Archevêque qui feroit fon 7e. ayeul, comme on va le faire voir dans un moment: ce n'eft pas mal rencontrer.

Le 3e. fils de Jean fut nommé *Guillaume* Ecuyer, Seigneur d'Alonne & confeigneur de Thourifaul, comme on le voit aux N°. 6, 7, &c. Il fut marié à Philiberte de Buffeuil, Maifon diftinguée, dont un Jacques Seigneur de Buffeuil, Ecuyer & Chambellan du Duc de Bourgogne, premier Maître de fon Hôtel, Bailli d'Autun & de Lordin de Saligny. (*l*)

l Parlement de Bourgogne, p. 13.

Leur Tombeau eft à Autun dans une Chapelle de l'Eglife de S. Jean l'Evangélifte, où l'on voit la repréfentation dudit *Guillaume* armé de pié en cap, fon épée à gauche, & un poignard à droite; deux clefs fur l'eftomac, & une fur chaque bras, un chien fous les pieds, qui eft le hiérogliphe dont fe fervoient les anciens pour dénoter la fidélité à leurs Princes: on lit fur ce Tombeau l'Epitaphe fuivante.

Cy gifent (m) Noble Seigneur Guillaume de Clugny, Efcuyer, Seigneur d'Alonne qui trépaffa le 17e. Janvier l'an 1437. & Damoifelle Philiberte de Buffeuil fa femme.

m Procés verbal dreffé fur les lieux, Partie préfente le 30 Juillet 1722.

Cette qualité de *Noble Seigneur*, & l'alliance de Philiberte de Buffeuil, dénotent affés que *Guillaume* étoit d'une Nobleffe diftinguée. Comment cela fe concilieroit-il, fi comme l'a inventé le Deffendeur, Jean fon pere, qui eft pareillement qualifié *Noble homme*, comme on l'a vû, avoit été fimplement Citoyen d'Autun? mais fi l'on étoit obligé de le relever toutes les fois qu'il chope dans fes écrits, on ne finiroit jamais.

Guillaume Seigneur d'Alonne & Philiberte de Buffeuil, eurent un fils nommé *Damas* qualifié Chevalier, Seigneur d'Alonne & de Villers, dans un acte du 12 d'Avril 1483, fous la cotte 74 des piéces que reftitua Valleyron par Arrêt du Parlement. L'on ne donne pas ici un extrait de cette piéce, parce qu'il n'eft pas néceffaire, & que ce feroit trop groffir cette production, *Damas* n'ayant point eu de poftérité: on la produira quand on formera la demande en réparation, dommages & intérêts contre le Deffendeur, pour avoir dit, fans fin dans tous fes écrits, qu'ils avoient produit un faux Arrêt de cette Cour: l'on fera voir en fon tems de quel côté fe trouve le faux.

Il eft à propos d'obferver encore fur l'article de *Guillaume*, que le Deffendeur s'eft étrangement trompé fur fon compte. Comme il a voulu fabriquer une généalogie qui quadrât à fes befoins, il l'a bâtie fuivant fes rêveries, fans s'embaraffer fi on le releveroit un jour de fes erreurs; il a avancé que ledit *Guillaume* avoir époufé Guillemette le Boiteux, qu'il étoit Seigneur de Meneffere, & qu'il étoit grand pere du Cardinal de Clugny. Autant de fauffetez que de mots, comme on vient de le démontrer, & comme on le fera voir plus bas en parlant de *Guillaume* Seigneur de Meneffere au N°. 9.

Le Deffendeur a crié dans tous fes écrits, *à la fauffeté*, *au menfonge*, contre fes adverfaires; il a répété mille fois ces termes. C'étoit fans doute pour indifpofer le Public contre leur conduite, & pour le prévenir en fa faveur: il croyoit aparemment qu'on n'oferoit, ou qu'on ne feroit pas en état de lui répondre; mais à préfent qu'on l'a fait, qui des Parties contendantes méritera mieux la foi & la confiance du Public, des Sieurs Produifans qui ne raifonnent que par des Titres, ou du Deffendeur qui ne raifonne que fur des idées & fur une imagination échauffée par la colére & l'animofité? dans ces circonftances il ne fera pas difficile de prendre parti.

Le quatriéme fils de *Jean* Garde des Sceaux fut nommé *Geoffroy* Ecuyer, Seigneur de Champeculeon, comme on le voit aux numerots 6 & 7, &c. Il fut marié avec Jacquette de Sainte Polonge, de laquelle il eut deux enfans; sçavoir, *Jean* & *Marie*, cela paroît par des actes restitués par le faux Cluny Vallevron de 1471 & 1483; *Jean* n'eut point de postérité; *Marie* fut mariée à Loys de Charnos Ecuyer, Seigneur de Fauverges, il en est parlé sous le numero 32 de cette production.

Le cinquiéme enfant de *Jean* fut une fille nommée *Alix*, les mêmes numerots 6 & 7 en font mention.

De cette énumération des enfans de *Jean* & des observations que l'on vient de faire sur leur état, & la postérité qu'ils ont eu, il en résulte deux choses.

L'une, que la postérité dudit *Jean* de Clugny Garde des Sceaux est éteinte depuis long-tems, puisque les deux branches qu'avoient fait *Guillaume* Seigneur d'Alonne & *Geoffroy* Seigneur de Champeculeon ses deux fils, ne passérent pas la premiere génération.

L'autre, que Mr. le Cons. de Cluny ne peut pas légitimement descendre d'un des enfants dudit Garde des Sceaux nommés *Jean*, puisque ces deux enfants nommés *Jean* étoient incontestablement deux hommes d'Eglise, ainsi qu'on vient de le démontrer par nombre de Titres authentiques.

De quel étonnement ne sera donc pas la Cour, quand elle relira les termes de sécurité dont le Deffendeur s'est servi pour faire croire au Public qu'il descend dudit *Jean* Garde des Sceaux? *Je descends de ce Jean*, dit-il, (n) *je l'ai prouvé au procès par pièces & monuments authentiques, mais ce n'a pas été sans peine.*

n Dans sa réponse imp. p. 3. & Invent. imp. p. 4, &c.

Qu'il est malheureux pour lui que *la peine* qu'il s'est donnée pour prouver cette descendance ait eu si peu de succés, ou lui soit si fatale, que voulant éviter le reproche d'être issu de *Jean Bâtard de Clugny* qui sortoit d'un homme d'Eglise, il se soit accroché, sans y penser à un autre Ecclésiastique du même nom!

Incidit in Scyllam, cupiens vitare Carybdim. Virg.

C'est ainsi que Dieu punit souvent l'orgueil de ceux, qui, pour sortir de leur véritable état, ne débitent que des mensonges de vanité, en les faisant retomber dans l'écueil qu'ils vouloient éviter.

Si une telle origine, au reste, choque le Deffendeur, qu'il ne s'en prenne qu'à lui-même; c'est lui qui en est l'autheur: quoiqu'elle ne soit pas tout-à-fait comme il l'a avoüé, il n'importe, à prendre droit sur ses termes, le voilà séparé de la Maison de Clugny; que faut-il de plus pour opérer sa condamnation? puisqu'il a crû que pour pouvoir se tirer d'affaire avec honneur sur le fond du procés, il falloit nécessairement tenter la voie de s'introduire dans la Maison de Clugny.

Mais, dira-t-on, il y a lieu d'être surpris que Mr. le Conseiller de Cluny, homme fin & adroit, *cautus & subtilis valdè*, (comme le disoit Mr. Chasseneuz de Jean Charnot (o) Conseiller au Parlement sur une difficulté touchant les Armes de Clugny,) ait bâti sa généalogie avec si peu de précaution, qu'il se soit choisi

o V. la note que l'on a faite sous le n. 32.

pour

pour septiéme ayeul un homme d'Eglise. Ces sortes de recherches se font avec une longue méditation & beaucoup de réflexions; car, quand l'on fait tant que de se dire descendu d'un
tel, il faut être sur tout au moins de l'état de celui que l'on cherche pour tige.

Cela est vrai, & l'on ne peut dissimuler ici que l'on a été extrêmement surpris d'une entreprise aussi téméraire en elle-même
que mal concertée. Aprés neanmoins avoir cherché comment le
Deffendeur étoit tombé dans une faute si grossiére, l'on croit
avoir réussi, & qu'en voici la raison.

Le Deffendeur ayant vû la production da la Maison de Clugny
que les Produisants avoient fixée à quelques Titres seulement,
pour donner une idée générale de l'ancienneté & de l'illustration
de leur Noblesse, a crû que cette production contenoit tous leurs
Titres sans exception; & comme il n'y en a point rencontré qui
concernât *Jean* le Garde des Sceaux, ni sa postérité, & qu'au
contraire il se trouvoit muni d'un Titre qui le concernoit, il a
crû qu'il avoit beau champ pour hazarder deux faits également
faux; l'un, en disant que les Sieurs Produisants n'étoient pas des-
cendus de la Maison de Clugny, parce qu'ils n'avoient pas encore donné leur généalogie prouvée par Titres & liée suivant
tous ses degrés; l'autre qu'il en étoit issu lui-même, & seul issu,
en ce qu'il tiroit son origine (prétenduë) de *Jean* Garde des
Sceaux.

Ces deux faits que l'on voit hazardés comme par un coup de
désespoir, ont étonné les Srs. de la Maison de Clugny, parce qu'il
ne pouvoit pas leur tomber sous le sens qu'il y eût au monde un
homme assés hardi pour leur disputer leur propre identité, & qui
dût un jour faire tous ses efforts pour les chasser de leur Maison &
se mettre à leur place. L'on ne croit pas en effet qu'il y ait jamais
eu un exemple pareil, si l'on en excepte la Comédie de Sosie.

Quoique ces deux faits ne dussent paroître dans le Public, ni
vrais, ni vrai-semblables, ils n'ont pas laissé que de mettre les
Sieurs de la Maison de Clugny dans la nécessité de faire une re-
veuë plus exacte de leurs Papiers domestiques; ils ont été assés
heureux pour y trouver une longue suite d'ayeuls, (ce qui est
assés rare) & de quoi faire cette production-ci, par laquelle ils
espérent avoir confondu l'imposture & solidement établi le contraire de l'un & de l'autre.

Le Deffendeur ne s'attendoit pas sans doute à tout ceci, & ne
croyoit pas que l'on fût en état de le démentir : il s'est imaginé
qu'ayant puisé ses erreurs dans l'éloignement des siécles & dans
le sein des ténébres, il leur donneroit par sa seule autorité un air
de vrai-semblance, ou du moins qu'il les tiendroit si bien cachées
sous ces sombres voiles, qu'il embarasseroit ses adversaires. Mais
que l'on est foible, quand on n'a pas la vérité pour soi ! quand
la vanité aveugle les hommes, à quelle chute ne les expose-
t-elle pas ?

Je serois indigne de la confiance du Public si necessaire à un Ma-
gistrat, dit le Deffendeur, (p) *si j'avois cherché à lui en imposer.*
On me fait donc, continuë-t-il, *une injure qualifiée en m'accusant*
du plus indigne de tous les vices, qui est le mensonge.

p Dans sa Rep.
imp. p. 8.

R

N'eft-ce pas là connoître fes obligations fans les pratiquer? mais en quel terme veut-il donc réduire fes adverfaires? il a grand foin de répéter dans fes écritures, (*q*) *qu'on lui doit du refpect*. Paffons là-deffus; mais fi par refpect pour lui, il faut l'encenfoir à la main, aplaudir à fes fupofitions & à fes erreurs; nous voilà extrême-ment embaraffez : à chaque article de fes écrits, l'on y reconnoît le fouffle, ou plûtôt l'ouvrage du menfonge & de la vanité, & cependant il dit de lui-même en s'aplaudiffant, qu'il ne ment point: *ait ipfe de fe , nec mentitur in gloriando.* (*r*) Eh quoi donc! n'o-fera-t-on par ménagement ou *par refpect* contredire l'un & l'au-tre? ce feroit donner trop de prife fur foi, & fi cela étoit, il au-roit trop d'avantage fur fes adverfaires; car il fçait bien fe pré-valoir de ces deux chofes: on l'a déja dit; il y a un degré où la patience étant arrivée, elle a droit de dire: *c'eft affés.*

Vexatus toties nunquam ne reponam ? Hor.

Avant que de finir cet article, il eft bon d'ajouter encore une réflexion fur les contradictions du Deffendeur dans l'édifice de fa généalogie. Il a foutenu dans fes premiers écrits, que *fes ayeux fe font qualifiez Nobles & Ecuyers de tout tems ;* (*f*) ce font fes termes. Or de la maniere dont il raifonne pofterieurement dans fes *répon-fe* & *inventaire* imprimez; il fupofe que *Jean de Clugny* Gardé des Sceaux, qu'il a eu le plaifir d'apeller pendant quelque tems fon 8e. ayeul n'étoit ni Noble ni Ecuyer : il le qualifie fimplement *Citoyen d'Autun.* (*t*) Il a fupofé qu'il avoit deux freres nommez *Guillaume* & *Hugues*; que ces deux freres étoient *Bourgeois d'Au-tun* & non Nobles. Quand on lui a pofé en fait que *Guillaume* l'un de ces deux derniers, (qui au fens de fa nouvelle généalo-gie feroit fon 8e. grand oncle paternel) étoit un Baillif d'Epée de Dijon; il s'eft foulevé fortement là contre : vous vous trom-pez, a-t-il répondu; *Ce n'étoit qu'un Ballif de Robe longue qui étoit Lieutenant du Baillif d'Auxois & qui n'étoit pas Noble.* Il a avili autant qu'il a pû l'état dudit *Guillaume* le Baillif. Quelle contradiction étrange avec lui-même ! Il veut que fes auteurs foient *Nobles & Ecuyers de tout tems*, & il ne veut pas que l'on dife que celui dont il a voulu faire fon 8e. grand oncle, fût Noble & mê-me d'une ancienne Nobleffe : n'y avoit-il pas plus d'honneur & d'interêt pour lui à foutenir que ledit *Guillaume* qu'il alléguoit être le frere de *Jean de Clugny* fon prétendu huitiéme ayeul , étoit Baillif d'Epée de Dijon, comme il eft vrai, qu'à le foutenir opi-niâtrément fimple Bourgeois, puis Baillif de Robe longue ? idée bizarre , fans preuve , comme on l'a fait voir, & qui heurte le fens commun.

Ce n'eft pas tout : il fait de la Maifon de Clugny une généalo-gie & un plan à fa guife; il dit que dans le quatorziéme fiécle il n'y avoit que cinq de Clugny qui compofoient toute cette Fa-mille, que de ces cinq il y en avoit deux Bourgeois ; fçavoir , *Guil-laume* & *Hugues*, un Garde des Sceaux , qui étoit *Jean* leur frere, un Châtelain de Châlon qui étoit *Robert*, & un Sergent qui s'a-pelloit auffi *Guillaume* : il ajoute (*u*) que *les branches de ces cinq hommes font toutes éteintes par deffaut d'hoirs mâles , à la réferve*

q Requête du 20 Décembre 1720 ; p. 32 de la copie, &c.

r Cicero de claris Oratoribus.

f Requête impr. avec des notes , p. 17, note 35.

t Invent. pages 2 & 4. Réponfe p. 2

u Invent. impr. page 3.

de la fienne. De forte qu'à fon compte il eft le feul actuellement extant de la Famille de Clugny, & les Produifants n'en font pas.

Si cela étoit il auroit eu plus d'interêt que perfonne à foutenir l'ancienneté de la Nobleffe & l'illuftration de la Maifon de Clugny; car naturellement parlant l'amour propre trouve mieux fon compte à convenir que fes premiers autheurs étoient Nobles, qu'à les déclarer Roturiers. Ainfi quand les Produifants lui ont dit que la Maifon de Clugny étoit ancienne, qu'elle étoit Noble, & qu'elle fleuriffoit déja dans le onziéme fiécle; quand pour le prouver ils ont cité *Chaffeneuz*, *Mufnier*, *Morery*, *le Saulnier*, &c. Il étoit bien plus naturel d'adopter le fentiment de tous ces Auteurs, & de convenir du fait qui flatte agréablement le Généalogifte, (fur tout quand on le connoît pour vain & ambitieux) que de fe forger une généalogie Roturiére; il n'y avoit pas à balancer de préferer le fentiment de ces Autheurs qui fe trouve dans des Livres eftimez & aprouvez des Connoiffeurs, à des Broüillons de papier qu'on attribuë à Palliot, & qu'il n'a ni aprouvé ni reconnu. Pour raifonner conféquemment, que devoit donc faire Mr. le Conf. de Clugny? c'étoit de convenir de l'anciennété & de l'illuftration de la Maifon de Clugny; ce point lui auroit fait honneur, puifqu'il s'en prétend feul iffu, & il devoit fe retrancher à dire aux Produifants : *Je conviens avec vous que les faits avantageux que vous aves allégués de la Maifon de Clugny font véritables; vous les aves puifés dans de bonnes fources; je vous fçay même bon gré d'en avoir fait la recherche; mais ne vous en prévalés pas, parce que vous n'en êtes pas iffu, toutes les branches de cette Maifon font éteintes, à la réferve de la mienne.*

Ce langage du moins n'auroit renfermé en foi aucune contradiction; mais fe facher, & même s'emporter contre les Produifants, parce qu'ils ont parlé avantageufement d'une Maifon dont il fe prétend actuellement feul iffu; n'eft-ce pas, pour parler proverbialement, fe mettre devant fon jour, s'avilir foi-même, & raifonner pour combattre la raifon ?

De-là on tire une conféquence contre le Deffendeur qui fortifie les précédentes, en lui difant; donc vous n'êtes pas de la Maifon de Clugny : vos contradictions, vôtre langage, & les difcours bas & emportés que vous avés tenu contre cette Maifon, la conduite que vous avés tenuë pour la deshonnorer ne le font que trop connoître. Qui vit jamais en effet une ame bien née avilir l'état de fes ayeuls & parler contre fon propre fang ? le vraiement Noble ne dénigre point fon origine, & il parle comme les Nobles; chaque efpece fe fait prefque toujours connoître par fa voix & fon langage.

Si un Moineau fe difoit Roffignol, parce que par furprife il auroit été couvé par un Roffignol; que feroit-on pour décider du fait? on le feroit chanter; quelle autre preuve que celle de fa voix demanderoit-on pour le condamner ?

Suivons encore pour un moment la métaphore. Si cet Oifeau n'avoit ni les plumes ni ce qui diftingue l'efpece dont il fe diroit être; on s'en tiendroit certainement à fa figure & à fon plumage pour en faire la diftinction & pour le réduire à fon véritable état : or pour faire l'aplication de ceci, *Jean* feptiéme ayeul du

Deffendeur étoit fi peu fils de *Jean* Garde des Sceaux, ou fi on le veut, il étoit d'une efpece fi différente, qu'il n'a poffédé aucune des Charges, aucunes des Terres, aucunes des Maifons, aucuns des Biens; en un mot il n'a point participé à la qualité de fon pere prétendu; car *Jean* Garde des Sceaux étoit Noble, & fon fils fupofé ne l'étoit pas, ni fa poftérité non plus. *Jean* Garde des Sceaux demeuroit au Fort de Marchaul d'Autun, & fon préten-du fils demeuroit à Avallon. *Jean* Garde des Sceaux avoit plu-fieurs Seigneuries & plufieurs Maifons à lui apartenantes à Autun, & ce fils fupofé n'y en avoit aucune, & n'étoit point Seigneur. Il y a plus, jamais la race de *Jean*, qui eft celle de Mr. le Conf. de Cluny, ne s'eft trouvée aux actes de tutelle, contrats de mariage, affemblée de parents, de toutes celles qui fe font faites dans la Maifon de Clugny. Jamais aucune des Seigneuries qui ont apar-tenus aux auteurs des Demandeurs, n'a paffé dans la Famille du Deffendeur. Jamais en un mot aucune marque d'identité de Fa-mille. Après tout cela, peut-on encore s'y méprendre? non fans doute, à moins que l'on ne voulût fupofer que cet autre *Jean*, qui a fait la tige du Deffendeur, n'eût été un enfant déshérité de fon pere, exilé de fa Patrie & profcrit pour toujours de fa Famille: & c'eft une fupofition que le Deffendeur n'auroit garde de faire. Les fignes de différence fubfiftent donc dans leur entier.

Il vient une nouvelle réflexion qui confirme ce que l'on vient de dire; elle eft tirée de Palliot même, dont fe prévaut fi fort Mr. le Confeiller de Cluny; non pas de fes brouillons, mais d'un livre eftimé, revû & augmenté qui fe trouve dans toutes les Bi-bliotéques des Sçavants. Voici comme cet Autheur s'explique de la Maifon de Clugny, & des branches qui en font iffuës: *de Clu-*

x Science des Ar-
moiries compofée
par Louvan Geliot
Avocat au Parle-
ment, augmentée
par P. Palliot, pag.
176 & 607.

gny, dit-il, (*x*) *Maifon ancienne au Duché de Bourgogne, illuftrée d'un Cardinal & d'un Evêque de Therouenne, puis de Poitiers, & de laquelle font les Seigneurs de Saint André, d'Aify, de Gri-gon & de Darcey, porte d'azur à deux clefs adoffées, les anneaux en lofange, pometés, enlaffés, d'Or.*

De bonne foi, fi Palliot, ce Généalogifte, fur les brouillons duquel le Deffendeur a fondé fon fyftême, avoit crû férieufement que Mr. le Conf. de Cluny fût le feul qui exiftât de toutes les branches de la Maifon de Clugny, auroit-il oublié de parler de lui dans tous fes Ouvrages? n'auroit-il pas au contraire fait mention de lui feul fans parler des autres en façon quelconque? les Seigneurs de S. André, d'Aify, &c. étoient éloignés de la demeu-re de Palliot, ils ne le connoiffoient pas, ils ne lui ont jamais parlé, ni n'ont eu aucune relation avec lui. Le Sieur Conf. de Cluny au contraire le connoiffoit; le pofte qu'il occupoit faifoit auffi qu'il étoit connu de lui; Palliot connoiffoit parfaitement tous Meffieurs du Parlement; fon Livre intitulé *Parlement de Bourgo-gne,* en eft une preuve; il avoit reçû des Mémoires de ce Con-feiller pour compofer fa généalogie: & d'où vient donc, encore un coup, s'il l'avoit crû de la Maifon de Clugny l'auroit-il fi fort oublié en parlant des branches qui reftoient de cette Mai-fon? tant il eft vrai que la vérité fort de tout côté pour détrui-re le fyftême chimérique du Deffendeur, fes propres Armes ache-vent fa défaite.

Qu'il

Qu'il y ait eu, au reste, un *Hugues de Cluny* qui ait été Bourgeois d'Autun donné pour caution à Edoüard Roi d'Angleterre en 1359, (*y*) qu'il y ait eu un *Guillaume* aussi Bourgeois, un *Robert* Châtelain de Châlon, & un autre *Guillaume* Sergent Châtelain d'Autun dans le même siécle, (*z*) tout cela est possible ; sans entrer dans l'examen superflu, de sçavoir si ce fait est vrai ou s'il ne l'est pas ; quelle conséquence juste peut-on tirer de-là ? *C'est d'un de ceux-là d'où vous tirés vôtre origine*, dit le Deffendeur, (*&*) *& vous ne pouvés remonter plus haut que* 1515, *sans trouver un de ces hommes pour un de vos Autheurs.*

L'incertitude seule que l'on voit dans les termes du Deffendeur que l'on vient de transcrire, marque suffisamment qu'il ne faut pas faire grand fond sur ce qu'il dit, ce n'est pas de cette incertitude d'où peut naître la vérité. Comme tout est hazardé de sa part, il ne faut pas s'étonner non plus si tout est démenti par la production que l'on fait.

Le Deffendeur a été chercher dans les Archives de la Chambre des Comptes de cette Ville l'existence de ces Bourgeois que l'on vient de nommer ; il a été chercher encore l'existence d'un certain Bâtard nommé *Huguenin* qui vivoit dans le quinziéme siécle, & il a enjoüé son stile en parlant de ce dernier, (*a*) le tout pour s'attirer les rieurs de son côté & embroüiller la matiére, espérant d'en tirer avantage contre les Sieurs de la Maison de Clugny. Mais qu'étoit-il nécessaire qu'il allât chercher dans cette époque de la Bâtardise & de la Bourgeoisie ? il pouvoit s'épargner la peine de la recherche dans les Régistres de la Chambre des Comptes, il n'avoit qu'à foüiller dans ses Papiers secrets & domestiques, il auroit trouvé tout cela sans aller plus loin : en examinant sa généalogie, & la prenant dans sa source, il auroit d'abord rencontré un certain *de Cluny* nommé *Jean* qui étoit un Bâtard de la Maison de Clugny, *& son septiéme ayeul.* (*b*) La suivant ensuite selon ses degrés, il auroit trouvé une continuation de Bourgeoisie bien suivie & non interrompuë depuis ce *Jean Bâtard*, jusqu'à lui qui a exclut la Bourgeoisie de sa Famille par la dignité de sa Charge ; car il ne peut pas ignorer lui-même, quoiqu'il ait dit dans ses écrits que *ses ayeuls s'étoient qualifiés Nobles & Ecuyers de tout tems*, (*c*) qu'ils n'ayent été au contraire tous Bourgeois ou Roturiers de tout tems, (si l'on en excepte *Guillaume* l'Archidiacre d'Avallon qui a fait, contre le devoir de son état, le premier degré,) son pere, son ayeul, son bisayeul, (*d*) &c. qu'on a prouvé qui ont payé la Taille, en sont une preuve choquante, mais véritable : il ne peut pas ignorer non plus que *Jean* son septiéme ayeul ne fût un Bâtard, que ce Bâtard ne se nommoit pas autrement dans tous les actes qu'il passoit, que *Jean Bâtard de Cluny*. Ainsi pourquoi le Deffendeur s'est-il tant donné de torture pour chercher des exemples de *Bâtardise* & de *Bourgeoisie* ; puisqu'il auroit trouvé tout cela dans sa propre Famille ?

Revenant aux inductions qu'il a voulu tirer de l'existence de ces Bourgeois qui vivoient dans le quatorziéme siécle, dont il a orné sa production ; examinons par les principes qu'il a posés lui-même, si elles sont justes.

y Réponse impr. p. 2.

z Invent. impr. du Deffend. p. 1, 2 & 3.

& Réponse imp. p. 2, à la note marginale.

a Réponse impr. p. 12 & 21.

b Cela sera démontré dans la généalogie du Deffend. que l'on donnera au Public.

c C'est à la page 17 de sa Requête que l'on a fait imprimer avec des notes.

d V. les articles qui les concernent dans la généalogie du Deffendeur.

S

Le Deffendeur pose pour maxime généalogique qu'il ne suffit pas pour prouver la descendance d'une personne, de raporter des preuves de son existence, & que ce n'est rien faire que cela; en voici les termes : *mes adversaires*, a-t-il dit, (e) *ont avancé qu'il y a eu un certain Bâtard de Cluny qui vivoit il y a plus de 200 ans; ils ont dit que c'est de cette source bourbeuse dont je suis sorti, & ils ont fait là-dessus une fable à leur mode qui ressemble parfaitement aux Contes de peau d'Ane ou de ma Mere-Loye, & qu'ils ont assortis de plaisanteries peu convenables..... Quand ils auroient prouvé l'existence de Jean Bâtard, ils n'auroient encore rien fait*, continuë-t-il, *il faudroit encore prouver qu'il a été marié, qu'il a eu des enfans, & conduire la descendance de degré en degré jusqu'à moi.*

Réponse. Si suivant ces derniers termes un Généalogiste doit prouver, outre l'existence du tronc, l'alliance & la descendance non interrompuë de degré en degré pour donner la liaison nécessaire à sa généalogie; c'est donc bien mal à propos, qu'après avoir prouvé l'existence seule de ces Bourgeois du quatorziéme siécle, le Deffendeur en a tiré la conséquence que c'étoit de là d'où les Sieurs de la Maison de Clugny étoient issus, puisque pour prouver seulement une existence, selon lui, *c'est ne rien faire.* Or il n'a rien prouvé de plus que cette existence, il a laissé en arriére l'alliance de ces Bourgeois & la descendance de degré en degré si nécessaire au Généalogiste; il n'y a qu'à voir ses écrits pour en être convaincu; *il n'a donc rien fait,* suivant ses principes, ou plûtôt, *il a fait en cela une fable qui ressemble parfaitement,* selon lui, *aux Contes de peau d'Ane, ou de sa Mere-Loye.*

Si l'on se sert ici des propres termes du Deffendeur pour les rétorquer contre lui, qu'il n'en sçache pas mauvais gré aux Srs. de la Maison de Clugny; ils sçavent que de toutes les autorités qu'ils pourroient lui alléguer, il n'en est point pour lesquelles il ait plus de vénération que pour la sienne propre : n'est ce pas là le cas de dire ; *ex ore te judico?* (f)

Il résulte de ces observations, que si dans le quatorziéme siécle il y a eu des de Cluny qui n'étoient pas Nobles, on ne peut pas en tirer la conséquence qu'ils apartenoient à la Maison de Clugny, ni qu'ils fussent les auteurs directs ni collatéraux des Sieurs Produisants; & cela par plusieurs raisons.

1°. Le nom seul ne fait pas présumer toujours la même Famille. Edme de Cluny, par exemple, Sieur de Vallevron avoit le même nom, quoiqu'il ne fût pas de la même Famille. Cela fut ainsi jugé par Arrêt de 1658; le Deffendeur porte aussi le même nom, quoiqu'il soit démontré qu'il ne soit pas de cette Maison. Ainsi de même que la conséquence ne seroit pas concluante pour ces deux là, de dire ; nous portons le même nom; donc nous sommes de la même Famille : aussi elle ne l'est pas pour ces autres de Cluny dont le Deffendeur a parlé.

2°. Il y a eu plusieurs Bâtards de la Maison de Clugny; l'on en voit les Lettres de légitimation à la Chambre des Comptes. Ceux-là ont pû former des branches, qui pour tout cela ne dévoient pas être dites issuës de la Maison de Clugny, ou du moins qui n'en étoient sortis que par une mauvaise porte; témoin celle du Deffendeur.

e Réponse impr. p. xi.

f Le Deffendeur a cité ces termes à la pag. 8 de sa Rep. impr. mais il en a fait une mauvaise & fausse aplication.

3°. L'on a prouvé par le témoignage des Historiens que les premiers auteurs de la Maison de Clugny étoient déja Nobles dans le onziéme siécle. L'on a prouvé aussi par Titres que ceux qui les ont suivi dans le quatorziéme siécle, & qui leur apartiennent, soit en ligne directe & collatérale, étoient Nobles pareillement, & même d'une Noblesse distinguée. Donc ces de Clugny du quatorziéme siécle sont d'autres Cluny qui ne leur apartiennent pas, puisqu'il est établi qu'il n'y a eu que des Nobles dans leur Famille depuis qu'elle est connuë par la voie des Historiens & des Titres.

L'acte qui suit fait mention de plusieurs de la Maison de Clugny desquels on a parlé ci-devant, & d'autres dont on parlera dans la suite.

La Copie d'un acte qui rapelle plusieurs Fondations faites par les Autheurs des Sieurs de la Maison de Clugny.

N°. VIII.

Cotte V. V. V. au 5e. sac du nombre de celles qui ont été restituées par Ar. du Parl.

1502.

Sequntur Fundationes in Ecclesiâ Eduensi, per generosos Viros Dominos de Clugniaco factæ & quolibet anno in prædictâ Ecclesiâ celebratæ & distributæ ut patet per quaternos Distributores. Primo Mercurii post Pascha fit anniversarium panis & vini pro Reverendissimo in Christo Patre ac Domino Domino *Ferrico (g) de Clugniaco* quondam *Cardinali* & Episcopo Tornacense quiquid Cardinalis, fundavit in prædictâ Ecclesiâ unam Missam quotidianam que celebratur in Capellâ *de Clugniaco* edificata & fundata per prædictum Dominum Cardinalem. Die anniversarii prædicti Cardinalis dicuntur, septem Psalmi submissâ voce per totum Collegium in dictâ Capellâ, & post dictos Psalmos cantatur altâ voce per prædictum Collegium processionaliter ante dictam Capellam inviolata quod incipitur per surcetorem ferialem cum orationibus assuetis & fit distributio presentibus duorum francorum. Die Decolationis Sancti Joannis Baptistæ, que est vicesima nona Augusti, fit & celebratur anniversarium panis & vini, pro generoso adolescente *Joanne de Clugniaco (h)* quondam Canonico Æduense & Belnense, filio quondam Domini *Johannis de Clugniaco (i)* Militis & Domini de Alonâ. In chrastino Sancti Michaëlis fit similiter anniversarium panis & vini, pro generoso Domino Magistro *Joanne de Clugniaco quondam Canonico & Officiali Æduens. & Electo in Archiepiscopatum Bisuntinensem. (k)* In Vigilia Sanctæ Catherine fit & celebratur anniversarium panis

g Ferry cinqu. grand oncle des Srs. Produisants.

h Il est parlé de lui aux pag. 64 & 65.

i C'est celui dont il est parlé aux n. 5 6. & 7.

k A prendre droit sur la généalogie qu'a faite Mr. le C. de Cluny, ce seroit-là son septiéme ayeul: il a fait-là une jolie *trouvaille.*

» & vini, pro Nobili & Scientifico viro Magiftro *Guil-*
» *lelmo de Clugniaco (l.)* quondam Baillivo Divionenfe
» & Domino de Conforgien, cum Thumulo altâ voce,
» ante Capellam prædictorum Dominorum *de Clugniaco,*
» & fit diftributio in predicto Thumulo, ut moris eft fieri,
» in aliis Thumulis. Die fupradictorum anniverfariorum
» & in Chraftino omnium Sanctorum, que eft Feftum
» Deffunctorum, dicuntur in predictâ Capellâ, de Funda-
» tione predictorum Dominorum, tres Miffe, & in fine
» Miffe dicitur ante Altare fupra Thumulum, De profun-
» dis, cum orationibus affuetis & cum afperfione Aque Be-
» nedicte, & incipientur predicte Miffe, in fine pulfatio-
» nis prime, & pro quâlibet Miffâ quilibet Sacerdos per
» manus diftributoris percipiet fex albos.

» Et ego Joannes Bordi Diftributor certifico omnibus,
» quod fupradicte Fondationes infcribuntur in magnis, &
» parvis quaternis diftributoris, & quolibet anno celebran-
» tur & diftribuuntur in prædictâ Ecclefiâ, ut moris eft fieri
» in aliis fundationibus tefte figno meo manuali hic apo-
» fito, die duodecima aprilis, anno Domini millefimo quin-
» gentefimo fecundo. *Signé* B O R D I, *avec paraphe.*

Le Deffendeur a nié qu'il y eût aucune Fondation faite en la
Maifon de Clugny : cet acte eft déja une preuve bien opofée à cet
allégué ; on en fournira d'autres dans la fuite.

Il fert outre cela à établir trois chofes.

1°. Il fert de preuve fur ce que l'on a dit aux pages 64, 65
& 66, touchant la defcendance imaginaire du Deffendeur de *Jean
de Clugny* Seigneur d'Alonne & Garde des Sceaux, puifque l'on
y voit que les deux fils dudit *Jean* étoient inconteftablement deux
hommes d'Eglife.

2°. Il prouve la piété des enfans de la Maifon de Clugny.

3°. Il fortifie les degrez de defcendance & de parenté dont on
a parlé ci-deffus.

L'on va reprendre la généalogie des Sieurs Produifans. *Guillau-*
me premier Bailly de Dijon, comme on l'a dit, a fait le premier
degré par Titres ; *Guillaume fecond* qui fuit, a fait le fecond : en
voici la preuve par l'acte fuivant & les réflexions qu'on y a ajoutées.

N°. IX.

Extrait des Lettres de Reprife de Fief données par Jean Duc de Bourgogne, à Guillaume de Clugny, *Ecuyer dudit Duc.*

» Jean Duc de Bourgogne, &c. A nôtre Bailly d'Oftun,
» &c. Sçavoir vous faifons que nôtre bien amé Ecuyer
» *Guillaume de Clugny* d'Oftun, Seigneur de Menefferre,

nous

nous a aujourd'hui fait foy & hommaige de la Terre "   Au fixié-
& apartenance de Mouz prés dudit Menefferre & ou- " me Sac du
dit Balliage d'Oftun qu'il tient de nous en Fief, &c. " nombre des
Donné à Beaune le 26 Novembre l'an de grace 1414. " Piéces refti-
Sous nôtre Scel fecret en l'abfence du grant. *Signée* " tuées par Ar.
par Monfgr. le Duc, *& plus bas*, Dessauls.   " du Parl.
                                                        " 26. Nov. 1414.

Au dos eft écrit.

Pour Noble Seigneur *Guillaume de Clugny* Ecuyer, "
Seigneur de Conforgien & de Meneffarre, qui reprint "
de Fief apartenant de la Seigneurie dudit Meneffarre. "

Guillaume fecond fut le feptiéme ayeul des Sieurs Produifants, il
fut, comme on le voit par cet acte, Ecuyer de *Jean* Duc de Bourgogne, (*m*) Seigneur de la Forterefse de Menefferre, de Mouz,
de Conforgien, dont *Guillaume premier* fon pere avoit été Seigneur, comme on l'a vû par le nᵒˢ 4. Voyez les num. 8 & 3½.
   Les Titres, le Nom, les Armes, l'Etat, les Terres qu'a eu en
fon vivant *Guillaume premier* Bailly d'Epée de Dijon, poffédés
enfuite par *Guillaume fecond*, prouvent parfaitement que celuî-
ci fut fils de *Guillaume premier*.
   Mais voici qui ne laiffe point de doute fur cette filiation, il
eft acquis par les Titres fuivants que *Guillaume fecond* fut le bifayeul
de *Guillaume* Seigneur de Monthelon qui vivoit dans le quinziéme fiécle; il eft acquis encore par une tranfaction du 3 Décembre 1509 que ce Seigneur de Monthelon eft iffu & defcendu
de *Guillaume premier* Bailly de Dijon. (*n*) Cela étant ainfi, il
faut donc néceffairement que *Guillaume fecond* en foit iffu, né
pouvant pas fe faire que *Guillaume* de Monthelon fût iffu & defcendu de *Guillaume* le Bailly, & que fon bifayeul n'en fût pas auffi
defcendu avant lui. Cela rend donc inconteftable cette filiation,
qui paroîtra encore plus fenfiblement fi l'on jette les yeux fur
la Carte généalogique qui eft à la fuite de cette production.
   Guillaume fecond fut marié deux fois. La premiere, à *Guillemette de Viteaulx*, de laquelle il eut *Henry* fixiéme ayeul des Produifants; *Geoffroy* Ecuyer; *Jean* Confeiller du Duc de Bourgogne; & *Philibert*. (*o*) La feconde, à *Jeanne d'Hoftun*, (*p*) de laquelle il n'a point eu de poftérité que l'on fçache. Leur Tombeau eft dans l'Eglife de S. Jean l'Evangélifte d'Autun, dans une
Chapelle fondée par ledit *Guillaume* Seigneur de Menefferre, où
l'on y voit deux figures; l'une d'homme qui reprefente ledit *Guil*-

---

(*m*) C'étoit une qualité trés-diftinguée que celle d'Ecuyer du Duc, prefque
tous les Baillifs d'Epée & Chambellans fe qualifioient ainfi. Palliot nous en fournit des exemples aux perfonnes de *Girard de Bourbon*, *Jacques de Buffiuil*, &c. qui
étoient Baillifs d'Epée, Chambellans & Ecuyers du Duc. v. fon Parlem. p. 13.
   (*n*) Preuve n 33.
   (*o*) Preuves n 10.
   (*p*) Le Procés verbal dreffé à la requifition du Sieur de Theniffey, Partie préfente le 30 Juillet 1722, à la p. 8, verfò.
   La Figure de cette Tombe a été reconnuë, Partie préfente. V. le Procés verbal du
30 Juillet 1722, p. 16 verfo.

T

laume armé de toutes piéces, son épée à gauche, & un poignard à droite, deux clefs sur l'estomach, & une sur chaque bras, avec un chien sous ses pieds, qui est le hiérogliphe de la fidélité à son Prince, la seconde figure represente *Jeanne d'Hostun* avec les Armes de sa Maison, qui sont une Croix engrélée ou dentelée, au milieu de laquelle est un Ecu partis de Clugny, & d'un sautoir d'Or accompagné de quatre étoiles. Leur Epitaphe est au tour de ladite tombe, en ces termes.

Epitaphe de Guillaume second septiéme ayeul.

„ Ci gisent Noble Seigneur *Guillaume de Clugny*, „ Ecuier Seigneur de Menesserre & de Conforgien qui „ trépassa le 2 jour d'Aout 1427 & Damoiselle *Jeanne* „ *d'Ostun* sa femme.

Sur cette alliance de *Guillaume de Clugny* avec *Jeanne d'Ostun*, l'on doit observer que Musnier qui en avoit fait mention, (*q*) avoit fait une équivoque, ou du moins son Imprimeur, en imprimant (Jeanne d'Autun) au lieu de (Jeanne d'Hostun) ce que voyant l'un des Sieurs de la Maison de Clugny, il fit un renvoi sur le mot (Autun,) & écrivit en marge du Livre comme il devoit être, en cette forme (d'Hostun.) Le Deffendeur, qui comme on l'a déja dit, a négligé le fond du procès pour ne s'attacher qu'à des minuties, a pris de là occasion pour accuser de *fausseté* (*r*) l'Auteur, & ceux qui avoient corrigé la faute de son Imprimeur, en disant que cette *fausseté* avoit été faite à dessein de faire croire une alliance de la Maison de Clugny avec celle de M. le Maréchal de Tallard.

g Dans son Traité des Hommes illustres de la Cité d'Autun, p. 45.

r Dans son Invent. impr. p. 24.

Réponse. 1°. Il est faux que sur le Livre de Musnier que les Demandeurs ont produit, le mot (d'Autun) soit effacé, il est tout entier; on a seulement mis au dessus du mot, & sans y toucher, un renvoi au mot corrigé, & qui est en marge. C'est ainsi que le Deffendeur, accoutumé à tirer la fausseté de son imagination, l'attribuë à ses adversaires.

2°. Cette production fait voir que les Sieurs de la Maison de Clugny ont des alliances assés illustrées & distinguées dans leur Maison, sans en emprunter d'étrangéres qui n'y seroient pas: & l'on estime que les Maisons de Nevers, Levy-de Vantadour, de Vienne, Chatelux, Damas, Clermont, Choiseul, &c. (*s*) dans lesquelles il y a eu nombre de Maréchaux de France & d'autres distinctions, sont suffisantes pour s'en tenir à ce qui en est.

s V. la sommat. signifiée à Mr. le Procureur Général & au Deffendeur le 13 du mois de Février 1723.

3°. Le mot qui a fourni matiere à chicanne au Deffendeur est écrit en cette forme (Jeanne d'Ostun) sur le Tombeau & dans l'Epitaphe dont il s'agit. Les Armes de ladite Jeanne d'Ostun sont gravées dessus, & sont les mêmes Armes que porte la Maison d'Hostun-la Beaume, suivant que l'atteste le grand Armorial de France. (*t*) Ainsi nulle foi à l'allégué du Deffendeur.

t Hostun la Beaume, y est-il dit, porte de gueule à une Croix engrêlée d'Or, p. 270.

Guillaume second fonda & dota la Chapelle dont l'on vient de parler, où il est inhumé avec ladite *Jeanne d'Ostun* sa seconde femme. On lit dans ladite Chapelle les inscriptions suivantes, gravées sur trois Tables de cuivre.

Sur la premiere: *Noble Homme Guillaume de Clugny Seigneur*

de Meneſſerre & de Conſorgien, Patron & Fondateur de cette Sainte Chapelle, & grand pere deſdits Cardinal & Evêque. (u)

Sur la ſeconde : *Monſieur Guillaume de Clugny feu Evêque de Poitiers, Poſtulé d'Autun, Adminiſtrateur perpetuel & irrévocable de l'Evêché de Therrouenne, Connetable de Bourgueil en Vallée.*

Sur la troiſiéme : *Monſieur Ferry de Clugny feu Cardinal Evêque de Turnay.*

u V. le Procès verbal dreſſé de l'état des lieux, Partie preſente, du 30 Juillet 1722, p. 8 ver. & 10 recto.

Tout cela eſt vérifié par Titres, & confirme ces degrés de deſcendance contre les erreurs du Deffendeur.

Les Armes de Clugny ſont repreſentées en pluſieurs endroits de cette Chapelle, entr'autres à l'entrée ſur l'arcade d'icelle ; ſur une bande de pierre qui fait le retable ; ſur la vitre qui l'éclaire, avec les émaux ; en relief à l'un des coins de la voute du côté de l'Evangile. De l'autre côté & à un autre coin elles y ſont repreſentées miparties avec des Armes compoſées de *trois Fleurs de Lys*, qui dénotent une ancienne alliance de la Maiſon de Clugny, que l'on ignore, mais qui ne peut être que trés-illuſtre, & trés-diſtinguée. Le Cardinal de Clugny portoit ces mêmes Armes. (x)

x Preuve. n. 22. Friſon. Gal. Purp. p. 527.

L'on voit encore ſur la même vitre de cette Chapelle les Armes de la Maiſon de Clugny miparties avec celles de la Maiſon de Semur, (y) avec laquelle *Guillaume premier* Bailly de Dijon, pere de celui-ci, avoit fait une alliance, ce qui en fortifie encore le dégré de deſcendance.

y Preuve. Procès verbal. ut ſuprà.

Sur une bande de pierre qui eſt au milieu de l'Autel de ladite Chapelle, l'on y voit encore cinq Ecuſſons, dont quatre marquent ſes alliances, de ce tems, de la Maiſon de Clugny.

Au milieu de ces quatre Ecuſſons, ſont les Armes de la Maiſon de Clugny.

A droite eſt un écu de gueules, à une Croix engrêlée d'or, qui ſont les Armes d'Hoſtun. (z)

A gauche eſt un écu d'azur au ſautoir d'or, accompagné de quatre étoiles de même, qui ſont d'un cadet de la Maiſon de Cenades. (a)

z V. le Grand Armorial. p. 270.

a Ibid. p. 582 & 583.

A droite & à gauche encore, c'eſt-à-dire les 4e. & 5e. Ecuſſons de ladite Bande de pierre, ſont encore les Armes de Clugny parties d'une Croix cantonnée de 20 croiſetons, & au-deſſus écartelé, qui ſont les Armes que portoit *Michaud de Chaugy*, dont on parlera plus bas.

Au retable de ladite Chapelle, l'on voit encore trois planches de bois apliquées contre le mur dudit Autel, ſur leſquelles ſont douze autres Ecuſſons, qui dénotent les alliances de la Maiſon de Clugny, avant, & du tems même de *Guillaume* dont il s'agit ici, Fondateur d'icelle.

Le Sieur de Theniſſey en a fait tirer une copie par un peintre, partie preſente en preſence du Lieutenant Général du Bailliage d'Autun ; ladite copie dûement ſignée & paraphée eſt produite au procés, avec les émaux en couleur, ſuivant la forme que l'on va donner, & que l'on a fait figurer à la ſuite de la page 80.

Observations à faire sur les Armoiries suivantes.

Il n'est pas permis de douter que les Armoiries qui sont au retable de la Chapelle fondée par *Guillaume second* septiéme ayeul des Sieurs Produisants, ne soient des alliances qui avoient été faites dans la Maison, avant, & du tems dudit *Guillaume second*; cela se pratiquoit ainsi autrefois, comme c'est encore l'usage de nos jours. En effet, il ne tomberoit pas sous le sens, que dans une Chapelle propre & particuliere à une Famille, on voulût y faire graver & peindre les Armes de quelques Familles étrangéres, avec lesquelles il n'y auroit eu aucune alliance.

Parmi ces Armoiries il y en a des Maisons qui sont éteintes, d'autres qui subsistent encore aujourd'hui, & il y en a qui ont apartenu à des Maisons dont on n'a pû avoir connoissance. Elles sont toutes trés-anciennes, comme on le voit, & parmi celles-là, il y en a qui sont des Maisons trés-illustrées. Ceux qui sont versés dans la Science héraldique n'en douteront pas un instant.

Le premier Ecusson est écartelé. Au premier & quatriéme sont les Armes d'Inteville ou de Tinteville (les Auteurs écrivent l'un & l'autre) qui portoit de sable à deux Leopards d'Or l'un sur l'autre ; Maison trés-ancienne dont il y a eu entr'autres un Chevalier d'Honneur en ce Parlement, Chambellan du Duc de Bourgogne en 1474. (*b*) Cette Maison est éteinte il y a long-tems. La Maison de Chaugy porte les mêmes Armes, probablement par quelque alliance, ou que l'une a passé dans l'autre. Au deux & trois qui est d'Or, au Lyon de Sinople, est à ce que l'on croit de Bertrand. (*e*)

Au second Ecusson sont les Armes de Sainte Croix miparties de celles de Vienne, Maison trés-ancienne, trés-illustrée, & trop connuë en ce Parlement-ci, par le nombre des Chevaliers d'Honneur qu'elle y a donné, pour en faire ici l'éloge, qui peut-être ne répondroit pas à la grandeur de cette Maison. (*d*)

Le troisiéme Ecusson porte écartelé. On ignore les Armes qui sont au premier & quatriéme. Les deux & trois sont de Chatelux, (*e*) Maison trés-ancienne aussi & trés-illustrée, dont est Monsieur le Comte de Chatelux, qui a fait alliance il y a deux ans avec Mademoiselle Daguesseau fille de Monsieur le Chancelier.

Au quatriéme sont les Armes de Cacheleux de Popincour (*f*) miparties d'autres Armes que l'on ignore.

Au cinquiéme sont les Armes de Levy Ducs de Vantadour. (*g*) (Maison au-dessus des éloges que l'on pouroit donner ici, miparties des Armes de Vichy. (*h*)

Au sixiéme sont les Armes de Salins [*i*] miparties de celles de Messey ; [*k*] le Parlement de Bourgogne, p. 152, nous aprend qu'Antoine de Salins Conseiller au Parlement portoit ces mêmes Armes en 1486.

On ignore de quelle Maison sont les Armoiries du septiéme Ecusson.

Le huitiéme Ecusson est écartelé. Au premier & quatriéme sont

les

b Parlement de Bourgogne, p. 8. grand Armoirial, p. 409.

c Grand Armoirial, p. 419.

d V. le grand Armoir. p. 14. Le Parlement de Bourg. p. 128, 129, 131, 133, 138, 140.
e Grand Arm. p. 92 & 93.

f Ibid. p. 327.

g Ibid. p. 158, 447, 448 & 610.

h Ibid. p. 668.
i Ibid. 634.

K Ibid. p. 170.

les Armes de la Maison de Gontault de Biron, dont deux Ma-
rechaux de France, Armand & Charles, pere & fils, Barons,
puis Ducs de Biron. (*l*)

l Grand Armo-
rial p. 77.

Au deuxiéme & troisiéme sont celles de Paynel en Normandie.

(*m*) *Michaud de Chaugy* surnommé le Brave, Chambellan du
Roi & Chevalier d'Honneur de ce Parlement portoit ces mêmes Armes ainsi écartelées. *V. le Parlement de Bourgogne*, *p*. 122.

m Ibid. p. 226.

On ignore à qui sont les différentes Armes du neuviéme Ecusson, à la réserve de celles qui sont, au quatriéme, d'Amas. [*n*] Maison trés-ancienne au Duché de Bourgogne, comme on le sçait.

n Ibid. p. 228.

On ne sçait aussi à qui ont apartenus les Armes des dix, onze
& douze Ecussons, qui probablement sont éteintes depuis long-
tems ; du moins on n'en a rien pû aprendre dans les Auteurs qui
ont travaillé au Blason.

Toutes ces alliances contenuës en ce Tableau nous assurent que
la Maison de Clugny étoit trés-distinguée du tems de *Guillaume
second* septiéme ayeul des Sieurs Produisants, puisque ce qu'il y
avoit de plus élevé & de plus distingué dans les Maisons de ce
tems avoit fait alliance avec elle.

Ce Tableau est une preuve de ce que l'on a avancé dans la
sommation signifiée à Mr. le Procureur Général, & au Deffendeur les 13 & 14 de Février dernier, sur quelques-unes des alliances de la Maison de Clugny. Les autres sont prouvées par
Titres.

L'on fait voir que le Deffendeur s'est trompé sur la descendance dudit Guillaume second.

Le Deffendeur qui ne pouvoit ignorer que les Sieurs Produisants descendoient de *Guillaume premier* Seigneur de Conforgien
& Baillif de Dijon, attendu qu'on lui avoit communiqué des piéces qui l'établissoient, [*o*] a employé différents allégués, tantôt
pour affoiblir l'illustration de cette descendance, tantôt pour la
contester, & il vient tout récemment, sous le prétexte d'une conformité de nom, de donner à *Guillaume second* Seigneur de Menesserre, dénommé au Titre précédent, un autre pere que le
sien.

o L'Acte du 3.
Décembre 1509.
sous le num. 33.

Comme les degrés de généalogie ne l'embarassent pas, pourvû qu'ils se raportent à ses vûës, il vient de dire dans l'addition de son inventaire que ledit *Guillaume second* Seigneur de
Menesserre étoit fils de *Jean* Garde des Sceaux, [qui est son prétendu huitiéme ayeul dont il a fait la découverte depuis peu,]
il a forgé cette filiation pour lier sa prétenduë descendance avec
celle du Cardinal de Clugny & de l'Evêque de Poitiers, qui étoient
les petits fils dudit *Guillaume second*, parce qu'en soutenant qu'il
est descendu dudit *Jean* Garde des Sceaux, & que *Guillaume
second* ayeul de ces deux Prelats en est issu aussi, il ne donne
aux uns & aux autres qu'un tronc commun, qui est celui dont
toutes les Parties descendroient.

Si ce nouveau sistême n'avoit point trouvé de contradicteur,
il auroit pû faire quelque impression ; mais par malheur pour

V

le Deffendeur, la vérité s'y opofe. C'eft fans doute parce qu'il l'a fi fouvent attaquée qu'elle va encore fe déclarer contre lui en ce rencontre. Ouvrons les yeux, la voici qui vient diffiper les ténèbres qu'il a voulu répandre fur cet article.

1°· Il eft certain qu'il y a eu de la Maifon de Clugny deux *Guillaume* qui fubfiftoient dans le même tems. L'un étoit fils de *Jean* Garde des Sceaux , & eft dit dans tous les actes où il eft fait mention de lui, *Guillaume* Seigneur d'Alonne; il eft ainfi défigné dans l'enquête de 1448 qui eft fous le n°· 6. L'autre étoit fils de *Guillaume premier* Baillif de Dijon, & eft dit Seigneur de Conforgien & de Menefferre. Les actes de 1414 & 1434 en font foi; il faut les voir.

2°· Si cela ne fuffit pas pour les diftinguer à ne pouvoir s'y méprendre, voici quelque chofe de plus. *Guillaume* Seigneur de Menefferre époufa en premiéres nôces *Guillemette de Viteaulx*, & en fecondes *Jeanne d'Hoftun*; au lieu que *Guillaume* Seigneur d'Alonne époufa *Philiberte de Buffeüil*: leurs Epitaphes que l'on vient de voir en font foi.

3°· Cela ne fuffit-il pas encore? l'un eft dit *Guillaume* de Clugny l'aîné, jadis Seigneur de Menefferre; l'autre eft dit *Guillaume le jeune*, Seigneur d'Alonne: cela fe voit dans la même enquête de 1448.

4°· Ces trois obfervations ci-deffus, dont une feule fuffiroit pour convaincre le plus incrédule, ne fuffifent-elles pas encore? voici quelque chofe de plus fort: dans la même enquête de 1448, *Guillaume* de Clugny l'aîné Seigneur de Menefferre, eft dit coufin germain à *Jean* Garde des Sceaux, au lieu que *Guillaume* le jeune Seigneur d'Alonne, eft dit fils dudit *Jean*.

Ces différences ainfi pofées, il eft donc évident que *Jean* Garde des Sceaux, qui n'eut qu'un fils du nom de *Guillaume*, comme les deux Parties en conviennent, ne pouvoit pas être pere de *Guillaume* Seigneur de Conforgien & de Menefferre. Le Deffendeur s'eft donc encore trompé, lorfqu'il a dit que ledit *Guillaume* Seigneur de Menefferre étoit fils de *Jean*. Si tout cela ne fuffifoit pas pour convaincre fon opiniâtreté, l'on eft en état d'opofer encore d'autres preuves à fon erreur; mais cela eft plus que fuffifant.

Il réfulte de là, que le Sieur Conf. de Cluny n'a pas mieux rencontré dans la filiation de *Guillaume* Seigneur de Menefferre, qu'il a réüffi dans la fienne. Après tant d'équivoques, ne peut-on pas lui dire à jufte titre, qu'un enfant qui ne connoît ni fon pere ni fes freres, n'eft pas un fils légitime?

Guillaume de Clugny Seigneur de Menefferre eut de *Guillemette de Viteaulx* quatre enfans, comme on l'a déja dit, defquels il n'y en eut que deux qui eurent poftérité; fçavoir, *Henry*, & *Geoffroy*. La poftérité d'*Henry* fubfifte, & eft la feule; celle de *Geoffroy* qui fut Con-Seigneur de Menefferre, comme on le voit au Titre fuivant, ne dura pas long-tems. Ce Seigneur fut marié à *Laure de Jaucour*, de laquelle il eut *Jacques* Seigneur de Menefferre qui fut Chambellan de Philipe le Bon, & qui époufa *Adrienne de Nevers*, comme l'attefte Sainte Marthe, Hiftoire de la Maifon de France, tome premier, l. 20, p. 916. Voyés la

Table des Maisons alliées par mariage avec celle de France, [*p*] sous le mot [*Clugny.*] *Guillaume* eut *d'Adrienne de Nevers* un fils nommé *Panet* qui finit cette branche.

Extrait d'une Commission en Parchemin de Philipe Duc de Bourgogne donnée à Henry de Clugny.

Philipe par la grace de Dieu Duc de Bourgogne, &c. A nôtre Gouverneur de nôtre Ville d'Oſtun, ou à ſon Lieutenant, ou au Premier nôtre Sergent, qui ſur ce ſera requis. Salut : de la partie de nôtre amé & féal Conſeiller Maître *Henry de Clugny* (*q*) Licencié en Lois, nous a été en complaignant humblement expoſé, diſant que jaſoit ce que feu *Guillaume* de Clugny Ecuyer jadis Seigneur de la Fortereſſe de Meneſſerre, & de la Tour & Terre de Conforgien, & de pluſieurs autres héritages, rentes, & poſſeſſion, ſituées & aſſiſes és Bailliages de Dijon, Auxois, Oſtun & autre part en nôtredit Duché de Bourgogne, & de Damoiſelle *Guillemette de Viteaulx*, jadis femme dudit feu Seigneur de Meneſſerre pere & mere dudit Supliant deſquels ledit Supliant eſt, & doit etre vrai & légitime héritier pour la moitié par indivis avec *Geoffroy de Clugny* Ecuier ſon frere en tous leurs biens, meubles & immeubles demourés du décès deulx, & tant pour lui comme par le moyen de feu Maiſtre *Jean de Clugny* jadis nôtre Conſeiller & *Philibert* ſes enfans qui ſont trépaſſés ..... & ledit Supliant veut avoir choiſir & élire ladite Fortereſſe de Meneſſerre avec ſes apartenances qui eſt la plus principale Maiſon & Fortereſſe paternelle, il la doit avoir ſeul & pour le tout, & y doit être préféré, & avoir prérogative, & en demeurer Seigneur & poſſeſſeur, ſeul, & pour le tout ..... Donné en nôtre Ville de Dijon le 16e. jour de Mars l'an de grace 1434. *Signé* par Monſeigneur le Duc à la relation du Conſeil, *& plus bas,* DOURESSENT.

Au dos de cette Commiſſion on y lit ces mots écrits en vieux caractére, qui paroît auſſi ancien que la Commiſſion même.

Pour Noble Seigneur & Saige Maiſtre Henry de Clugny Seigneur de Conforgien, Conſeiller de Monſeigneur le Duc Jehan.

Comme Demoiſelle *Guillemette de Viteaulx* étoit fem-

p C'eſt là la preuve de ce qui a été dit ſur cette alliance dans la ſommation du 13 Février 1723.

Nº. X.

q HENRY ſixiéme ayeul.

Au ſixiéme Sac des Srs. Produiſants.

Cette piéce eſt du nombre de celles qui ont été reſtituées par Ar. du Parlement.

16 Mars 1434.

„ me de Noble Seigneur *Guillaume de Clugny* Seigneur
„ de Menefferre, & de Conforgien, & mere de Noble Sei-
„ gneur Maître *Henry de Clugny* Seigneur de Conforgien,
„ & de *Geoffroy de Clugny* Efcuier Seigneur de Menefier-
„ re..... elle pourta de gule à une Tour .... en fes
„ Armes.

L'on voit par ordre dans cette production, que dans le quinziéme & feiziéme fiécles, les Auteurs des Sieurs Produifants joignoient aux qualités qui diftinguoient leur état celle de Noble
Homme, Maître & Licencié és Loix, pour ceux qui étoient de
Robe. Et ceux qui étoient d'Epée fe qualifioient auffi Noble Homme, Noble Seigneur, Ecuyer du Duc, &c. Et que leurs femmes étoient fimplement qualifiées Demoifelles, qui étoit un avant-
nom trés-glorieux & trés-diftingué autrefois.

De là le Deffendeur perdant toujours de vûë le point effentiel
du procés, a prétendu tirer un grand avantage pour faire voir
que ces avant-noms ne convenoient rien moins qu'à la haute
Nobleffe. *On fera voir dans la fuite*, dit-il, [r] *que les denomi-
nations de Noble Homme & Sage Maître Guillaume de Clugny Licencié és Loix* [f] *ne défignent rien moins qu'une perfonne de haute Nobleffe.*

Depuis cette Requête il en a donné une autre fort ample, [t]
dans laquelle il s'eft attaché à relever jufqu'aux moindres circonftances du procés ; mais il a laiffé en arriére la preuve qu'il
avoit promife fur ces dénominations. L'on fe perfuade que c'eft
moins par oubli que par l'impoffibilité où il étoit de le faire :
d'où il faut conclure qu'il avoit plus promis qu'il n'a pû tenir.

Dans un autre endroit, voici comme il s'explique. [u] *On a
donné*, dit-il, *la qualité de Chevaliers aux auteurs dudit Sieur
de Theniffey & Conforts, avec fi peu de jugement, qu'on s'eft con-
tenté de qualifier leurs femmes de fimples Damoifelles. Il ne faut
donc pas qu'ils prétendent en impofer par l'ufurpation de tous ces
beaux Titres.*

Réponfe à ces deux allégués. L'on ne fçauroit mieux combattre
les raifonnemens du Deffendeur qu'en les opofant les uns aux
autres. *Les mœurs & les ufages*, a-t-il dit dans un autre tems, [x]
*changent; on ne penfe pas en un tems comme on penfe en un au-
tre. Pour juger fainement des chofes, il faut fe transporter en efprit dans les tems où elles fe font paffées.* Soit : transportons-nous-y;
mais que ce foit pour rectifier fes idées, & pour le confondre.
Il nous a *deffié* dans fes écritures [y] *de lui fournir un feul exemple que la femme d'un Chevalier eût été qualifiée Demoifelle ; parce que*, dit-il, *fi le mari eft Chevalier à jufte Titre la femme eft
véritablement Dame. fi la femme n'eft que Damoifelle, le mari
eft un faux Chevalier. L'ufage & les Autheurs font d'accord là-deffus.*
Fourniffons donc au Deffendeur en acceptant fon défi, plus que
d'un exemple fur tous ces avant-noms que l'on vient de voir, pour
combattre fes erreurs.

Il eft vrai que quand on creufe dans l'obfcurité des fiécles reculez

*r Dans fa Requ.
du 28 Juillet 1720.*

*f C'eft du Bailly
dont il vouloit
parler.*

*t Du 20 Décem-
bre 1720. qui con-
tient 28 rôlles de
minutes en grand
papier.*

u Ibid.

*x Réponfe impr.
p. 22.*

*y Inventaire impr.
p. 19.*

culez , & que l'on y confulte quels étoient les ufages qui fucceffivement ont été en vigueur, l'on y trouve prefque autant de changement que nous en voyons de nos jours. Les avant-noms ont changé, quelques-uns, même plufieurs fois, comme toute autre chofe.
Par exemple il n'y avoit autrefois que les Chevaliers que l'on traitât
de *Monfeigneur*; (z) ils fe qualifioient auffi de *Meffire*: on ne les
qualifie plus actuellement du nom de *Monfeigneur*, à moins que ce
ne foit des grands Ordres, comme Cordon-bleu; &c. On qualifioit autrefois les Evêques de l'avant-nom de *Maître*: actuellement
dans le commerce du monde, on ne les qualifie plus que de *Monfeigneur*, & dans les actes de Juftice, de *Révérend Pere en Dieu*.
On qualifioit autrefois les Confeillers de Cour Souveraine de cette
même dénomination de *Maître*, & aujourd'hui ce n'eft plus cela,
car Mr. le Confeiller de Cluny fe fait apeller par les Payfans de
fes Terres *Monfeigneur*. La qualité de *Meffire* qui étoit l'attribut
des Chevaliers dans un tems, s'eft étendüe, dans un autre, aux Vicaires, aux Religieux, à de fimples Curez de Village, comme on
le voit dans prefque tous les vieux Titres où ils font dénommés;
enfuite on ne la donna plus qu'aux Chevaliers, aux gens de
la haute Nobleffe [a] & aux Officiers de Cour Souveraine :
ainfi l'on voit que cet avant-nom a changé plufieurs fois ; il en
eft de même de ceux de *Maître, Mademoifelle & Madame*.

z Mœurs & coû-
tume des François.
Du Tillet de l'état
de Chevalerie.

a Mœurs & coû-
tume des Franç.
p. 216.

Le Titre de *Maître* étoit indiftinctement à tous les Lé-
giftes dans le quatorziéme & quinziéme fiécles. Les Legiftes donc
fuffent-ils Préfidents, & même premiers Préfidents n'étoient qualifiés que de *Maîtres*. Le premier Préfident *Mauger*, [b] qui mourut en 1418 n'eft point apellé autrement dans les Régiftres du
Parlement.

b V. fon Epita-
phe & celui de fa
femme dans Blan-
chard. Eloge des
prem. Préfid. p. 26.

L'on voit dans l'Eglife des Peres de l'Oratoire de cette Ville,
autrefois apellée le Val-des-Choux, l'Épitaphe de Richard de
Chancey qui fut Préfident au Parlement de Paris, Chef du Confeil de Philipe le Bon, où il n'eft qualifié que de *Maître*, & fa
femme *Damoifelle*, en ces termes. *Cy gifent Noble Homme &
Sage Maître Richard de Chancey, Licencié en Loix, Confeiller de
Monfieur le Duc, & Chef de fon Confeil en fes Païs de Bourgogne,
& qui fut Préfident au Parlement de Paris, qui trépaffa l'an 1438
le 4e. jour du mois de Mai, & Damoifelle Ifabelle Morel fa femme.* [c]

c Parlem. de Pal-
liot p. 7.

L'on voit encore une femblable Epitaphe dans l'Eglife Métro-
politaine de Befançon de 1453 d'Etienne Armenier qui fut Chef
du Confeil de Philipe le Bon, & fon Ambaffadeur au Concile
de Bafle, dans laquelle il eft pareillement qualifié *Noble Homme
& Sage Maître*. [d]

d Ibid. p. 7. & 338

Le titre de Demoifelle n'étoit pas affecté aux femmes des Bour-
geois, ou Marchands, comme il l'eft aujourd'hui. Les femmes des
Nobles de Nom & d'Armes, & celles de la haute Nobleffe s'en
trouvoient honnorés. Nous voyons en effet dans l'Hiftoire, que
Jeanne d'Artois veuve de Simon de Touars Comte de Dreux,
Princeffe du Sang, ne prit jamais d'autres Titres dans toutes les
Chartres qu'elle figna, que celui de *Mademoifelle de Dreux*.

Ainfi fi l'on voit dans les anciens Titres que les femmes de
la haute Nobleffe & celles des Chevaliers font apellées tantôt

X

Dames, tantôt Demoiselles, & quelques fois Dame & Demoiselle tout à la fois, comme on le voit au Titre qui suit, cela provient du changement des usages, ou du goût des femmes de distinction qui se qualifioient Dames ou Demoiselles à leur gré, & peut-être suivant leur âge; mais l'une & l'autre de ces qualités étoit toujours affectée singuliérement à la haute Noblesse.

Voilà donc des exemples de presque tous les avant-noms glorieux & illustres qui étoient en usage, au tems, & aprés les de Clugny dont nous parlons. Aprés des exemples de cette nature, le Deffendeur sera-t-il en état de tenir sa promesse & de faire voir, comme il l'a dit, que *les dénominations de Noble Homme & Sage Maître, ne désignent rien moins qu'une personne de haute Noblesse?* Doutera-t-il que des personnes qui étoient Chefs de Conseil, Présidents, Ambassadeurs, ne tinssent le rang de la haute Noblesse? cependant on les qualifioit *Nobles Hommes, Maîtres, Licenciés es Loix,* & leurs femmes *Damoiselles,* de même qu'on a qualifié *Henry de Clugny* & Guillemette de Viteaulx sa mere. Ceux qui les qualifioient ainsi manquoient-ils de jugement? ou plûtôt que deviendra le judicieux de sa critique à la vûë de ces anciens monumens qui nous aprennent parfaitement quels étoient les avant-noms glorieux de ce tems?

Henry de Clugny dont il est parlé dans le Titre dont on vient de donner l'extrait, étoit Conseiller du Duc de Bourgogne & son Avocat Général. Palliot en son Livre du Parlement de Bourgogne [*e*] en parle & le met le troisiéme au rang des Avocats Fiscaux qui ont assisté és Parlemens sous l'époque de 1427, 1435, 1439 & 1447. C'étoit un poste trés-distingué que celui d'Avocat Fiscal; comme on le voit dans le même Autheur par plusieurs personnes élevées en Dignité qui ont possédé cette Charge; témoin *Pierre de Goux,* qui du tems *d'Henry de Clugny* étoit aussi Avocat Fiscal & qui fut Maître des Requêtes & Chancelier du Duc de Bourgogne.

Témoins encore *Philibert de la Ferté* qualifié dans le même Auteur, Chevalier Seigneur de Blaigny, Conseiller du Roi, premier Président & Chef du Conseil du Parlement, qui fut Avocat du Roi en 1480. Parl. de Palliot, p. 49. *Girard de Plaine,* qui fut Chef du Conseil du Duc de Bourgogne, & qui fut son Avocat Fiscal immédiatement aprés *Henry de Clugny* en 1447. *Guillaume de Vandenesse* en 1447, lequel étoit en même tems Maître des Requêtes. *Jean de Salives* Conseiller du Duc en ses Conseils, &c. V. le Parlement de Bourgogne, p. 19 & 20.

Dans ces tems-là les Avocats du Fisc ou Avocats du Roi n'étoient point apellés Avocats Généraux comme ils le sont aujourd'hui, mais seulement Avocats du Fisc. Le premier qui a pris la qualité d'Avocat Général est *Gabriel de Marillac* l'un des plus Sçavans hommes de son tems qui mourut en 1551, (Brillon Dict. des Arrêts, tome premier, p. 201.)

L'on voit par le Titre suivant, qui est un partage des biens *d'Henry de Clugny* de 1454, qu'il fut Seigneur d'un grand nombre de Terres, comme *de Clugny-les-Autun, S. Laurent d'Andennay, Consorgien, Joussanval, S. Chaulvain, Aussy, le Maigny, Beurry-Bauguet, Thouriseaul,* sans y comprendre les maisons, hérita-

e Palliot p. 17.

ges & droits Seigneuriaux qu'il avoit, tant en la Ville de Marchaul d'Oftun, qu'à Semur en Auxois & autres lieux, qui étoient en grand nombre. (*f*)

C'eft pour cela, fans doute, que les Freres Sainte Marthe (*g*) en parlant de *Guillaume* Evêque de Poitiers, l'un des fils *d'Henry de Clugny*, qualifient ledit Henry de *grand & puiffant Seigneur*, en ces termes : *Guillelmus de Clugny Nobilis Burgundus Æduenfis è Familia de Clugniaco. Henrico Dynaftâ de Conforgien, & Perrenetâ de Chalonge Domina de Raigny matre oriudus.*

Par le mot *Dynafta* qui eft dérivé du mot grec *Dunafis*, on entend un *grand & puiffant Seigneur* (*h*) Calepin expliquant ce mot nous en parle en ces termes : *Scribit Strabo Reges* Dynaftas *vocari proptereà quod plurimum poffint polleantque.* (*i*)

Henry eft le fixiéme ayeul des Produifants, il fut marié à *Pernette Coulot de Chalonge Dame de Raigny*, (*k*) de laquelle il eut neuf enfans; fçavoir, cinq fils & quatre filles. Les fils furent *Jean, Hugues, Ferry, Guillaume & Barthelemy*. Les quatre premiers poffédérent les premieres Dignités de l'Eglife, de la Robe & de l'Epée. Les quatre filles furent *Philipe, Alix, Ferrie & Aglantine*, dont les deux premieres furent Religieufes, & les deux autres furent mariées avantageufement; fçavoir, *Ferrie* mariée à *Jean de Plaine*, qualifié dans un acte du 21 Février 1474, Chevalier, Seigneur de Meutry. Cet acte qui fut reftitué par Vallevron, & qu'on n'a pas produit pour ne pas trop groffir cette production, fait mention de cette alliance. Il y a toute aparente que ce *Jean de Plaine* étoit parent à *Thomas de Plaines* qui fut le fecond Préfident de ce Parlement en 1483, & qui fut depuis grand Chancelier de Philipe de Caftille. Aglantine fut mariée à *Loüis de la Beaume*, comme on le voit au n° 12, iffu de l'Illuftre Maifon de la Beaume, dont il y a eu un Chambellan du Roi Charles VI. Prevôt de Paris & Maréchal de France. (V. le grand Armoirial, p. 655.)

Par les obfervations que l'on vient de faire, fondées fur Titres & fur les Auteurs, il paroît donc que *Henry de Clugny* fixiéme ayeul des Sieurs Produifants, étoit un grand & puiffant Seigneur, tant par fa naiffance, que par fon état, & le nombre des Terres dont il étoit Seigneur. 1o. Par fa naiffance, puifqu'il étoit petit fils de *Guillaume* Baillif d'Epée de Dijon, qui étoit le pofte le plus diftingué de la Nobleffe, comme on l'a établi ci-devant, en traitant de l'état de Bailly, & que fa grandmere étoit de la Maifon de Semur; Maifon fi illuftre, qu'elle avoit donné des filles dans les premieres Maifons de Bourgogne, & même dans la Maifon Royale de France de la troifiéme race, fuivant ce qu'on en a raporté. 2o. Par fon état il étoit Confr. de Philipe Duc de Bourgogne & fon Avocat Général. 3o. Par les Seigneuries qu'il a poffédées; on en voit le nombre dans le Titre fuivant.

Cependant le Deffendeur qui a voulu faire deux généalogies à fa guife; l'une de la Maifon de Clugny, & l'autre de fa Famille, avec autant de menfonge que de vanité, a dit dans le premier écrit (*l*) qu'il a fait imprimer, que cet *Henry* De Clugny, s'étoit attaché au fervice du Cardinal Rollin Evêque d'Autun, qui lui avoit *enfuite procuré le titre de Conseiller du Duc de Bourgogne* : & pour donner plus de poids à cette calomnie, il a mis en marge de son écrit ces mots : *Piéces produites par mes Parties.* Pour faire croire au Public qu'il n'en imposoit point, & que ses Parties avoient fourni-elles-mêmes la preuve de ce qu'il avançoit.

Si l'on suivoit les vivacitez & les emportemens du Deffendeur, il n'est point de termes dont on ne se servît pour relever la grossiereté d'une telle calomnie, ainsi mise au jour & ainsi apuyée ; mais comme un tel exemple n'est pas du goût des gens de biens, on se contentera de repousser la calomnie par les observations que l'on vient de faire : quoi de plus fort en effet a oposer à la fiction & au mensonge, que la réalité des faits tirée des Titres & du sentiment des Autheurs ?

Avant cette production les Sieurs de la Maison de Clugny, n'avoient produit aucun Titre qui concernât *Henry de Clugny* (*m*) en particulier : ainsi, qui ne seroit pas surpris d'entendre dire au Deffendeur, comme il fait, qu'il paroît par *leurs propres piéces* que ledit Henry s'étoit attaché au service du Cardinal Rollin ? on défie le Deffendeur de nier ce fait ; ou s'il le nie, qu'il cite & qu'il cotte la piéce en particulier, où il a puisé cette erreur ? ce n'est pas en disant en l'air, *piéces produites*, que l'on se fait croire ; c'est en indiquant la piéce même par sa datte, par sa substance, ou par ses termes.

Qui pouroit croire d'ailleurs que le petit fils d'un Bailly d'Epée, qui étoit allié à l'illustre Maison de Semur, pût devenir le Domestique du Cardinal Rollin ? où est le bon sens d'une telle imagination ? quand la fausseté n'en seroit pas actuellement découverte par Titres authentiques, le seul exposé ne la découvriroit-il pas ? si le mensonge inspire de l'horreur, la compassion doit suivre de prés celui qui en est l'auteur.

N°. XI.

Extrait de partage des biens de Henry de Clugny *Seigneur de Conforgien, de Joussanval & de nombre d'autres Terres, fait entre* Jean & Hugues de Clugny *ses enfans.*

Au 6e. Sac. Cette Piéce est du nombre de celles qui ont été restituées par Arr. du Parl.

4 Janvier 1454.

„ En nom de nôtre Seigneur. Amen. L'an de l'Incarna-
„ tion d'icelui courant 1454 ? le 4e. jour du mois de Jan-
„ vier, Nous *Jehan Seigneur de Clugny* les Ostun, &
„ de Saint Laurent d'Andennay, Conseiller & Maistre des
„ Requêtes de l'Hostel Monseigr. le Duc de Bourgogne,
„ pour moi d'une part. Et *Hugues de Clugny* Seigneur
„ de Conforgien & Joussanval freres, Ecuiers pour moi

m Il n'y a qu'à voir tous les Inventaires des piéces que nous avions produites, pour sçavoir s'il y en a une seule qui parle dudit Henry. Musnier est un autheur qui en avoit parlé : mais il n'a jamais rien dit d'aprochant de ce qu'avance là le Déffendeur, on le défie d'en faire la preuve.
Comme il ne s'agissoit pas au commencement de l'Instance de donner une Généalogie articulée dans ses dégrés, on n'avoit fourni aucun Acte qui concernât ledit *Henry de Clugny*.

d'autre

d'autre part, fçavoir faifons à tous prefens, & avenir, «
que aprés ce que nous avons eu traitté, & prins Apoin- «
tement avec nôtre trés-honorée *Dame*, & mere *Demoi-* «
felle (n) Pernette Coulot Dame de Conforgien de Jouf- «
fanval, tant de fon douhaire que des autres droits que «
lui compétoint, & apartenoint, és biens, meubles, ac- «
quets, & héritaiges demeurés du décés de feu bonne «
mémoire Noble Homme & Saige Maiftre *Henry (o) de* «
Clugny jadis Seigneur defdits lieux de Conforgien & de «
Jouffanval nôtre trés-honoré pere duquel Dieu ait l'Ame «
par le bon moien & avis de nôtredite Dame & mere «
ladite Damoifelle *Perrenette Coulot*, de nos trés-chiers, «
& trés-amés freres venerables & difcrettes perfonnes Maif- «
tres *Guillaume de Clugny* Licencié en Lois & Arcedia- «
cre d'Avallon en l'Eglife d'Oftun, Meffire *Ferry de Clu-* «
gny Doĉteur en Loix & en decret Confeiller & Maiftre «
des Requêtes de l'Hôtel de Monfeigneur le Duc de Bour- «
gogne, & de *Barthelemy de Clugny* E'cuiers, avons «
fait & par cés prefentes faifons entre-nous partaige & «
divifion des biens demourés du décés de notredit Sei- «
gneur & pere, tant meubles, debts, Seigneuries, que «
autres héritaiges quelconques, en la maniere que s'enfuit; «
c'eft à fçavoir que je ledit *Jehan de Clugny* ay & empour- «
te, pour ma part & portion defdits biens, tout ce que feu «
nôtredit Seigneur & pere tenoit & poffédoit, à fon vivant, «
& jufques à fon trépas exclufivement, en la Ville, Cité & «
Suburbe d'Oftun, de Clugny les Oftun, à Saint Chaulvain «
fuburbe & territoires ...... Item, me demeure femblable- «
ment à moi ledit *Jehan de Clugny* les Villaige de Saint «
Laurent, d'Andenay, Dauffi prés de Marcilly, & du Mai- «
gny, & leurs apartenances, enfemble les cenfes, rentes, «
héritaiges, & chofes étant fituées & affifes à Semur en «
Auxois, & ou finaige, & territoire d'icelui que feu nô- «
tredit Seigneur & pere tenoit, poffédoit & levoit en fon «
vivant, & ainfi quelles font contenues ou Terrier fur ce «
fait : & en oultre je ledit *Jehan Seigneur de Clugny* «
ay, & empourte perpétuellement, comme deffus pour «
moy, & pour mefdits hoirs les cinq francs de rente deus «
chacun an par Noble Homme *Huguenin de Clugny* «
Ecuier Seigneur de Sanvigne nôtre oncle. Item plus en «
oultre je ledit *Jehan Seigneur de Clugny* ay & empourte «
les cinq francs de rente, avec un blanc de cens dus cha- «

n Le nom de Demoifelle étoit diftingué, puif-qu'on l'ajoûte à celui de Dame.

o Ibid. HENRY fixiéme ayeul.

Y

„ cun an, fur la Maifon de feu Jehan Leblanc feulement
„ affife en la Ville de Marchault d'Oftun, enfemble tout
„ le droit, propriété & poffeffion qui compétoit à nôtredit
„ feu Seigneur & pere foit en Maifons, Patronaiges, Ter-
„ res, Prés, Bois, Buiffons, Aïgues, Cours d'Aïgues, Mo-
„ lins, Batteurs, Fouleurs, Hommes, Femmes, Tenemens,
„ Rentes, Cenfes, Tailles, Couftumes, Corvées, Gelines,
„ Mainmorte, Seigneurie, Juftice & Jurifdiction, haute,
„ moyenne & baffe, comme en aultres chofes quelconques,

p HVGVES cinquiéme ayeul „ & je ledit *Hugues (p) de Clugny* ay & empourte pour
„ ma part & portion defdits biens pour moi & pour mes
„ hoirs, la Tour, Villaige, Terre & Seigneurie de Confor-
„ gien avec fes apartenances, & auffi la Terre & Seigneu-
„ rie de Beurry, Baulguey & de Thourifeaul, avec leurs
„ apartenances chargées envers les Religieux du Vaul des
„ Choux, du Vault Croiffant, & du Curé dudit Beurry de
„ ce que leurs eft deu *fondés lefdits Vault des Choux &*
„ *Vault Croiffant par nos Prédéceffeurs*, & auffi ay & em-
„ pourte je ledit *Hugues de Clugny* neuf livres tournois
„ de rente deus chacun an, fur ledit Beurry par les hoirs
„ de feu *Noble Homme Geoffroy de Clugny Seigneur de*
„ *Champeculeon* nôtre oncle. Item. Comme deffus la Gran-
„ ge de Montmarin prés de Villers, le Chaftel, Villaige,
„ Terre & Seigeurie de Jouffanval, & vingt livres tour-
„ nois de rente deus chacun an par Monfeigr. de Vi-
„ teaul, enfemble les fonds, droits, foit en maifons, ma-
„ fieres, terres, prés, étangs, rivieres, molins, batoirs,
„ fouleurs, meix, manoirs, hommes, femmes, rentes,
„ cens, tailles, coutumes, courvées, gelines, mainmorte,
„ Juftice, Jurifdiction, haute moyenne & baffe, comme
„ en aultres chofes quelconques. Item. Demeure entre nous
„ lefdits *Jehan & Hugues de Clugny* freres par moitié le
„ demeurant des autres biens, meubles, immeubles, debts,
„ arrérages échus jufques à prefent, droits & héritaiges quel-
„ conques qui ne font ci-deffus divifés ...... Item. En oultre
„ fe paieront par moitié par nous lefdits freres les penfions
„ de nôtre tante Dame *Jehanne de Clugny*, de nos fœurs
„ Dame *Alix & Phelipe de Clugny* Religieufes de St. Je-
„ han le grand d'Oftun ...... Item. Nous alimenterons,
„ vêterons, conduirons & gouvernerons Damoifelle *Aglan-*
„ *tine de Clugny* nôtre fœur honorablement felon fon état
„ & le nôtre, laquelle nous marierons par moitié, & lui

paierons son mariage, & neanmoins par ce present traité "
& partaige ne fait nôtredit frere Messire *Ferry de Clu-* "
gny aucune renonciation au droit que lui compéte en "
la succession de nôtredit feu pere, &c. Dit, fait & passé "
en la Ville de Noulay en l'Hôtel de ladite Demoiselle "
Perrenette Coulot, pardevant Odet Brulet d'Ostun Clerc "
Notaire publique, Tabellion dudit lieu pour Monseigr. le "
Duc és presences de Messire Laurent Carnot Prêtre, Jehan "
Taverne Clerc, & autres témoins à ce apellés & requis "
l'an & jour dessus dit, ainsi *signé*, B R U L E T. "

Extrait d'un acte par lequel Aglantine de Clugny re-
nonce à toute succession au profit de Ferry, Guillaume & Hugues de Clugny *ses freres, desquels il est*
fait mention au Titre précédent.

N°. XII.

Au nom de Nôtre Seigneur. Amen. L'an 1464 le 9 " Cotte
d'Avril aprés Pasques. Nous *Loüis de la Baulme* Escuier " au 6ᵉ· Sac.
fils de Noble Home Messire *Guillaume de la Baulme* "
Chevalier, & Damoiselle Aglantine de Clugny fille de " 9. Avril 1464,
feu Noble Homme Maiftre *Henry (q) de Clugny*, & " *q HENRY* fide Damoiselle *Perrenette Coulot*, Seigneur & Dame de " xiéme ayeul.
Conforgien & Jossanval femme à present dudit *Loüis de* "
la Baulme .... sçavoir faisons que comme en traitant, "
& passant le contrat de mariage de nous lesdits *Loys de* "
la Baulme, & *Aglantine de Clugny*, me soit à moy la- "
dite Demoiselle *Aglantine de Clugny* été donné, promis "
& constitué en dot de mariage pour tous mes droits pa- "
ternels & maternels la somme de 1500 liv. tournois, (r) " *r* C'étoit une
dont les 1200 livres tournois doivent sortir nature d'hé- " Dotte trés con-
ritaige & les 300 livres tournois doivent sortir nature " fidérable pour
de meubles. Lesquelles 1500 livres tournois m'ont été " lors.
promise en cette maniere, c'est à sçavoir par Damoiselle "
Perrenette Coulot soy faisant fort pour Noble Home *Hu-* "
gues (s) de Clugny Ecuier Seigneur de Conforgien son " *s HUGUES*
fils frere de moy ladite Damoiselle *Aglantine*, & pour " cinquiéme ayeul
Damoiselle *Huguette Porteret* veuve de feu Noble Hom- "
me Maistre *Jean de Clugny* Seigneur de Clugny les Os- "
tun, & de Monthelon ayant le bail, administration & "
gouvernement des corps & biens de ses enfans pour la "
somme de 1000 livres tournois qui est pour la portion "
dudit *Hugues de Clugny* Seigneur de Conforgien la som- "

„ me de 500 livres tournois , & pour la portion défdits
„ veuve & enfans dudit Maiftre *Jean de Clugny* 500 liv.
„ tournois , & auffi ladite Damoifelle *Coulot* foy faifant
„ fort comme deffus pour Maiftre *Guillaume de Clugny*
„ Archidiacre d'Avallon fon fils auffi frere de moy ladite
„ Damoifelle *Aglantine* pour la fomme de 300 livres tour-
„ nois , & Noble & fcientifique perfonne Meffire *Ferry*
„ de Clugny Docteur en Droit Canon & Civile pour la
„ fomme de deux cens livres tournois qui doivent m'être
„ payées par les deffufdits només chacun pour fa portion.
„ Et en outre par icelui traité de mariage je ladite Damoi-
„ felle *Aglantine* ay renoncé & tranfporté perpétuellement
„ pour moy pour mes hoirs , & ayans caufe aufdits De-
„ moifelle *Pernette Coulot* ma mere , Meffire *Ferry de*
„ *Clugny*, *Guillaume de Clugny*, *Hugues de Clugny* mes
„ freres & aufdits enfans dudit feu Me. *Jean de Clugny*,
„ tous mefdits droits paternels , maternels , & fraternels,
„ & fucceffions de mefdits pere & mere , & à toutes fuc-
„ ceffions collatéraulx defdits Maiftre *Guillaume* , Meffires
„ *Ferry* , & *Hugues de Clugny* mes freres , &c. Faites à
„ Noulay en la préfence de Meffire Hugues Buffot Prêtre
„ & Vincent Brocier Clercs Notaires publiques Coadjuteur
„ du Tabellion dudit Noulay pour mondit Seigneur le
„ Duc, préfens Nobles Seigneurs Meffire *Guillaume de la*
„ *Baulme Chevalier pere dudit Loys* , *Meffire Claude de*
„ *la Baulme Religieux de St. Claude frere dudit Loys* ,
„ &c. *Signé* , BUFFOT & BROCIER.

Rien n'eft mieux marqué que le nombre des enfans qu'a eu *Henry de Clugny* , comme il le paroît par ces deux actes dont on vient de donner l'extrait. Les cinq fils qui furent *Jean*, *Hugues*, *Guillaume*, *Ferry & Barthelemy* y font tous nommés & parfaitement défignés : ainfi nul doute fur l'exiftence des cinq.

Cependant le Deffendeur foutient opiniâtrément dans fes écrits imprimés , (*t*) que ledit Henry n'eut que trois fils , qui furent, dit-il , *Ferry*, *Guillaume & Jean* ; les deux premiers, continuë- t'il , furent d'Eglife ; le troifiéme fut marié & eut une poftérité, qui eft éteinte depuis plus de cent cinquante ans.

Il n'eft pas trop befoin de Commentaire fur ce Titre pour faire voir que la fauffeté fort de tout côté des écrits du Deffendeur, le Titre feul en eft une preuve palpable & convaincante.

Mais d'où vient le Deffendeur n'a-t-il pas voulu faire entendre que *Henry de Clugny* eut encore un autre fils nommé *Hugues*? c'eft parce que celui-ci eft le cinquiéme ayeul des Sieurs de la Maifon de Clugny, qui fait une liaifon non interrompuë & toujours

t Réponfe impr.
p. 4. & 9.
Invent. impr. p.
24 & 27.

jours également fuivie avec tous les autres degrés; c'eft parce que ledit *Henry* eut des enfans qui furent élevés aux premieres Dignités de l'Eglife, de la Robe & de l'Epée, comme on l'établira bientôt, & qu'il voyoit avec peine que les Sieurs Produifants fe difoient defcendus du même tronc qui avoient mis au jour de-fi grands hommes. C'eft parce qu'il a foutenu que le Cardinal de Clugny & l'Evêque de Poitiers, tous les deux enfans dudit *Henry*, lui apartenoient plus qu'à tout autre. En un mot, c'eft parce qu'il a conçû le deffein de s'introduire lui-même dans la maifon de Clugny, & d'en expulfer les vrais enfans, comme fes derniers écrits le font connoître, en difant que *toutes les branches de la Maifon de Clugny étoient éteintes par deffaut d'hoirs mâles, à la referve de la fienne.* (*u*)

C'eft ainfi que la paffion & l'amour propre ont fait égarer Mr. le Confeiller. de Cluny dans les routes incertaines de la fupofition & du menfonge, jufqu'au point de rendre public un fyftême chimérique, qui tend à enlever aux Sieurs Produifans le plus précieux de leurs droits patrimoniaux, & à fe les aproprier; mais il y a lieu d'efpérer que lorfque la Cour fera parfaitement inftruite par cette production, elle placera le Deffendeur où il doit être, qu'elle le rendra à fa propre famille; d'où il a voulu fe fouftraire, & qu'elle mettra de juftes bornes à fes ambitieux deffeins.

Cette fauffeté que l'on vient de relever par le Titre précédent, eft fuivie d'une autre. *Pour prouver que les enfans d'une nommée Claire Paiffeau,* (aufquels *Guillaume de* Clugny Seigneur de Monthelon avoit fait un procés pour avoir voulu ufurper les Armes de la Maifon de Clugny) *étoient defcendus d'une de* Clugny: *Monfieur de Clugny produit,* dit-il, (*x*) *un extrait de la main de Palliot, qui fait mention des mariages d'Alix & d'Aglantine de* Clugny *fœurs, avec Guillaume & Mathey Paiffeau freres, du 25 Juin 1410.*

Il n'eft pas néceffaire d'examiner ici, fi cet extrait que l'on n'a pas encore vû, eft de Palliot ou non; il fuffit d'en découvrir la fauffeté par trois endoits. 1°. *Alix* & *Aglantine de Clugny*, fœurs & filles *d'Henry*, n'ont pas été mariées toutes les deux; il n'y en a eu qu'une qui l'a été; ainfi il eft faux qu'elles ayent époufé les deux freres. *Alix,* comme on le voit par le Titre précédent, étoit Religieufe à S. Jean le Grand- d'Autun. 2°. *Aglantine* n'a pas été mariée en 1410, comme le dit ce prétendu Extrait, puifque par le même Titre de 1454, il paroît qu'elle n'étoit pas encore mariée dans ce tems-là, & que les enfans dudit *Henry* s'obligeoient de lui payer fon mariage, lorfqu'il feroit tems. 3°. Aglantine ne fut pas mariée à un nommé Paiffeau, comme le fupofe encore ce prétendu Extrait, mais bien à *Loüis de la Baume*, qui étoit lui-même de la haute Nobleffe: l'on vient de juftifier de fon contrat de mariage qui eft de 1454, & non de 1410.

A mefure que l'on écrit ceci, & que l'on fait des recherches fur cette matiere, l'on s'inftruit de plus en plus de la vérité. L'on vient de découvrir dans le Grand Armorial de France de Me. Geliot augmenté par Palliot, qu'il y a eu en effet une *Aglantine de Clugny* mariée à un nommé *Paiffeau*, mais il ne fe nommoit ni *Guillaume* ni *Mathey*, comme le dit le broüillon attribué audit Palliot, mais bien *Jean Paiffeau* Ecuyer, Seigneur du Maupas:

u V. l'Inventaire impr. du Deffend. p. 3, 17, &c. Et fa Rép. à nos Ecritures impr. p. 2.

x C'eft ainfi qu'il parle dans fon Inventaire imprimé, p. 29.

Z

c'étoit une autre *Aglantine* que celle dont il est parlé dans le partage de 1454. (v. la Note ci après sur l'acte de 1492, sous le N°. 29: ainsi ce brouillon est faux, tant par les observations que l'on vient de faire, tirées du Titre précédent, que par le Livre même de Palliot. Que l'on juge par là combien la foi de ces brouillons est suspecte.

Il suit de-là que cette descendance est aussi fausse & aussi mal imaginée, que le fut la soudure de *Jean de Clugny* Garde des Sceaux, dont le Deffendeur a voulu faire son 8e. ayeul : à chaque ligne l'on découvre les erreurs du Deffendeur sur cette matiere.

Il est fait mention dans ce partage de 1454, dont on vient de donner l'Extrait, de *Geoffroi de Clugny* Seigneur de Champeculeon, qui est dit oncle des enfans d'*Henry*, ce qui confirme de nouveau que ledit *Jean de Clugny* Garde des Sceaux, dont ledit *Geoffroy* étoit fils, est un des autheurs des Produisants en ligne collatérale. *Geoffroy* étoit oncle aux enfans d'*Henry* à la mode de Bourgogne ou de Bretagne, en ce qu'il aprochoit plus prés du tronc qui les avoit tous produit.

Sur ces mots que l'on voit dans le partage de 1454: *Fondez lesdits Vault des Choux, & Vault Croissans par nos Prédecesseurs*, Il en résulte qu'il falloit avant ce tems-là, que la Maison de Clugny fut bien puissante pour avoir fait une fondation si considérable. C'est sans doute à cause de cette fondation que *Guillaume de Clugny* Bailly d'Epée de Dijon, dont on a parlé ci-devant, a choisi cette Eglise du Val-des-Choux pour être le lieu de son inhumation. (*y*) C'est actuellement l'Eglise des Prêtres de l'Oratoire de cette Ville.

y V. la note sur le n. 4. sur la fin.

Les Titres qui suivent concernent les quatre fils d'*Henry*, dont deux, sçavoir, *Ferry* & *Guillaume*, possédérent les premières Dignités de l'Eglise ; un autre qui fut *Jean*, posséda des Emplois trés-élevés & distingués dans la Robe ; & le quatriéme qui fut *Hugues*, qui a fait la branche qui subsiste seul aujourd'hui, posséda deux des premieres Dignités de l'Epée ; sçavoir, celle de Bailif & de Chambellan. L'on commence par *Jean*, duquel on va donner les Titres qui le concernent en particulier ; on en fera de même à l'égard des autres en suivant le même ordre.

No. XIII.

Extrait de Lettres Patentes de Philipe Duc de Bourgogne données à Jean de Clugny *Conseiller dudit Duc, & Maître des Requêtes de son Hôtel.*

Cotte X. au 4e. Sac. Tirée de la production du faux de Cluny Vallevron & restituée par Ar. du Parl.

„ Phelipe par la grace de Dieu Duc de Bourgogne, de „ Brabant , de Lembourg, Comte de Flandres , d'Artois, „ de Bourgogne, Palatin de Haineau, de Hollande , de „ Zelande, de Namur, Marquis du St. Empire, Seigneur „ de Frise, de Salins, de Malines. A tous ceux qui ces „ presentes Lettres verront. Salut. Sçavoir faisons que pour „ les grands sens, souffisances, distinctions, prudence que

par expérience fçavons & connoiffons être en la perfon- "
ne de nôtre amé & féal Confeiller & Maiftre des Re- "
quêtes de nôtre Hôtel , Maiftre *Jean de Clugny* , icelui "
Maiftre *Jean* avons retenu , ordonné, retenons & or- "
donnons par ces Prefentes, pour en nôtre abfence de "
nos Païs deffus només , ou d'aucuns d'iceux , fervir do- "
refnavant par devers nôtre trés-cher & trés-amé le Com- "
te de Charollois , aiant le Gouvernement d'iceux nos "
Païs , en nôtre abfence, audit état de Confeiller & Maif- "
tre des Requêtes, aux gaiges tels & femblables que les "
ont & prennent devers nous les autres Maiftres des Re- "
quêtes de nôtre Hôtel, fervans en Ordonnance, & que "
par nos autres Lettres lui feront ci-aprés , pour ce ta- "
xés, ordonnés , & aux autres droits , honneurs , préro- "
gatives , libertés , proufis & émolumens qui y apartien- "
nent , fur quoi il fera tenu de faire le ferment, à ce "
préfentement , &c. En témoin de ce nous avons fait "
mettre nôtre Scel à ces Prefentes. Donné en nôtre Chaf- "
tel de Vvourden le dernier jour de Juillet l'an de grace "
1456. *Signé fur le replis* par Monfeigneur le Duc , & "
plus bas, G R A S. "

Au dos eft la prêtation de ferment dudit *Jean* entre les "
mains du Sieur d'Autumes Chancelier du Duc de Bour- "
gogne , *fignée* G R A S. "

Mr. le Confeiller de Cluny a fait mention de l'exiftence & de
l'état de *Jean de Clugny* Maitre des Requêtes, dont il eft parlé
dans ces Lettres Patentes, dans fon inventaire de production imprimé, (*z*) & il a fait des obfervations auffi fauffes qu'inutiles à
ce fujet. On laiffe en arriére les inutiles pour ne pas tomber dans
le même deffaut que lui ; l'on va relever les fauffes feulement
pour juftifier la conduite des Sieurs Produifants , & pour faire
voir à la Cour que dans tous les articles différents de fes écrits ,
il ne fe concilie qu'en un feul point , qui eft de combattre toujours la vérité.

Par exemple , il a dit (*a*) que *les Sieurs de Theniffey & Conforts*
ont fuprimé dans leur Inventaire de production la qualité de Juge
du Charollois qui eft fur l'étiquette de cette piéce dont ledit Jean
étoit revêtu , & cela , pour mafquer en beau , ceux dont ils s'ima-
ginent être iffus : ce font fes termes.

Reponfe. Il eft vrai que dans la cotte X. de l'Inventaire de production des Sieurs de la Maifon de Clugny, on ne donna point
la qualité de Juge du Charollois audit *Jean de Clugny* ; (*b*) mais
pourquoi cela ? c'eft parce que dans ces Lettres Patentes dont on
parloit fous cette cotte, il n'étoit pas fait mention de cette qua-

JEAN de
Clugny fut le
cinqu. grand
oncle paternel
des Sieurs Pro-
duifants.

Le dernier de
Juillet 1456.

z C'eft à la
p. 22.

a Ibid. p. 22.

b Inventaire
fignifié au Def-
fendeur le 21
Juin 1720.

lité, & que les Produifants ne rapelloient que les qualités qui étoient inférées dans le corps defdites Lettres Patentes, & non celles qui étoient fur l'étiquette, aufquelles ils n'avoient ni dû faire attention. Mais ils ont eu fi peu le deffein de cacher & fouftraire cette qualité, *pour mafquer en beau leurs auteurs*, comme le foutient le Deffendeur, (*c*) que dans la cotte Y. qui fuit du même Inventaire, ils fe font expliqués en ces termes, en parlant des qualités dudit *Jean. Noble Homme Maiftre Jean jadis Seigneur de Clugny les Oftun, Confeiller Maiftre des Requêtes du Duc de Bourgogne, & fon Juge du Charollois.* Ils n'ont donc pas caché ni fouftrait cette qualité dans leur Inventaire, puifqu'elle y eft rapellée tout au long. Première fauffeté.

c Dans fon Inventaire imprimé, page 22.

Pourquoi d'ailleurs auroient-ils voulu la fouftraire? *pour mafquer en beau leurs auteurs*, dit le Deffendeur. (*d*) Plaifante imagination! fi le Deffendeur ignore que la qualité de Juge des Païs & Comté du Charollois étoit ce qu'il y avoit de plus diftingué pour lors, (*e*) les Sieurs Produifants ne l'ignoroient pas; auffi n'ont-ils eu garde de la fouftraire, parce qu'elle faifoit trop d'honneur à *Jean de Clugny* l'un de leurs auteurs. *Jean de Clugny* Garde des Sceaux, & *Jean* fon fils qui fut nommé à l'Archevêché de Befançon avoient poffédés cette Dignité avant *Jean de Clugny* dont l'on parle actuellement, & ils s'en étoient trouvés honnorés, parce qu'elle étoit pour lors très-diftinguée. Ainfi, outre que l'obfervation du Deffendeur eft fauffe; c'eft qu'elle eft très-mal apliquée.

d Ibid. page 22.

Comme dans l'étiquette des Lettres Patentes, dont on vient de donner l'extrait, continuë le Deffendeur, (*f*) *on y avoit mis ces mots: Pour Noble Homme & Sage Maiftre Jean de Clugny Juge du Charollois Sieur de Monthelon; on y a graté & raturé le mot* (Homme) *pour effayer d'y fubftituer celui de* (Seigneur,) *ce qui fe reconnoît à la feule infpection de la piece.*

Réponfe. Autre fauffeté qui fe détruit d'elle-même, & où feroit le fin de cette rature? n'a-t'on pas fait voir au Deffendeur (*g*) que la qualité de *Noble Homme & Sage Maître* étoit l'avant-nom le plus diftingué que prenoient dans ce tems-là les premiers Préfidents, les Ambaffadeurs & les Chefs du Confeil des Souverains? ainfi ne fuffifoit-il pas de donner cette qualité à *Jean de Clugny* dont l'on fait mention, fans vouloir *effayer* de lui en donner une autre qui n'étoit pas plus diftinguée, & qu'il avoit déja d'ailleurs, puifqu'il eft qualifié fur l'étiquette même & dans plufieurs actes (*Noble Homme Seigneur*) par adjonction.

Je ne fait ces obfervations, continuë le Deffendeur, (*h*) que pour *faire voir à la Cour combien elle doit être en garde fur tout ce qui vient de leur part.*

(*e*) Les Confeillers du Confeil fe faifoient honneur de cette Charge. Palliot dans fon Parlement, p. 13, nous en donne un exemple en la perfonne de Guichard de Ganay Seigneur de Savigny, qui après avoir été Confeiller de la Chambre du Confeil, fut fait Juge du Charollois, quelque tems avant ledit *Jean de Clugny*, c'eft-à-dire en 1422.
(*f*) Ibid.
(*g*) F. v. le Commentaire qui a été fait fous le num. 10.
(*h*) Inventaire imprimé, page 22.

Voilà

Voilà l'un des principaux motifs qui a obligé les Sieurs de la Maison de Clugny à rendre publique leur production & leur généalogie. Le Deffendeur crie dans tous ses écrits, à la calomnie, à la fausseté, au mensonge. Sur quoi sont fondés ces invectivants attributs? sur l'allégué seul de celui qui en est l'auteur. Foible autorité! foible preuve! & qui des deux Parties contendantes sera le plûtôt crû, ou des Srs. de la Maison de Clugny, qui ne fondent les faits qu'ils avancent & leurs réponses, que sur des Titres authentiques qu'ils rendent publiques? ou du Deffendeur, qui ne raisonne qu'au hazard de ses idées & de son imagination, & qui n'apuye d'aucune preuve ce qu'il avance? quand on opose la réalité à la fiction, & la modération aux emportements, comme font les Sieurs Produisants, on fait assés voir de quel côté est la vérité : c'est à ces marques seules en effet qu'on la distingue.

Enfin, ajoute le Deffendeur, (*i*) *le Sieur de Theniffey & Conforts conviennent des altérations qui se trouvent sur les Lettres de 1373 & sur celles de 1465, & en veulent rejetter la faute sur le Sieur de Vallevron, des mains duquel ces Titres ont passé dans les leurs.*

i Invent. impr. page 22.

Réponse. Ne suffiroit-il pas de dire au Deffendeur pour toute réponse à cet allégué, sur ces prétenduës altérations, dont il veut que les Demandeurs soient convenus, qu'ils n'ont produit aucune piéce de 1373, ni de 1465, & qu'on le défie d'en faire voir dans toute leur production, de ces époques, pour détruire ce qu'il avance? mais il y a plus; on le défie encore de citer aucuns de leurs écrits où ils soient convenus d'aucune altération sur les piéces qu'ils ont produites. Ils ont produit des Lettres Patentes de 1374, (*k*) sur lesquelles est un petit trou de vétusté qui ne touche pas au corps de l'acte; mais ils ne sont jamais convenu que ce fût là une alération qui fût faite à dessein; ils ont dit, comme il est vrai, que c'étoit un trou de vétusté, sans l'attribuer à personne. Ainsi c'est mal à propos que le Deffendeur fait convenir les Sieurs Produisants de ce à quoi ils n'ont jamais pensé.

k V. la note sur le num. 4. p. 37.

Les trois Lettres suivantes écrites audit *Jean de Clugny*, dont l'on traite actuellement, vont faire voir qu'il a mérité l'estime & la confiance de son Prince & des Grands.

Copie d'une Lettre du Comte d'Estampes neveu de Philipe Duc de Bourgogne écrite audit Jean de Clugny.

„ Le Comte d'Estampes Seigneur de Dourdan.

Trés chier & bon amis, nous avons reçû vos Lettres écrittes d'Ostun, le 5 jour de ce present mois de Juing, dans lesquelles vous requistes la venuë de mon trés redouté Seigneur & Oncle M. le Duc en ce Païs de par de là estre brieve, comme l'on dit, afin que si avons d'aucune chose à besogner que le vous mandions, pour vous y employer de trés bon cœur. Quand à ce trés

N°. XIV.

C. H. H. H. au 5e. Sac. Restituée par Ar. du Parl.

A a

» chier & bon amis de la bonne affection que démontrés
» avoir envers nous pour nous complaire, & faire plaisir,
» vous en remercions de bon cœur, vous priant que en-
» vers le Sr. d'Autumes, & ailleurs que verrés que be-
» soing sera, vous emploier en ce dont requis vous avons,
» & mesmement en ce que vous dira de par nous notre
» amé & féal Chancellier, Conseiller & Chambellant le Sr.
» de Roichefort, lequel avons intention bien briefve aussi
» envoier de par de là, & en ce faisant vous ferés agréa-
» ble plaisir, & s'il est chose que pour vous faire puissions
» de bon cœur le ferons trés chier & bon amis. Nôtre Sei-
» gneur soit gardes de vous. Escript de Lille le 23 jour
» de Juin. *Signé,* JEAN, *& plus bas,* MONTILLAT.

» *Au dos est écrit :* A nostre trés chier & bon amis,
» Maistre *Jean* de Clugny Conseiller & Maistre des Re-
» questes de mon trés redouté Seigneur & Oncle Monsei-
» gneur le Duc de Bourgogne.

Cette Lettre écrite par le Comte d'Estampes à *Jean de Clugny*, dans laquelle il le qualifie de son *trés-cher & bon ami*, marque tout à la fois, & la distinction du poste & de l'état de *Jean*,
& le crédit qu'il avoit auprés de son Prince, puisque le Comte
d'Estampes, Neveu du Duc de Bourgogne, le prie de s'employer à lui rendre service auprés de lui, en s'adressant au Sr.
d'Autumes son Chancelier; il le remercie des témoignages d'affection qu'il lui avoit déja donné à lui faire plaisir, & lui en-
voye le Sr. de Roichefort son Chambellan, pour conférer avec
lui de ses intentions.

La Lettre qui suit écrite par Philipe Duc de Bourgogne audit *Jean de Clugny*, fait voir aussi combien il étoit chéri de ce
Prince.

Nº. XV.

*Copie d'une Lettre de Philipe Duc de Bourgogne qui
notifie que ledit Duc fut Parrain d'un des Enfans
dudit* Jean de Clugny.

» De par le Duc de Bourgogne, de Brabant, de
» Lembourg, Comte de Flandres, d'Artois, de Bour-
» gogne, de Hainault, de Hollande, de Zelande &
» de Namur.

» Trés cher & bien amé, nous écrivons presentement
» à nôtre amé & féal Escuier, Conseiller & Bailly d'Ostun
» & de Montcenis Pierre de Thoisy, que l'Enfant dont

la femme de nôtre amé & féal Conseiller, & Maistre "
des Requêtes de nôtre Hôtel Maistre *Jean (l) de Clugny* "
est enceinte, il tienne de par nous sur Fonds de Bap- "
tesme, & lui fasse present de par nous de dix marcs ‘
d'Argent en Vaisselle; si vous mandons & commandons "
expressément que lesdits dix marcs d'Argent en Vaisselle "
vous balliés & délivriés incontinent à nôtredit Bailly "
d'Ostun, pour faire ce que dit est, sans y faire faute, "
& en raportant cestes avec lettres de recepte, d'icelui "
nôtre Bailly desdits dix marcs d'Argent, iceulx dix marcs "
d'Argent vous feront passés, & alloués en la dépensse de "
vos comptes, sans aucune difficulté, trés cher & bien "
amé, le St. Esprit soit garde de vous. Escrit en nostre "
Ost le 26 jour d'Aoust 1456. *Signé*, P H I L I P E, *&* "
plus bas, G R O S.   "

Au dos est écrit. A nostre amé & féal Conseiller & "
Procureur Général de Bourgogne Jean de Vesoy.   "

l JEAN est le même dont il est parlé aux Titres précédents. Cinq. grand Oncle.

26. Août 1456.

Cette distinction que les Souverains n'accordent qu'aux grands Seigneurs de leur Cour, & que Philipe Duc de Bourgogne voulut bien accorder à l'un des enfans de *Jean de Clugny*, en le faisant tenir sur les Fonds Baptismaux sous son nom, désigne encore la qualité dudit *Jean* & l'affection que son Prince avoit pour lui.

C'est de *Huguette Porteret (m)* dont *Jean de Clugny* eut le fils, auquel le Duc de Bourgogne voulut bien donner son nom. Outre celui-là, qui probablement mourut jeune, parce que l'on ne voit pas qu'il soit fait mention de lui dans les Titres qui parlent de cette branche, *Jean de Clugny* eut encore quatre autres enfans *d'Huguette Porteret* sa femme; sçavoir.

m Preuve n. 26 qui fait mention de cette alliance.

Guillaume de Clugny Conseiller au Parlement de Malynes, & Seigneur de Monthelon, dont on parlera plus bas. (*n*)

n Preuve n. 30

Barthelemy qui fut Archidiacre d'Avallon, & Chanoine de St. Rambert de Liege, comme on le voit plus bas dans l'acte de 1474. (*o*)

o Ibid.

Guillaume qui fut Prieur de Couches & Chanoine d'Autun, comme on le voit dans un acte de 1520 de la production de Valleyron non produit, cotte 87 & 88.

Charlotte qui fut mariée en 1478 à Jean de Salins, fils d'Etienne de Salins Chevalier, Seigneur de Corrabeuf, Maison trés-ancienne & distinguée au Duché de Bourgogne, cotte 73 tirée de la production de Vallevron.

Et *Guillemette* qui fut mariée en premieres nôces à Utin de Lusy Ecuyer, Seigneur Doye; & en secondes à Philibert de Tenarre Ecuyer, Seigneur de Soutterain, comme on le voit par un acte de 1485, cotte 77 de la même production.

N⁰. XVI.

C. M. M. M.
au 5ᵉ Sac.
Reſtitué par
Ar. du Parl.

*Copie des Lettres d'Ambaſſade de Philipe Duc de Bour-
gogne, données à* Jean de Clugny *pour la négocia-
tion d'une affaire avec le Roy de France & les Seigneurs de ſa Cour.*

„ De par le Duc de Bourgogne, de Brabant, de
„ Lembourg, Comte de Flandres, d'Artois, de Bour-
„ gogne, de Hainnault, de Hollande, de Zelande, &
„ de Namur.

JEAN eſt le
même dont il
eſt parlé auxTi-
tres précédens.

Cinquiéme
grand Oncle
paternel.

„ Trés cher & bien amé, nous envoyons preſentement
„ par devers Monſr. le Roy, Meſſire Jean de Croy, Sei-
„ gneur de Chimay, nôtre couſin & grand Bailly de Hain-
„ neau, & Meſſire Simon de Lalaing, Seigneur de Mon-
„ tigny, nos Chambellans, & leur avons fait bailler nos
„ Lettres adreſſans à mondit Sr. le Roy, & auſſi à plu-
„ ſieurs Princes, & Seigneurs de ſon Sang, & autres de
„ ſon Conſeil, contenans creance ſur leſdits Seigneurs de
„ Chimay & de Montigny pour vous, & auſſi leurs avont
„ fait bailler inſtructions touchant ces matieres pour leſ-
„ quelles les envoions par de-là, & leurs avons ordonné
„ de vous apeller avec eux s'ils vous treuvent, par devers
„ mondit Sr. le Roy, & s'ils vous treuvent en chemin de
„ vous y mener avec eulx. Si ce vous ſignifions, trés cher
„ & bien amé, afin que en cette matiere vous faictes & vous
„ conduiſés avec leſdits Seigneurs de Chimay, & de Mon-
„ tigny, ſelon le contenu de noſdites inſtructions, que pour
„ ce ils vous montreront. Trés cher & bien amé le St.
„ Eſprit vous ait en ſa Ste. garde. Eſcrit en nôtre Ville
„ de Brouxelles le 24 jour d'Octobre 1456.
„ *Signé,* PHILIPE, *& plus bas,* GROS.

24 Octob. 1456.

„ *Au dos eſt écrit.* A nôtre amé & féal Conſeiller &
„ Maitre des Requeſtes de nôtre Hoſtel Maiſtre *Jehan*
„ *de Clugny.*

L'on a vû par les Titres produits qui concernent *Jean de Clugny,* qu'il étoit Seigneur de pluſieurs Terres, entre autres de Clugny les Oſtun, St. Chaulvain, St. Laurent d'Andennay, d'Auſſy
prés de Marſilly, de Monthelon, &c. (*p*) Mr. Chaſſeneuz nous
aprend à la page 25 de ſon Commentaire ſur la Coutume, qu'il
étoit outre cela Seigneur de Ragny & de S. Romain. L'on a vû
qu'il étoit Conſeiller & Maître des Requêtes de l'Hôtel du Duc
de

p Preuves n. 11,
12, 13, 14, 15 &
16.

de Bourgogne & ſon Juge des Païs & Comté du Charollois, & l'on vient de voir par les Lettres qui précédent qu'il fut choiſi ſon Ambaſſadeur envers le Roi de France, conjointément avec les Seigneurs de Chimay & de Montigny. (q) Tout cela marque certainement que *Jean de Clugny* étoit un homme diſtingué, utile à ſon Prince & à l'Etat. Le Deffendeur n'a pû ignorer cela, puiſque les piéces dont on vient de parler lui ont été communiquées par copie & en original.

Cependant il dit que dans tout ce que ſes adverſaires ont produit, *on ne voit pas qu'à la réſerve du Sieur de Coulombié, aucun de leur branche ait jamais ſervi, ni eu aucun Emploi, ni à la Cour, ni dans la Robe, ni dans l'Armée.* (r)

Queſt-ce que l'impoſture n'infecte pas de ſon haleine ? juſqu'ici cela eſt trés-faux, puiſque l'on a vû qu'en ligne directe *Guillaume premier* leur huitiéme ayeul a eu un Emploi à la Cour, il étoit Chambellan de Philipe Duc de Bourgogne; Emploi dans la Robe & dans l'Armée, puiſqu'il étoit Licencié en Loix & Bailly d'Epée. (ſ) Après lui *Guillaume ſecond* leur ſeptiéme ayeul fut Eſcuyer de Jean Duc de Bourgogne, (t) qui eſt un Emploi à la Cour. Après lui encore *Henry* leur ſixiéme ayeul fut Conſeiller & Avocat Général de Philipe Duc de Bourgogne, qui eſt un Emploi dans la Robe. (u) L'on verra dans la ſuite que leur cinquiéme ayeul étoit un Bailly d'Epée d'Autun & de Montcenis, &c. (x) En ligne collatérale on a vû que les Sieurs Produiſants ont dans leur branche un *Jean de Clugny* qui fut Garde des Sceaux & Juge des Païs & Comté du Charollois. (y) Un autre *Jean* ſon fils, qui fut auſſi Garde des Sceaux. Un autre *Jean* qui fut Conſeiller du Duc de Bourgogne. Enfin un autre *Jean* encore, qui eſt celui dont il s'agit dans cette note, qui fut Conſeiller, Maître des Requêtes & Ambaſſadeur de Philipe Duc de Bourgogne. N'eſt-ce pas là démentir d'une maniere bien convaincante l'allégué du Deffendeur? la ſuite de cette production découvrira encore mieux le faux de cet allégué.

Le Deffendeur qui a pour but d'attaquer tous les enfans de la Maiſon de Clugny, & qui voudroit les abaiſſer juſqu'au point de les-rendre égaux, s'il le pouvoit, aux Autheurs de ſa Famille, a dit en parlant de l'état dudit *Jean de Clugny*, non pas qu'il fût Ambaſſadeur; cet aveu lui auroit trop coûté, mais que *le Duc le nomma pour homme de Lettres à la ſuite d'une Ambaſſade.* (z) Et c'eſt ainſi que chicannant ſur les choſes les plus évidentes il défigure, ou plûtôt, pour nous ſervir de ſes termes, *il maſque*, en laid, *ceux de la Maiſon dont il s'imagine être iſſu.* (a) Il n'eſt pas néceſſaire d'oposer autre choſe à la ſingularité de cette idée, que la Lettre dont on vient de donner la teneur, & ce qu'en a raporté Gerſon qu'on a cité à la note marginale miſe ſous ce Titre: ſi après cela on ne doit pas dire que ledit *Jean* fût Ambaſſadeur, il faut que les mots ne ſignifient plus ce qu'ils ont toujours ſignifiés.

Ce *Jean de Clugny* dont il eſt parlé dans les Titres précédens, étoit cinquiéme grand oncle paternel aux Sieurs de la Maiſon de

Bb

---

q Gerſon nous aprend que *Jean de Clugny* fut encore envoyé Ambaſſadeur en 1467 auprés de l'Empereur Albert par le Duc de Bourgogne. V. l'Epitre dedic. de ſon Livre intitulé *Gerſon*, &c.

r Réponſe impr. page 5.

ſ Preuve n. 4.

t Numero 9.

u Num. 10.

x Num. 26.

y Num. 6, & la note.

z Réponſe impr.

a Dans ſon Invent. impr. p. 22.

b Preuve num.
10. & 11.

Clugny, en ce qu'il étoit frete à *Hugues* (b) leur 5e. ayeul, comme on l'a vû par le partage de 1454, fait entre tous les enfans d'*Henry* 6e. ayeul.

Avant que de parler de *Guillaume* de Clugny fils dudit *Jean*, qui de tous fes enfans eut poftérité, il eft à propos de fuivre par ordre les autres enfans d'*Henry*, qui furent, comme on l'a déja dit, *Ferry, Guillaume* & *Hugues* : les extraits des fix Titres fuivans concernent ledit *Ferry*.

No. XVII.

Extrait des Lettres de créance du Duc de Bourgogne données à Ferry de Clugny *fon Ambaffadeur, pour affifter au Concile de Mantouë.*

C. J. J. J.
au 5e. Sac.
Reftituée
par Ar. du
Parlement.

FERRY cin-
quiéme grand
Oncle paternel.

" Philipus Dei gratiâ Dux Burgundiæ, Lothoringiæ,
" &c. Univerfis & fingulis Dominis, Regibus, Ducibus
" ac Principibus, &c. Salutem.... noftris vero fubditis &
" Servitoribus diftricte percipientes mandamus. Quatenùs
" dilectum, & fidelem Confiliarium noftrum, ac Hofpicii
" noftri Requeftarum Magiftrum Dominum *Ferricum de*
" *Clugny* utriufque Juris Doctorem, Canonicum Æduen-
" fem, noftrumque Oratorem & Ambaxiatorem, quem
" pro quibufdam arduis noftris rebus gerendis, ad Sanc-
" tiffimum Dominum noftrum Papam, nunc tranfmitti-
" mus, noftri amore & contemplatione recomiffum fuf-
" cipiatis ac favorabiliter tractetis, ipfumque unâ cùm de-
" cem perfonis in Comitivâ fuâ, & totidem Equis aut in-
" ferius, eorumque auro, argento, valifiis, jocalibus, &c.
" prefentibus ufque ad unum annum integrum à datâ ip-
" farum computandum, & non ultrà in fuo robore per-

10 Août 1456.

" manfuris. Datum in Civitate Trajectens. Die decimâ men-
" fis Augufti anno Domini 1456. *Signatum* per Domi-
" num Ducem, *& infrà*. MERENBERCH.

" *Au dos eft écrit.* Le Sauf-Conduit de Monfeigneur
" le Duc Philipe pour Mgr. *Ferry de Clugny* fon Am-
" baffadeur, pour fe trouver au Concile de Mantouë.

Mr. Chaffeneuz
fur la Coutume de
Bourgogne p. 25.

Ce fut avec le Duc de Cleves que *Ferry de Clugny* fut envoyé à Mantouë, (c) où il y eut une Affemblée générale des Prin-
ces Chrétiens, il y parut en qualité d'Ambaffadeur, comme nous l'aprennent ces Lettres, & il y harangua très-éloquemment, ainfi que le raportent les Auteurs. V. Gerfon dans fon Epître Dédi-
catoire dont on a déja parlé.

Copie des Lettres expédiées en la Chambre des Comptes données à Ferry de Clugny sur le retour de son Ambassade auprés du Pape Calixte III. envers lequel le Duc Philipe le Bon l'avoit envoyé.

N°. XVIII.

Nous Girard de Pleines Chief du Conseil, & Présidens des Parlemens de Monseigr. le Duc en ses Païs de Bourgogne, & les gens des Comptes de nôtredit Seigneur; sçavoir faisons à tous qu'il apartiendra, que ce jourd'hui datte de cettes, vénérable & discrette personne Messire *Ferry de Clugny* Docteur en Droit Canon & Civil, Conseiller & Maistre des Requestes de l'Hostel de nôtredit Seigneur, l'un des Ambassadeurs d'icelui Seigneur, avec nos trés-honorés Seigneurs, Messeigneurs les autres Ambassadeurs, envoiés par nôtredit Seigneur, devers nôtre St. Pere le Pape, puis aportées, renduës & délivrées en cette Chambre desdits Comptes, unes Lettres Apostoliques, obtenuës par lesdits Ambassadeurs de nôtre St. Pere le Pape, puis données au mois d'Avril dernier passé, par lesquelles Lettres nôtredit St. Pere entre autre chose ratifie, aprouve, & confirme le Traitté de Paix fait à Arras, entre le Roy Charles nôtre Sire, & nôtredit trés-redouté Seigneur, & ce que fait, & besogné y a été de l'autorité Apostolique, par feu Pape Eugene, depuis confirmé par ses Successeurs, & à present Prédécesseurs dudit Pape puis; lesquelles Lettres Apostoliques ne font que le duplicata de l'original d'icelles Lettres, pour le mettre au Thrésor des Chartres d'icelui Seigneur à Dijon. Escrit en la Chambre desdits Comptes le 21 jour de Mai 1459. *Signé,* MARJOTTET, *& plus bas sont quatre Sceaux de cire rouge.*

"Cotte n.
"n, n. au 5e.
"Sac, restit.
"par Arr. du
"Parl.

"FERRY cinquiéme, grand
"Oncle paternel.

"21. May 1459.

L'on vient de voir par le Titre précédent sous le N°. 16, que *Jean de Clugny,* frere de *Ferry,* dont il est parlé aux deux Titres que l'on vient de voir, fut envoyé Ambassadeur par Philipe Duc de Bourg. au Roi de France Charles VII. en 1456 & en 1467, auprés de l'Empereur Albert: & l'on voit par ces deux Titres qui précédent, que ledit *Ferry* fut aussi Ambassadeur pour ledit Duc, pour faire ratifier par le Pape le Traité de Paix fait à Arras entre Charles VII. & lui: cela prouve que c'est trop légérement que le Defendeur a avancé qu'il n'y a rien eu de distingué dans la Maison de Clugny; c'est aux Ministres que ces Emplois sont confiez. Qui osa jamais soutenir que ce ne soit-là une des plus grandes distinctions d'un Etat?

No XIX. *Copie des Lettres de recommandation des Duc de Cleves & Comte d'Eſtampes, neveux du Duc de Bourgogne, & d'autres Seigneurs, envoyées audit Duc de Bourgogne en faveur de Ferry de Clugny.*

C. O. O. O.
Au 5er Sac.
Tirée de la
produčt. de
Vallevron,
& reſtituée
par Ar. du
Parlement.

d FERRY cinq.
grand Oncle.

26 Nov. 1459.

" Mercredy 26 jour de Novembre l'an 1459. en la Ville
" de Bruxelles, mon trés-redouté Seigneur Monſeigneur le
" Duc de Bourgogne & de Brabant ayant regard & con-
" ſidération aux ſens, ſciences & vertus de Meſſire *Ferry*
" *de Clugny* (*d*) Dočteur en Loix & en decret, ſon Con-
" ſeiller & Maître des Requêtes de ſon Hôtel, auſſi qu'il
" eſt Noble Homme, ſon Subjet natif de ſa Ville d'Oſtun
" en Bourg. & perſone de bonne gravité, dont mondit Sei-
" neur cy aprés ſe pourra grandement ayder en ſes affai-
" res *en Ambaſſades notables*, & autrement, déſirans à ces
" cauſes, & pour les bons & agréables ſervices que déja
" ledit Meſſire *Ferry* lui a faits en *divers Ambaſſades*,
" & loingtain voiage & autrement le bien & advance-
" ment d'icelui Meſſire *Ferry* & qu'il ſoit conſtitué en
" dignité de prélature quand le cas s'y offrera, & meſme-
" ment à la ſuplication & requeſte ſur ce faire à mondit
" Seigneur par Meſſeigneurs les Ducs de Cleves, & Com-
" te d'Eſtampes ſes Neveux, očtroia & accorda tenir la
" main, & ſoi employer, à ce que ledit Meſſire *Ferry de*
" *Clugny* ſoit promeus à l'Eveſché d'Oſtun, ou de Mâ-
" con, & celui de ces deux qui premier vacquera, & de
" en ce le favoriſer, & avoir pour recommandé devant
" tous ſans préjudice toutes voies d'autres s'aucuns y a à
" cui mondit Seigneur ait accordé le ſemblable par avant ce
" preſent Očtroy. Et de ce me commanda mondit Seigneur,
" faire & bailler audit Meſſire *Ferry* Cédule ſignée de
" mon ſeing manuel, & auſſi faire & expédier telles Let-
" tres que l'on verra être expédient, & qui ſeront perti-
" nens en la matiere meſdits Seigneurs de Cleves & d'Eſ-
" tampes, Monſr. de Croy, Comte de Pornan, Monſr. de
" Launoy, & Monſr. le Juge de Beſançon preſens. *Signé*,
" MERLET.

Ces Lettres de recommandation des Duc de Cleves, & Comte
d'Eſtampes, Neveux de Philipe le Bon, prouvent pluſieurs choſes, à l'avantage de Ferry, & à l'honneur de ceux qui ſont de
ſa Maiſon.

1°· Il eſt qualifié *Noble Homme*. Avant-nom illuſtre & diſtingué

gué dans ce tems-là, puifque le Duc Philipe n'étoit lui-même pas qualifié autrement, *Nobilem virum Philipum*. (*e*)

2°. Il eſt dit qu'il avoit fait pluſieurs *voyages loingtains en diverſes Ambaſſades* pour le ſervice de ſon Prince.

3°. Ces Lettres prouvent combien *Ferry* étoit chéri des Princes de la Cour de Philipe le Bon, puiſqu'ils le demandent pour lui qu'il ſoit promû au premier Evêché qui vaquera, & cela pour le recompenſer *des bons & agréables ſervices* qu'il avoit déja rendu à ſon Prince & à l'Etat. Il réſulte de là, que quand le Deffendeur a publié dans ſes écritures, que la Nobleſſe de la Maiſon de Clugny avoit été une Nobleſſe oiſive & inutile à l'Etat, il s'eſt étrangement trompé.

e V. la note que l'on a faite ſur le n. 4. où *Guillaume* le Baillif triſayeul dudit *Ferry*, eſt qualifié d'une pareille dénomination : *Noble Homme & Sage*, &c p. 43.

Extrait des Bulles du Pape pour l'Abbaye de Flavigny donnée à Ferry de Clugny.   N° XX.

Paulus Epiſcopus Servus Servorum Dei dilectis filiis, univerſis Vaſſalis, Monaſterii Sancti Petri de Flavigneyo, Ordinis Sancti Benedicti ſalutem & Apoſtolicam Benedictionem : hodiè motu proprio Monaſterium S. Petri de Flavigneyo tunc Abbatis regimine deſtitutum dilecto filio Magiſtro *Ferrico de Clugniaco*, perpetuo Adminiſtratori dicti Monaſterii notario noſtro per ipſum quoad viveret tenendum, regendum, & etiam gubernandum autoritate apoſtolicâ comendavimus, ipſumque illius adminiſtratorem deputavimus curam, regimen, & adminiſtrationem dicti Monaſterii ſibi in Spiritualibus & Temporalibus plenarie committendo, &c. Dat. Romæ anno 1470. Pont. noſtri an. 6.

Au 6ᵉ Sac, Tirée de la production de Vallevron & reſtituée par Ar. du Parlement.

FERRY cinq. grand Oncle.

1470.

Ce fut Charles VII. ſurnommé le Guerrier, dernier Duc de Bourg. qui nomma *Ferry de Clugny* à l'Abaïe de Flavigny. Ce Prince qui connoiſſoit la vertu & l'excellence des talens dudit *Ferry*, le nomma enſuite à l'Evéché de Tournay, il le fit le Chef de ſon Conſeil, il l'inſtitua le premier Officier de l'Ordre de la Toiſon d'or, &c. comme nous l'aprennent les piéces ſuivantes.

Copies des Lettres Patentes du Duc Charles, contenant *l'Inſtitution de la dignité de Chancelier de l'Ordre de la Toiſon d'or* données à Ferry de Clugny.   N° XXI.

Charles par la grace de Dieu Duc de Bourgogne, de Lothaire, de Brabant, de Lembourg, de Luxembourg, Comte de Flandre, d'Artois & de Bourgogne, Palatin de Hainneau, de Hollande, de Zelande, & de Namur; Marquis du St. Empire, Seigneur de Friſe, de Salins & de

Cotte Z au 4ᵉ. Sac.

C c

f L'Ordre de la Toifon d'or fut inftitué par Philipe le Bon en 1429; il étoit au commencement compofé de 24 Chevaliers Nobles de Nom & d'Armes, dont le premier fut *Jacques de Viennes.* Cette Toifon raporte l'hiftoire de la conquête faite par Jafon Prince Grec en Colchos, où la Toifon du Mouton de Phrixus & Helle fa fœur étoit gardée & deftinée au plus valeureux Chevalier.

Les Poëtes par cette Fable ont voulu repréfenter les peines & difficultés qu'il y a dans l'acquifition de la vertu, & cette Fable a fervi de fujet, (à ce que difent quelques Hiftoriens) à Philipe d'inftituer cet Ordre, afin d'animer & exciter les plus confidens à être auffi courageux & fidels que ces anciens Argonautes qui fuivirent le Prince Jafon en la conquête de cette Toifon.

g Le mot de *Baftard* n'avoit rien de des-honorant, puifque Antoine de Bourgogne eft qualifié tel pour lui faire honneur. Ainfi le Deffendeur n'a pas dû fe fâcher, quand on a avancé, comme il eft vrai, que fon feptiéme ayeul étoit un *Baftard* de la Maifon de Clugny. C'étoit un

„ Malines, Chief Souverain de nôtre Ordre de la Toifon
„ d'or. (*f*) A tous ceux qui ces prefentes Lettres verront
„ & ouiront. Salut : comme nouvellement foions adcerte-
„ nés du trépas de Révérend Pere en Dieu Meffire Guil-
„ laume d'Arremier Evéque de Tournay, qui en fon vi-
„ vant étoit Chancelier de nôtredit Ordre de la Toifon d'or,
„ par le décés duquel à prefent vacque l'état & l'Office
„ de Chancelier d'icelui nôtre Ordre, auquel foit befoin
„ de pourvoir par voie d'élection de perfonne *qualifiée &*
„ *idoine felon certaines Ordonnances & inftruction d'icelui*
„ *Ordre* à ce fervans ; fçavoir faifons que pour les grands
„ fens, vertus, fcience & prudence que dés long-tems par
„ vray expérience avons aperçû & cognu abonder & eftre
„ en la perfonne de nôtre amé & feal *Chef de nôtre Con-*
„ *feil* en l'abfence de nôtre Chancelier Meffire *Ferry de*
„ *Clugny* Docteur en Droit Canon & Civil, Prevôt de l'E-
„ glife Collégialle St. Berthelemy de Bethume, & Archidia-
„ cre d'Ardennes en l'Eglife de Liege, Protonotaire du St.
„ Siége Apoftolique, & mefmement pour confidérations &
„ regart des bons, notables & loyaux fervices qu'il a fait
„ pardevant *longuement, continuellement, à grand foin*
„ *& diligence à Nous, & à nôtre Maifon, fait chacun*
„ *jour,* & efpérons que ci-après encor faire devra. Nous
„ icelui Meffire *Ferry de Clugny,* confians à plein de fa
„ fouffifance, feauté, prud'homie, & bonne diligence avons
„ aujourd'hui, avec nos amés & feaux Meffires Antoine
„ *Baftard* (*g*) de Bourgogne, Comte de la Roiche, nô-
„ tre premier Chambellan, Loys de Chalon, Seigneur de
„ Chateauguion, Phelipe de Croy, Comte de Chimay, Guy
„ de Bremieu, Seigneur de Humbercour, Comte de Meg-
„ hen, Jean de Luxembourg, Comte de Marle, & Ungel-
„ bert de Naffouls, Comte de Vyande nos coufins & Cham-
„ bellans, tous Chevaliers, freres & compagnons dudit Or-
„ dre convoqués affemblés devers Nous, élus par commun
„ accord & affentement audit état & Office de Chancelier
„ de nôtredit Ordre, pour & au lieu dudit feu d'Arremier
„ Evêque de Tournay, n'a guerres trépaffé, comme dit eft,
„ en enfuivant ladite élection nous avons fait, crée, & or-
„ donné & comis, faifons créons, ordonnons, & comet-
„ tons par ces prefentes ledit Meffire *Ferry Chancelier*
„ *d'icelui nôtre Ordre de la Toifon d'or.* Et lui avons don-
„ né, & donnons par ces prefentes, authorité & mande-

ment efpécial de bien deument , & loïamment faire & exercer dorefnavant , tant & fi longuement qu'il nous y fer-
vira , & ledit Ordre, dont ledit Meffire *Ferry* à cedit
jour en la prefence des fix Chevaliers freres dudit Ordre
cy deffus nommés fait le ferment à ce requis en nos mains,
& illec lui avons baillé & délivré le Sceel d'icelui nôtre
Ordre , pour le garder & ufer felon les Ordonnances &
les Inftructions dudit Ordre dont deffus eft faicte men-
cion. Si requerons nos trés-chers freres & compaignons
les Chevaliers dudit Ordre , mandons & commandons
aux Officiers d'icelui Ordre , & en outre à tous autres
nos Officiers & fubjes quelconques prefens & à venir, ou
ce regardera , que dudit état & Office de Chancellier de
nôtre avantdit Ordre de la Toifon d'or , enfemble des honneurs, droits, prérogatives, franchifes & libertés , gaiges,
robes , ou penfions , & autres proufis & émolumens y accoutumés , & apartenans des fufdits ils , & chacun d'eulx
en droit foy , comme ains apartient , facent , feuffrent, &
laiffent de ce jour en avant ledit Meffire *Ferry* joyr &
ufer plainement , & paifiblement durant le tems deffus
déclaré , fans lui y faire ou donner , ou fouffrir être faict,
ou donner quelque detourbe , ou empefchement ; au contraire nous mandons en oultre aux gens ou Commis ordonnés fur le faict de nos Domaines , & Finances , prefens & à venir, que par le Thréforier de nôtredit Ordre,
ou mefmement par nôtre Argentier ou Comis à la conduite de nôtre dépenffe extraordinaire prefens & à venir ,
ou par celui d'eulx qui ce regardera , ils facent paier ,
bailler , & deflivrer dorefnavant & des deniers de fa Recepte, audit Meffire *Ferry* lefdits gaiges, robes, ou penfions audit état , & Office du Chancelier de nôtredit Ordre , apartenans & accoutumés , comme dit eft, dans un
an , à commencer ledit paiement , du jour de la datte de
ceftes , & en la maniere acéoutumée ; & par raportant
cefdites prefentes , Vidimus d'icelles fait fous fecel authentique , ou copie collationnée , & figurée par lung de
nos Secretaires , ou en l'une des Chambres de nos Comptes , pour une , & la premiere fois , & quittance fouffi-
fante dudit Meffire *Ferry* pour tant de fois que meftier
fera , tant feulement. Nous voulons tout ce que ainfi paié,
baillé & deflivré lui aura été defdits gaiges , robes ou penfions , être alloué & comté , & rabatu de la Recepte du-

honneur dans
ce tems là de fe
dire *Baftard* d'un
Duc de Bourg.
& ce n'étoit
pas une tache
d'être defcendu
d'une perfonne
iffuë d'une No-
bleffe ancienne
& diftinguée ,
comme l'étoit
pour lors celle
de la Maifon de
Clugny.

„ dit Thréforier de nôtredit Ordre, mefmement de nôtredit
„ Argentier, prefent & à venir, ou d'autre commis de par
„ nous, à la conduite de nôtre dépenffe extraordinaire def-
„ fufdit, qui payé l'aura par nos amés & feaulx les gens de
„ nos comptes, à Lille, ou autres qu'il apartiendra, aux-
„ quels nous mandons & commandons, par ces mêmes
„ prefentes qu'ainfi le facent fans contredit, ou difficultè au-
„ cune; car ainfi nous plaift être faiĉt: en tèmoin de ce nous
„ avons fait mettre à cefdites prefentes, le Sceel de nôtredit
„ Ordre. Donné en nôtre Chaftel de Luxembourg, le 15e.
„ jour du mois de Septembre l'an de grace 1473. *Signé fur*
„ *le replis defdites Lettres*, par Monfeigr le Duc Chief Sou-
„ verain, Meffire Antoine *Baftard* de Bourgoigne, Comte
„ de la Roiche, Loys de Chalon, Seigneur de Chateauguion,
„ Phelipes de Croy, Comte de Chimay, Guy de Bremieu,
„ Seigneur de Hunbercourt, Comte de Meghen, Jehan de
„ Luxembourg, Comte de Marle, & Ungelbert de Naffouls,
„ Conte de Vyande; tous Chambellans, Chevailiers, & Com-
„ paignons de l'Ordre de la Toifon d'or, *& plus bas*,
„ Merenber, *avec paraphe.*

15. Sept. 1473.

A ces Lettres eft attaché le Sceau de l'Ordre de la Toifon d'or
en cire rouge, qui contient les Armes de Philipe le Bon, & de
Charles fon fils Ducs de Bourgogne, au tour defquelles eft le Collier dudit Ordre, compofé de double fufils, entrelacés de Pierres & Cailloux éteincelans de flammes de feu, au bas un Mouton, ou Toifon lié par le milieu & fufpendu. Il y a une devife
en Lettres gotiques qui eft au tour defdites Armes; mais on n'a
pû la lire entierement, parce que la cire eft rompuë dans quelques endroits fur les bords.
L'on a donné une copie de ces Lettres au Deffendeur, & on
les a raportées dans un Inventaire de produĉtion, qui lui fut fignifié le 21 de Juin 1720, dans lequel on a inféré, que Charles
Duc de Bourgogne voulant recompenfer les bons fervices qu'il
avoit reçû dudit *Ferry de Clugny*, il l'avoit inftitué Chancelier
de la Toifon d'or. Le mot de *Chancelier* eft bien écrit & fans
équivoque dans l'original de cet Inventaire. L'Avocat qui l'a fait,
& qui écrit ceci, vient encore de le vérifier pour plus grande fû-
reté; il ne fçait pas fi fur la copie que le Clerc du Procureur en
a faite, qui a été fignifiée au Deffendeur, ce mot eft écrit fans
faute, & d'une maniere bien lifible. (*b*) Quoiqu'il en fóit, fur
ce mot de *Chancelier*, bien ou mal copié, il eft affés inutile de
le fçavoir, il n'importe: le Deffendeur a fait, à fon ordinaire,
une étrange quérelle aux Sieurs de la Maifon de Clugny, en difant, que *pour le furprendre ils avoient inféré dans ledit Inventaire de produĉtion, que ledit Ferry avoit eté fait Chevalier de l'Ordre
de la Toifon d'or, au lieu qu'il n'étoit que Chancelier, qui eft un Of-*
fice

b On n'a pû le vé-
rifier fur la copie,
parce que le Deff.
qui apréhende, avec
raifon, qu'on n'é-
xamine de prés fes
Piéces, ne veut
point les commu-
niquer.

fice de l'Ordre, dit-il, (*i*) *pour lequel on ne faifoit point de preu-*
ves de Noblefſe, au lieu que les Chevaliers étoient tenus d'en faire.
Cela prouve, continuë-t-il, *le deſſein des Sieurs de Theniſſey & Con-*
ſorts d'en impoſer au Public & à la Cour, en altérant les qualités,
ſoit dans les originaux des Titres, ſoit dans les copies qu'ils en
donnent. (*k*)

seg

i C'eſt dans ſon Inventaire impr. page 35.

(*k*) La fauſſeté ſort de toute part des écrits du Deffendeur ; on lui ſoutient que les Sieurs Produiſants n'ont rien altéré dans les originaux des Titres qu'ils ont produits, ni dans les copies qu'ils en ont fait donner. V en la preuve à la page 37. Le Deffendeur croit aparemment qu'il eſt néceſſaire à la deffenſe de ſa cauſe d'employer par tout les injuſtes accuſations & la calomnie. Si ces moyens ſont de ſon goût, il ne doit pas attendre que la Cour & le Public les aprouvent.

Réponſe. Tel eſt le langage ordinaire du Deffendeur, & c'eſt ainſi qu'il penſe & qu'il écrit de ſes adverſaires ; ils le plaignent en cela plus qu'ils ne le blâment. N'eſt-on pas bien à plaindre en effet, quand on eſt réduit à débiter des choſes de cette na-ture, où l'on donne de ſi grandes priſes ſur ſoi ?

1°. Il ne tombe pas ſous le ſens commun de penſer, que quand on a fait cet Inventaire, on ait eu le deſſein de traveſtir ce Chancelier en Chevalier : quel éloignement n'y a-t-il pas de l'un à l'autre ? il eſt énoncé dans la cotte de cet Inventaire dont parle le Deffendeur, que *le Duc de Bourgogne élit & inſtitue Meſſire Ferry de Clugny Docteur és Droits Canon & Civil, Prevôt de l'E-gliſe Collégiale de Bethune, Archidiacre d'Ardennes, en l'Egliſe de Liége, Protonotaire du St. Siége Apoſtolique pour être Chan-celier de l'Ordre de la Toiſon d'or.* (C'en ſont les termes mot pour mot.) Comment ſe pouroit-il faire, encore un coup, qu'au lieu de dire, *pour être Chancelier*, on eût eu le deſſein de dire, *pour être Chevalier* ? il faudroit être dénué de tout ſens com-mun pour eſſayer de ſurprendre la Cour & le Public par une altération ſi groſſiére. Quoi donc ! tandis que l'on a eu ſoin de faire entendre par pluſieurs dénominations qui ſe ſuivent, que *Fer-ry de Clugny* étoit homme d'Egliſe, on auroit eu le deſſein de perſuader la Cour & le Public, que ce même *Ferry* fut fait Chevalier ? la Chevalerie d'Epée a-t-elle jamais convenu à un homme d'Egliſe ? le plus ſtupide & le plus ignorant des hommes a-t-il jamais crû qu'un homme d'Egliſe pouvoit être inſtitué Che-valier ? n'eſt-ce donc pas ſe donner un ridicule affreux que de vouloir perſuader la Cour & le Public que les Sieurs Produi-ſants ayent été capables d'une altération pareille, qui choque ſi fort le bon ſens ?

2° On l'a déja dit : l'original dudit inventaire qui eſt ſans ra-ture & ſans correction, fait voir la fauſſeté de cette accuſation. Le mot de Chancelier y eſt écrit tout au long deux fois dans la même cotte : & c'eſt cet original qui doit faire foi.

3°. On a lieu de penſer que la copie qui a été ſignifiée au Def-fendeur eſt fidéle, parce qu'on eſt accoutumé à ne pas faire grand fond ſur ce qu'il dit, & à eſſuyer des accuſations de ſa façon, auſſi fauſſes qu'elles ſont injuſtes.

Venant actuellement à l'obſervation qu'il fait, que *pour la Di-gnité de Chancelier, on ne faiſoit point de preuves de Nobleſſe* ; com-me cela eſt dit en l'air & ſans preuve, on ne doit pas s'y arrê-

D d

ter non plus ; il fuffira de répéter, pour faire voir le faux de cette obfervation, qu'il eft dit dans lefdites Lettres, qu'une telle élection ne fe faifoit qu'en faveur *d'une perfonne qualifiée & idoine, felon les Statuts & Ordonnances d'icelui Ordre*. L'Office

l L'Ordre de la Toifon d'or eft maintenant le grãd Ordre de la Maifon d'Autriche cõmun aux Rois d'Efpagne, à l'Empereur & aux Archiducs. Tous ces Princes defcendus de Marie de Bourgogne fille unique & hérit. de Charles le Hardy.

de Chancelier étoit la premiere dignité de cet Ordre ; eft-il à préfumer d'un autre côté, que pour être revêtu de la premiere Dignité de l'un des Ordres le plus floriffant qui fût jamais, dont les Rois & les Princes fe font encore honneur aujourd'hui, (*l*) il ne falloit point de preuves de Nobleffe ? mais fans entrer dans cet examen, qui intereffe peu la difficulté, il eft affés prouvé par l'état des autheurs de *Ferry de Clugny*, qu'il étoit de la Haute Nobleffe : ainfi la critique du Deffendeur étoit au furplus de toute inutilité. On obfervera feulement contre lui, qu'il a eu grand tort de faire cette remarque, & qu'elle eft peu judicieufe,

m Inventaire imprimé, p. 35.

raprochée du langage qu'il a tenu, en difant que *ledit Cardinal lui apartenoit plus qu'aux Sieurs Produifants*. (*m*) Si cela étoit, ne devoit-il pas foutenir la grandeur de cette Dignité plus que qui que ce foit ? on voit à travers tout cela autant d'indifcrétion que de fauffeté.

Numº. XXII.

Extrait du Brevet de penfion de mille livres donnée par Charles Duc de Bourgogne à Ferry de Clugny *Evéque de Tournay, & Chef du Grand Confeil dudit Duc.*

Cotte Au fixiéme Sac du nombre des Piéces reftituées par Ar. du Parl.

„ Charles par la Grace de Dieu Duc de Bourgogne,
„ de Lothaire, de Brabant, &c. A nos amez & feaulx Con-
„ feillers les Thréforiers Commis fur le fait de nôtre Do-
„ maine, falut & dilection. Comme par autres nos Let-
„ tres patentes nous ayons à Reverend Pere en Dieu nôtre
„ amé & feal *Chief de nôtre Grand Confeil* en l'abfen-
„ ce de nôtre trés chier & feal Chancelier le Seigneur de
„ Saillant & des Poiffes, *l'Evêque de Tournay*, octroyé
„ & ordonné prendre de nous à caufe dudit état de *Chief*
„ *de nôtre Grant Confeil*, par les mains de nôtre amé
„ & feal Confeiller & Argentier Nicolas de Gondeval &
„ des deniers de fa recette, la fomme de mil francs du
„ prix de trante-deux gros monnoie de Flandres ; le franc

„ C'eft Ferry de Clugny. V. la fufcription qui fuit.

„ de penfion par chacun an, & jaçoit que ledit *Evéque*
„ *de Tournay (n)* nous ait prefentement remontré que
„ obftant que nôtredit Argentier eft fouvent occupé pour
„ nos affaires, & autrement en plufieurs & divers lieux,
„ il ne peut recouvrer payement de ladite penfion, fans
„ grand pourfuitte & y faire plufieurs frais…. Pour ce
„ eft-il que nous ce que dit eft confidéré mefmement *en*
„ *faveur des grants, notables & loyaux fervices que ledit*
„ *Evéque de Tournay nous a fait pardevant, fait chacun*

jour, (o) & efpérons que, ci-aprés faire doye, de bien «
en mieux ; vous mandons que par notredit Receveur «
de Flandres audit Quartier de Gant prefent & avenir, «
& des deniers de fadite recette, vous faictes payer doref- «
navant à icelui Evêque de Tournay, ladite fomme à «
penfion de mil francs des prix & monnoie que deffus «
chacun an, &c. Donné en nôtre Ville de Namur le 28 «
jour d'Aout l'an de grace 1475. *Signé* par Monfei- «
gneur le Duc *& plus bas* GROS. «

Au dos eft écrit : comme Monfeigneur *Ferry* de «
Clugny fut Evêque de Tournay, & de la penfion qu'il «
avoit à caufe de fon Etat de Chief de Confeil de Mon- «
feigneur le Duc. «

o L'atteftation des Ducs de Bourgogne fur les fervices qui ont été rendus à l'Etat par la Maifon de Clugny ne détruit-elle pas fans ré- plique les allé- gués contraires du Deffendeur ?

28 Aout 1475.

Ferry de **Clugny** fut le 5e. grand oncle paternel aux Srs. de la Maifon de Clugny, puifque l'on a obfervé par le partage de 1454. *(p)* qu'il étoit le frere de *Hugues* leur cinquiéme ayeul.

L'on a vû par les fix Titres précédens qui le concernent, qu'il fut *Docteur en Droit Canon & Civil, Maître des Requêtes de l'Hôtel du Duc de Bourgogne, Prevôt de l'Eglife Collégiale S. Barthelemy de Bethune, Archidiacre d'Ardennes en l'Eglife de Liege, Proto- notaire du S. Siége Apoftolique, Ambaffadeur en diverfes négocia- tions, Chancelier de l'Ordre de la Toyfon d'Or, Chef du Grand Confeil dudit Duc, Abbé de Flavigny, Evêque de Tournay.*

Les Auteurs *(q)* nous aprennent que *Ferry de Clugny* fit bâ- tir le Collége de Tournay dans la Ville de Padoüe, qu'il fut Ambaffadeur auprés du Pape Paul II. & des Rois de France & d'Angleterre ; qu'il baptifa Marguerite d'Autriche fille de Ma- rie de Bourgogne & de Maximilien Archiduc d'Autriche ; qu'il affifta à l'Affemblée des Etats de Bourgogne, fous Philipe le Bon, pour la Réformation & le Réglement de la Coûtume de ce Duché ; qu'il fut nommé Cardinal par le Pape Paul II. mais que ce Pape étant mort avant que d'avoir tenu Confiftoire, cette promotion fut réputée nulle. Maximilien étant devenu depuis Empereur, lui Procura le Chapeau de Cardinal que Sixte IV. lui donna, fous le Titre de S. Vital.

Frifon, dans fon livre intitulé *Gallia purpurata*, *(r)* a fait graver les Armes que portoit le Cardinal de Clugny, où l'on voit qu'il portoit écartelé au 1r. & 4. d'azur à deux clefs adoffées d'or, au 2 & 3 de gueules à trois Fleurs-de-Lys 2 & 1 d'or, qui font les Armes d'une alliance illuftre de fes ayeuls. L'on voit les mêmes Armes dans l'Eglife de S. Jean l'Evangé- life d'Autun, dans une Chapelle fondée par *Guillaume de Clu- gny* Seigneur de Meneferre feptiéme ayeul des Sieurs Produifans, *(f)* lefdites Armes étant en relief à la voute de ladite Chapelle de l'autre côté de l'Evangile.

Paillot s'eft trompé, lorfqu'il a dit en parlant du *Cardinal de Clugny*, qu'il avoit été fait Cardinal fous le Titre de Vefti-

p num. 11.

q Frifon *Gal- lia purpurata.* l. 4, page 527. Sainte Marthe *Gal. Xiliana.* T. 3, page 1073.

Chaffeneuz Comment. de la Coutume de Bourgogne, p. 25.

r p. 527.

f V. la note fur le num. 9. page 79.

t Parlem. p. 16. ne, (t) puifque c'eft de S. Vital ; comme encore lorfqu'il a dit, qu'il portoit de Clugny écartelé d'argent, à trois Fleurs-deLys de fable, puifqu'il portoit écartelé de gueules à trois Fleurs-de-Lys d'or.

L'on voit par les Titres précédens, qui font mention du *Cardinal de Clugny*, qu'il étoit chéri de fon Prince & des Grands, & qu'il avoit rendu de *grands & notables fervices* à l'Etat dans les différentes Négociations & Ambaffades où il avoit été employé : l'honneur que s'étoit acquis ce grand homme pendant fon vivant, ne doit-il pas rejaillir aprés fa mort fur fes arrieres-petits neveux qui le reprefentent?

Aprés ces obfervations ne fera-t'on pas furpris, que Monfieur le Confeiller de Clugny ait ofé dire de lui-même dans fes écrits, que fes Adverfaires *n'ont rien qui puiffe les mettre en convenance avec lui & Meffieurs fes fils* : (u) parler ainfi de foi, c'eft tomber dans un excés d'orgüeil ; mais cet excés n'eft-il pas bien digne de commiferation ? Que l'on ne foit pas furpris aprés cela fi les Sieurs de la Maifon de Clugny s'étendent ici fur les diftinctions qui ont accompagnés leurs Autheurs. Encore un coup ce n'eft point pour en faire parade, il renoncent à ce vain titre de gloire. Mais ils y font forcés par leur Adverfaire, parce qu'il a réduit-là l'état du procés.

u Dans fon fecond Inventaire de production fignifié le 2 Juillet 1721. p. 29 de la copie.

Le Cardinal de Clugny aprés avoir dotté une Chapelle en l'Eglife Cathédrale d'Autun, mourut fubitement à Rome où il fut inhumé en l'Eglife Sainte Marie *del populo* le 7 Octobre 1483. Un Grand Prelat de la Cour de Rome (l'Evêque d'Alexandrie) qui étoit fon intime ami, aprés avoir fait fon Oraifon Funèbre, nous a laiffé fon Epitaphe qui eft trop belle pour ne pas trouver place ici.

x Frifon Gall. purp. L. 4, pag. 527.

" Hic jacet (x) *Dominus Ferricus de Clugniaco*, natione Burgundus , Juris utriufque Doctor Tituli Sancti Vitalis, Præsbiter Cardinalis, Epifcopus Tornacenfis qui obiit die Martis feptimo Octobris an. Sal. 1483. Orate Deum pro falute animæ ejus.

Epitaphe du Cardinal de Clugny.

" Mores ejus fuere egregii, prudentiâ, fapientiâ, Religio fingularis, morte repentinâ raptus eft ; interfuerat enim cum Cardinalibus rei divinæ, læto & animo & vultu ad ædes fofpes remeaverat, in prandio cum familiâ egregiè inftitutâ divinarum litterarum difputatione animum exhilaraverat, paulo poft meridiem occubuit. Deplorat cafum Joannes Antonius Epifcopus Alexandrinus caufarum Sacri Palatii auditor oratione funebri quam Romæ an. 1483 frequenti Senatu habuit. Deplorat in quam illius ævi calamitatem ob plures pietate & doctrinâ infignes viros functos, & inter eos *Ferricum*. Orationis hæc claufula. *Hic rarò aut uunquam dignioris viri funus celebravimus.*

La Dignité

La Dignité de Cardinal a été de tout tems ce qu'il y a eu de plus élevé, & de plus distingué dans le premier des trois états. Après le Souverain Pontife, c'est la seconde Dignité de l'Eglise. Les Cardinaux portent la même distinction que les Souverains, ils sont revêtu de pourpre comme eux : *Cardinales æquiparantur Regibus*, disent nos Autheurs. *Ferry de Clugny* qui étoit *Cardinal, Evêque*, étoit donc revêtu d'une Dignité illustre & éminente. On n'en peut douter. Cette illustration a acquis à la maison de Clugny un honneur qui doit durer autant qu'elle, & même plus, car elle ne finira jamais dans l'Histoire. Cependant le Deffendeur ennemi declaré de cette maison, crie la contre, & a dit, dans sa Requête du 20. Decembre 1720. *p.* 38. de la copie que *si l'on réduit les Sieurs Produisans à ce qui peut leur apartenir, leur Noblesse paroîtra trés-commune, & surtout destituée de toute illustration.* L'on ne pense pas que pour repousser cette calomnie, il soit necessaire d'employer le raisonnement, la vehemence, & l'énergie des termes ; l'on se persuade au contraire qu'il ne sera point de Lecteur qui ne se souleve, & qui ne se sente choqué de la fausseté de ces expressions. Cette Fausseté est manifeste, non seulement par rapport au *Cardinal de Clugny*, mais encore par rapport à beaucoup d'autres de sa maison, comme on le voit à chaque titre de cette production.

Le Cardinal de Clugny fit construire une Chapelle dans l'Eglise Cathedrale d'Autun, que l'on appelle communement, *la Chapelle dorée*, par raport à sa magnificence, & à la dorure qui y est. On a dressé un procés verbal, Partie presente, de l'état de cette Chapelle, pardevant le Sieur Lieutenant General au Balliage d'Autun, le premier Août 1722. il est à propos de raporter ici l'essentiel de ce qu'il contient.

Il énonce que au-dessus de la porte de l'entrée de ladite Chapelle sont les armes de Clugny en trois endroits, sçavoir au milieu, & aux deux côtés en relief avec ses émaux (*y*) comme aussi dans ladite Chapelle aux deux coins du Retable, aux quatre coins des naissances de la voute, & sur les vitres.

y Procés verb. page 26.

A la clef de la voute, est un écu écartelé au 1er. & 4e. d'azur, semé de *Fleurs de Lys d'or*, & une tour d'argent jettant des flammes, & au 2e. & 3e. de Clugny. Cette écartelure dénote une alliance qu'on ne connoît pas, parce qu'elle est trop ancienne. (*z*) Mais qui ne peut être que trés-distinguée, attendu qu'il n'est pas permis aux Gentils-hommes de remplir leurs écus de Fleurs-de-Lys. C'est un honneur qui ne peut être accordé que par la concession des Rois, ou pour quelque autre motif particulier qui ne peut être que trés-glorieux. (*a*)

z Ibid. page 27.

a Grand arm. page 429.

Au pied de l'Autel de ladite Chapelle, est le Tombeau Sépulchrale de la Maison de Clugny, dont est ci-joint la copie figurée & reconnuë par le Deffendeur, excepté le blason dans les Armes, que le Graveur a mis de son pur mouvement, qui n'est point dans l'Original. (*b*)

b Procés verbal, *ut suprà*, p. 29.

E c

Sur ces mots : *nobilis & generosa domus* mis sur un Tombeau construit, depuis plus de deux cens quarante ans, l'on doit observer que ces avant noms glorieux prouvent que la Noblesse de la maison de Clugny étoit déja ancienne & distinguée de ce tems. Le Deffendeur est convenu, dans ses écrits, que le mot de *Maison* ne convenoit qu'aux Maisons Souveraines & à la haute Noblesse. Suivant son propre langage, & les avant noms que l'on vient de voir, les Sieurs Produisans sont donc de la haute Noblesse. L'on ne prétend pas au reste faire dépendre le merite de cette consequence de l'aveu seule du Deffendeur. Ce seroit une preuve que l'on negligeroit en toute autre rencontre, s'il ne s'agissoit de l'oposer à lui-même.

La forme de ce Tombeau Sepulchrale dénote encore quelque chose de grand ; la figure qui est au milieu qui tient en main les armoires de la Maison, les Lyons qui sont sous ses pieds, les six pleureuses qui sont aux côtés, les *Fleurs de Lys* qui accompagnent les ornemens, &c. Tout cela dénote la grandeur d'une Maison.

Les armes de la Maison, qui sont au-dessus dudit Tombeau, du côté gauche miparties de *trois Fleurs de Lys*, qui sont les mêmes que celles que l'on voit dans la Chapelle de l'Eglise de Saint Jean dudit Autun, fondée par *Guillaume second*, ayeul dud. Cardinal de Clugny, marquent une alliance de cette Maison trés-illustre & distinguée, & dont l'éloignement des tems nous a derobé la connoissance.

Les armes qui sont au-dessous du même côté écartelées au 1er & 4e de trois bandes que l'on a dites être de la Maison de Semur, à la page 33. de ce cayer, & qui sont de la Bisaieule dudit Cardinal de Clugny, servent encore à fortifier les preuves sur le premier degré de descendance qu'on a établi par Titres.

Ces remarques suffiront sur l'article du Cardinal de Clugny.

Les deux Titres qui suivent, concernent *Guillaume* frere dud. Cardinal & troisième fils d'*Henry de Clugny*, sixième ayeul des Produisans, dont on a parlé plus haut. Ils serviront à faire voir que sa naissance, & son mérite personnel l'avoient élevés, aussi bien que ses autres freres, aux premieres Dignités de l'Eglise & de la robe.

N°. XXIII.

C. S. S. S. au 5e. Sac. Restituée par Ar. du Parl.

GUILLAUME Cinquiéme grand Oncle paternel.

Extrait des Lettres de Pension à prendre sur les Revenus de l'Evéché de Teroüenne donnée par Guillaume de Clugny *Administrateur perpetuel dud. Evéché, à* Guillaume de Clugny *Seigneur de Monthelon son Neveu.*

Guillaume de Clugny protonotaire du Saint Siege „ Apostolique, Administrateur perpetuel de l'Eglise & „ Evéché de Teroüenne ; sçavoir fait à tous presens & „ avenir que pour l'amour singuliere que j'ay à Me. „ *Guillaume de Clugny* Seigneur de Monthelon mon

Hoc est sepulchrum

de chugunico

nobilis Hr

Henrote domini

Ra bas est Ecrit Par Nous Paraphé suivant et aux Termes de notre procès Verbal
de ce jour dernier Juillet 1722 Signé Pillot.

Neveux, & pour confideration des bons & agreables "
fervices qu'il m'a faict, & fait chacun jour & fera s'il "
plaît à Dieu comme l'efpere, luy ay ordonné, & or- "
donne par ces prefentes d'avoir & prendre de moy cha- "
cun an & par les mains de mon Receveur du Tem- "
porel de ladite Evêché de Teroüenne prefent & avenir "
par maniere de penfion la fomme de 200. livres, de "
quarante gros monnoie de Flandre la livre pour d'i- "
celle être paié par mond. Receveur prefent & avenir chacun "
an, &c. Si donne en mandement à mondit Receveur, "
&c. En Temoin de ce ay figné ces prefentes de mon "
feing manuel & icelles fait fceller de mon fceau ce "
feptiéme jour de Septembre 1476. *Signé*, G. DE "   7. Septembre
CLUGNY.   " 1476.

     Sainte Marthe (*d*) qui rend témoignage des armes gravées   *d Gallia Xtiana*
fur le fceau de *Guillaume de Clugny* dit : qu'il portoit d'azur   page 901.
à deux clef d'or, les anneaux quarrés, pommetés aux angles,
adoffées, mifes en pal, qui font les Armes de fes Ancêtres. Le
titre & la note qui fuivent, parlent plus au long dudit *Guillaume.*

Extrait des Lettres de Paffeport données à Guillaume   **No.**
  de Clugny Chef du Confeil du Roi, tant pour lui
  que pour Guillaume de Clugny *Seigneur de Mon-* **XXIV.**
  thelon fon Neveu.

                                       C. A. A.
    Loys par la Grace de Dieu, Roy de France, &c. " au 4e. Sac.
A tous nos Lieutenans, &c. Salut & dilection.; fça- " Reftitué par
voir vous faifons qu'oüis la Requête de nôtre Amé & " Ar. du Parl.
feal Confeiller, Maiftre *Guillaume de Clugny* (*e*) "   *e Idem* cinq.
Protonotaire du Saint Siege Apoftolique & Chief de no- " grand Oncle.
tre Confeil, en l'abfence de notre amé & feal Chancellier, difant que notre bien amé Maiftre *Guillaume*
de Clugny Seigneur de Monthelon fon Neveux à plu- "
fieurs meubles & biens à Malifnes, & autres lieux du "
païs de Flandres, lefquels il retireroit volontiers, & "
feroit amener par deçà en notre Royaume; mais obf- "
tant les guerres, & divifions que à prefent ont cours "
en ces marches de Picardie, à l'occafion des rebellions "
faites contre nous par les Flamands, il n'oferoit en- "
voyer efdits païs, &c. Nous en faveur de la bonne "
loyauté que lefdits *de Clugny* ont eu & gardé envers "

„ nous confians à plein d'icelles, & de leur bonne prud'ho-
„ mie, *& pour confiderations de plufieurs bons & agreables*
„ *fervices qu'ils nous ont par cy-devant faicts chacun jour.*
„ Et avons efperance que encore facent le tems avenir;
„ avons par ces caufes, octroié de grace efpecial, par ces
„ prefentes congé & licence de envoyer telles perfonnes,
„ une ou plufieurs, que bon lui femblera, jufques aufd.
„ marches de Flandre & de Malynes, & dillec retirer &
„ conduire par Voituriers, & gens tels qu'il jugera luy être
„ convenables tous & chacuns fes meubles & biens,
„ quels qu'ils foient, jufques à fon Hôtel par deçà & païs
„ de notre obéïffance, fans pour ce paier aucun port,
„ peage, &c. Si vous mandons, &c. Donné à Arras le
1478. „ 20. Juing l'an de Grace 1478. & de notre Regne le
„ 17. *Signé*, par le Roy, le Comte de Marle, le Gou-
„ verneur du Dauphiné, & autres prefens. *Et plus bas*,
„ DYOME *avec paraphe.*

Guillaume de Clugny dont il eft parlé aux deux Titres précédents, étoit, comme on l'a vû, le troifiéme fils *d'Henry* fixiéme
yeul des Sieurs de la Maifon de Clugny, & par conféquent il
eft comme *Jean & Ferry* fes autres freres, dont on vient de
parler plus haut, leur cinquiéme grand Oncle paternel.

L'on voit par lefdits Titres que *Guillaume fut licencié és Loix,
Archidiacre d'Avalon, Protonotaire du Saint Siège Apoftolique, Ad-
miniftrateur perpétuel de l'Evêché de Theroüenne, Confeiller du
Roi, & enfuite Chef de fon Confeil*, en l'abfence de fon Chancelier.

Les Auteurs (*f*) nous aprennent encore que ledit *Guillaume* fut
fucceffivement Chanoine & Official d'Autun, & Maître des Requêtes de l'Hôtel de Charles Duc de Bourgogne, Doyen de l'Eglife
de Bethune; que du tems de la Guerre que les Ducs de Berry,
de Bretagne, & le Comte de Charollois, devenu depuis Duc de
Bourgogne, avoient contre Louis XI. Roi de France, il fut envoyé *Ambaffadeur* par ces Princes ligués à Edouard Roi d'Angleterre, pour lui demander du fecours; que pendant cette Am-
baffade il fit le mariage de Marguerite fœur d'Edoüard, avec
ledit Charles Duc de Bourgogne; qu'après la mort dudit Charles, Loüis XI. amateur & protecteur des gens de Lettres, at-
tira à lui ledit *Guillaume* qui étoit un homme d'un génie fupé-
rieur, & qu'il le fit Chanoine de Tours, puis Connétable ou
Abé de Bourgueil, & enfuite Evêque de Poitiers, qu'il *gou-
verna le Roi* pendant quelque tems, qu'il lui donna la garde
de fon petit Sceau, & qu'il l'employa dans diverfes Ambaffades
& Négociations trés-importantes; il mourut à Tours en 1480,
& fut inhumé dans la Chapelle fondée par fes Prédéceffeurs, dans
l'Eglife de Saint Jean l'Evangélifte d'Autun, où repofent fes cendres & celles de plufieurs de fes ancêtres. (*g*)

Sainte Marthe
Gallia Xtiana. page
901.
Phillippe de Co-
mine dans fes Cô-
m. L. 5. chap. 17.
Saulnier Autun
Chrétien page 90.
Du Bouchet an-
nales d'Aquitaine,
page. 4.
Parlement de Pal-
liot page 16.

g Procés verbal
du 30 Juillet 1722.

On

On ignore à quel fin Mr. le Conf. de Cluny a mis dans sa production deux Commiſſions de 1448 & 1449 (*h*) émanées dudit *Guillaume de Clugny*, au tems qu'il étoit Archidiacre d'Avalon, Maitre des Requeſtes, & Lieutenant du Gouverneur de la Chancellerie du Duché, (*i*) & comment ces deux commiſſions ſe ſont elles trouvées dans ſes papiers domeſtiques; ſeroit-ce lui-même, ou ſes Autheurs qui les ont trouvés quelque part, & qui pour conſerver la memoire de ce grand homme les ont gardées précieuſement? Si cela eſt, on loüe leur zéle, ils ne pouvoient mieux faire que de garder, par forme de Reliques, ce qui provient de cet Eccleſiaſtique, à qui ils doivent le jour. Cela fait connoître, du moins, que s'ils ne ſont pas Héritiers des biens de leur pere, ils le ſont de quelques uns de ſes Titres.

Ce *Guillaume de Clugny* étoit un grand homme, & un bon Eccleſiaſtique, comme nous l'atteſtent les Autheurs (*k*) qui ont parlé de lui. On auroit ſouhaité pour la ſatisfaction de Monſieur le Conſeiller de Cluny pouvoir s'empécher de mettre au jour une petite échapée qui lui arriva au tems qu'il étoit Archidiacre d'Avalon; mais la neceſſité du procés s'opoſe à l'inclination qu'on auroit d'être diſcret ſur cet article. Il eſt de notorieté publique, & de tradition (*l*) commune à Avalon, qui s'eſt conſervée de pere en fils juſqu'à nous, que cet Eccleſiaſtique eu, dans le feu de ſa jeuneſſe, un fils nommé *Jean* qui eſt le 7e ayeul de Monſieur le Conſeiller de Cluny. Ce fut un mal à la verité, & un contretems que cette poſterité; mais de ce mal il en eſt arrivé un bien, puiſque, ſelon le langage de Monſieur le Conſeiller de Cluny, il eſt venu de ce fils une longue ſuite de Magiſtrats, utiles au Roi, à l'Etat, & au Public. Cela répare en quelque façon la faute de cet Eccléſiaſtique. L'on fera voir la certitude de cette deſcendance, quand on ſera aux Ayeux de Monſieur le Conſeiller de Cluny.

On doit obſerver ſeulement, quant à preſent, que quand l'on marche dans les routes incertaines de la ſupoſition, & de l'erreur, il eſt bien difficile de ne pas trébucher ſouvent. Le Défendeur en parlant de *Ferry* & de *Guillaume*, a bien de la peine de ſe concilier, pour déclarer, ſi ces deux Prélats ſont de la Maiſon des Sieurs Produiſans, ou de ſa famille; tantôt il convient que *Guillaume*, l'Evêque de Poitiers, eſt leur parent, ſans oſer dire qu'il eſt le ſien. *On avoüe*, dit-il, (*m*) en parlant de ce Prélat, qui étoit pour lors Archidiacre d'Avalon, *qu'un parent des Demandeurs eut le diſtrict d'Avalon*. L'aveu eſt clair. Tantôt il déclare que ces deux Prélats ne leur apartiennent pas plus qu'à lui, en ces termes: (*n*) *ces deux Prélats ne leur apartiennent pas plus qu'à Monſieur de Cluny*, dit-il. Cette déclara-

b C. 8. du Déf. v. ſon Inv. imp. 23

_____

(*i*) C'étoit un poſte qui étoit infiniment plus diſtingué qu'il n'eſt à preſent, puiſque les Maîtres des Requêtes des Ducs de Bourgogne le poſſedoient. Palliot dans ſon Parlement de Bourgogne donne des exemples de pluſieurs perſonnes diſtinguées, qui étoient Lieutenans du Gouverneur de la Chancellerie.

(*k*) Du Bouchet an. d'Aq. part. 4. page 289.

(*l*) En matiere de Genéalogie la tradition eſt de poid ſuivant les principes du Défendeur. V. ſa Rep. imp. page 6.

(*m*) C'eſt dans ſa Requête imp. avec des notes page 18.

(*n*) Dans ſon inventaire imp. page 25.

tion comme l'on voit, fait de ces deux Prélats des parens communs ; ce qui eſt différent. Enfin à meſure qu'il écrit , il change de langage, & ſuivant ſon compte, ces deux Prélats n'apartiennent plus qu'à lui-ſeul. C'eſt fauſſement, dit-il, (o) qu'ils ſe diſent deſcendus de cette branche. Et dans un autre endroit , il dit : (p) le Cardinal de Clugny l'Evêque de Poitiers, ſon frere , & toute leur famille ne leur apartiennent point , parce que dit-il, ils ont déclaré dans toute la procédure qu'ils ne vouloient reconnoître pour parens que des Chevaliers. (Langage qu'en tout ſens il impute fauſſement à ſes Adverſaires , & auquel ils n'ont jamais penſé.) Vit-on jamais tant d'incertitude & de contradiction ſur le même fait ? Dire, ces Prélats vous apartiennent, enſuite , ils ne vous apartiennent pas plus qu'à moi , puis, ils ne vous apartiennent point du tout ; ne ſont-ce pas autant de choſes différentes qui portent viſiblement le caractere du menſonge ? Tous les écrits du Deffendeur ſont à peu prés de ce ſtile. Quelle admirable ſolidité !

Mais ſur quel acte le Deffendeur s'apuie-t'il, pour prouver que ces deux Prélats, & leur branche lui apartiennent à l'excluſion de tout autre ? La preuve eſt curieuſe, il ſeroit dommage de la dérober au Public ; c'eſt que, dit-il, (q) la conformité des profeſſions, & des qualités de leur pere , frere & Neveu eſt en ma faveur ; ils ſe qualifioient Maître Henry, Maître Jean, Maître Guillaume, &c. & mes Prédeceſſeurs ſe qualifioient Maître Pierre , Maître Georges , Maître Jacques , &c.

Rep. Il eſt vrai que Henry, Jean & Guillaume de Clugny, ſont qualifiés Maîtres dans les actes qui les concernent ; mais ils joignoient à cet avant nom qui étoit commun à tous les Legiſtes , celui de Noble Seigneur , Noble Homme , Seigneur , &c. Henry étoit comme on l'a vû Conſeiller du Duc de Bourgogne, & Seigneur de nombre de Terres, Jean étoit Conſeiller , Maître des Requêtes , Ambaſſadeur , &c. Guillaume Neveu de l'Evêque de Poitiers étoit Conſeiller au Parlement de Malynes. Voilà le poſte qu'occupoit ceux dont parle le Deffendeur & qui étoient qualifiés Maîtres. Le poſte qu'occupoit ſes Ancêtres qui vinrent longtems aprés, n'a rien d'aprochant, Pierre ſon Biſayeul étoit Lieutenant Criminel à Avallon, George ſon Ayeul étoit Lieutenant Civil , Jacques, ſon Pere , Lieutenant Civil à Avallon. Tels ſont les plus grands Magiſtrats de la Race du Deffendeur dont il a ſi fort vanté les ſervices au Roi, à l'état, & au Public. Mais de ce que les uns & les autres ſe ſont qualifiés Maîtres en différent tems, en tirer la conſequence ; donc ils étoient tous de la même famille. N'eſt-ce pas une conſequence des plus abſurdes & des plus ridicules ? La preuve de cette conſequence tirée de la conformité des profeſſions & des qualités que le Deffendeur dit fauſſement avoir été les mêmes, n'eſt-elle pas encore des plus abſurdes, & des plus mal trouvées ?

Cependant , dit le Deffendeur dans le même endroit, (r) les Magiſtratures qu'ont exercé mes Prédeceſſeurs ſont fort au-deſſus des Offices exercées par le Pere & le Frere du Cardinal de Clugny , & de l'Evêque de Poitiers, tout au moins égales , &c.

Que répondre à une vanité ſi mal entenduë & à des faits ſi

o Ibid. a ge 21.
p Ibid. page 26.
q Ibid, page 25. & 26.
r Ibid. page 26.

fauſſement & ſi indiſcretement avancés ? La Cour ſera elle-même, s'il lui plaît, le paralelle de ces états que l'on vient de voir, & elle verra mieux qu'on ne pourroit lui dire, ſi la conſequence tirée *de la conformité* prétenduë, *des profeſſions* eſt vraye ; bien plus ſi elle eſt juſte. Ce ſeroit perdre le tems, & trop groſſir cette production, que de s'arrêter à ,refuter ſerieuſement toutes les preuves, & opinions erronées du Deffendeur. Les titres ſuivants vont faire voir que cette branche qui a produit ces trois Ambaſſadeurs, *Jean*, *Ferry*, & *Guillaume*, eſt la ſeule qui ſubſiſte aujourd'hui, dans la perſonne des Sieurs Produiſans.

Avant que de finir cet article qui concerne *Guillaume* Evêque de Poitiers, l'on ne peut s'empêcher de faire part au Public d'une délicateſſe du Deffendeur ſur le compte de ce Prélat ; l'on vient de s'appercevoir, en liſant ſon ſuplémént (*s*) imprimé qui court la Ville clandeſtinement ; qu'il fait un crime aux Sieurs de la Maiſon de Clugny, de ce qu'ils ont avancé, que ce Prélat eut un *Batard* dans le tems qu'il étoit Archidiacre d'Avallon. *Quel acharnement*, & *quelle calomnie* ? dit-il, *tandis que du Bouchet, parlant de lui, nous aſſure qu'il étoit hommé docte & de vertu, & bon Eccleſiaſtique. Ce n'eſt pas là le carractere d'un Prêtre qui a des Batards. Quelle qualification*, continuë-t'il, *merite le procedé des Sieurs de Theniſſey & Conſorts, qui pour eſſayer de donner du corps à leur chimére, & à leur calomnie, s'aviſent de ternir la memoire d'un Prélat 240. ans aprés ſa mort, dont les Hiſtoriens parlent ſi avantageuſement. Le peu de connoiſſance qu'ils ont de ce qui le regarde, & leur acharnement à le deshonnorer, ſont des preuves certaines qu'il ne leur apartient pas ; car s'il leur apartenoit, & qu'il eut été aſſés malheureux, pour deshonnorer ſon carractere, & ſcandaliſer l'Egliſe, par celui de tous les vices, qui eſt le plus honteux à un Eccleſiaſtique, les Sieurs de Teniſſey & Conſorts auroient dû faire tous leurs efforts, pour enſevelir dans un éternel oubly, une pareille infamie qui rejailliroit juſques ſur eux.*

Rep. La nature parle & s'explique ſouvent dans le tems qu'on y penſe le moins : elle a quelquefois des inſtincts dont on ne ſçait pas la raiſon. Le Deffendeur ſe range ici du côté de *Guillaume* Archidiacre d'Avallon ; ce n'eſt pas ſans ſujet ; car c'eſt à lui à qui il doit le jour ; l'on n'eſt plus ſurpris, s'il eſt le ſeul de tous les enfans de la Maiſon de Clugny dont il ait défendu l'honneur & la reputation, & qu'il ſe ſoit déclaré ſi ouvertement contre tous les autres. La raiſon en eſt ſenſible ; c'eſt que *Guillaume* lui apartient (c'eſt-à-dire du côté gauche) & tous les autres ne lui ſont rien.

L'on ſçait bon gré à Monſieur le Conſeiller de Cluny de ſa délicateſſe, ſur le compte de *Guillaume*. Mais il faut convenir qu'il la pouſſé trop loin. Les Sieurs de la Maiſon de Clugny, en avançant au procés que ledit *Guillaume* eut un Batard dont M^r le Conſeiller de Cluny étoit iſſu, n'ont pas prétendu *deshonnorer le carractére de cet Eccleſiaſtique*, qui étoit, comme on l'a dit, leur cinq. grand Oncle paternel, *ni ſcandaliſer l'Egliſe, en l'accuſant du plus honteux de tous les vices*, comme le dit

(*s*) C'eſt à la p. 7.

le Défendeur. (*t*) Combien avons nous eu, en effet, de grands
Hommes, dans les Dignités les plus éminentes de l'Eglife, aufquels il eft arrivé, dans le feu de leur jeuneffe, de femblables
chutes, & qui n'ont pas laiffé que d'être de grands Hommes,
& de faints Prélats ? les Hiftoires nous en fourniffent nombre
d'éxemples. Le Soleil s'éclipfe quelques fois : un nuage paroît
l'obfcurcir : bien-tôt aprés il revient fur l'horifon auffi brillant
& auffi lumineux qu'auparavant.

Quand les Damandeurs ont avancé ce fait, ils n'ont pas
prétendu donner atteinte à la réputation de leur 5e grand Oncle, dont ils honnorent la memoire, quoiqu'il ait eu un Bâtard ; l'éloge que du Bouchet (*u*) a fait de lui dans fes an-
nales n'en eft pas moins vrai ; on pouvoit dire l'un & l'autre,
fans contradiction, & fans crime. On le devoit dire, parce
que l'exiftence de ce Bâtard eft demontrée, comme on le fera
voir en fon lieu, & que c'eft là un fait du procés.

Du Bouchet, au refte, que vient de citer le Deffendeur,
aprés avoir fait l'éloge de *Guillaume* de Clugny, & raporté de
lui qu'il étoit homme dévot & bon Eccléfiaftique ; a ajouté ces
termes : *mais il étoit colere outre mefure*, *ce qui le fit mourir*.
Sur quoi l'on obferve, que fi la defcendance peut fe prouver
par une conformité de caractére : celui de Mr. le Confeiller de
Cluny, avec ce Prelat, eft trop pareil pour s'y méprendre.
N'eft-ce pas chofe admirable, comme le fang fe perpetue ! *ra-*
pitur quippè in fimilitudinem fuorum excellens quaque natura.
Nazar. Paneg. Conftant.

Outre la raifon que l'on vient de dire, qui a obligé le Deffendeur à prendre, avec tant de délicateffe, le parti de *Guillau-*
me de Clugny, il y en a encore une autre ; c'eft que cette origine femble le choquer, & qu'il voudroit l'éviter ; mais il s'eft
condamné lui-même fans y penfer.

Les termes du Deffendeur, au refte, que l'on vient de tranfcrire font trés-remarquables. Selon lui, *avoir peu de connoiffance*
des perfonnes & en parler mal, *font des preuves certaines qu'on ne*
leur apartient pas. Donc, *ex conceffis*, il n'apartient pas lui-même
à la Maifon de Clugny ; *le peu de connoiffance* qu'il en a fait paroître au Public dans la généalogie défigurée qu'il en a voulu
donner ; *fon acharnement* à vouloir *deshonnorer* ceux qui en font
iffus, *en font des preuves certaines ; car s'il lui apartenoit, il au-*
roit dû faire, felon lui-même, *tous fes efforts* pour éviter de
tenir un mauvais langage qui *rejaillit jufques fur lui.*

Les Titres précédens ont établis parfaitement le nombre &
l'exiftence des enfants mâles *d'Henry de Clugny*, qui étoient au
nombre de cinq, dont trois, comme on vient de le voir ; fçavoir, *Jean*, *Ferry & Guillaume* ont poffédé les premieres Dignités de l'Eglife & de la Robe. Les Titres fuivants qui font
mention de *Hugues*, qui eft le quatriéme de fes enfants, vont
faire voir que la branche qu'a faite ledit *Hugues*, eft la feule
qui fubfifte dans les Produifants.

Extrait

Extrait du Brevet de l'Office de Capitainerie du Château fort de Rynault en faveur de Hugues de Clugny, *Seigneur de Conforgien.*

Num°. XXV.

Phelipe par la Grace de Dieu Duc de Bourgogne, &c. . . . A tous ceux qui ces prefentes lettres verront Salut : fçavoir faifons que pour les bons raports & témoignages qui fait ont été de la perfonne de *Hugues de Clugny (x)* Seigneur de Conforgien & de *fes fens, vaillances, difcretion & fuffifance*, icelui confians à plein de fes loyautés prud'homie, & bonne diligence à nous connû ordonné, & eftably, commettons, ordonnons, & établiffons par ces prefentes Capitaine de nôtre Chaftel de Rynaul d'Oftun *au lieu de nôtre amé & féal Chevalier, Confeiller, Chambellan & Bailly de Charollois (y)* Meffire Jean le Marrets Seigneur de Mavoilly & de Chaftel Regnault, qui ce jourdui, datte de cette, par fon Procureur fondé de lettres de procuration, *a refigné led. Office de Capitainerie és mains de notre trés-cher & féal Chancellier le Sieur de Toux, & s'en eft départy au profit dudit Hugues de Clugny*, fous notre bon plaifir : & à icellui *Hugues de Clugny* avons donné & donnons par la teneur de ceftes plein pouvoir & auctorité dudit Office de Capitainerie, dorefnavant, tenir, exercer & deffervir, de contraindre & faire contraindre ceux qu'il apartiendra & qui pour ce feront à contraindre, à faire guet & garde, de jour & de nuit, felon que tems le requerra, en icelui notre Chaftel, & generalement de faire bien deument & loyaument tout ce que bon & loïal Capitaine des fufdits peut & doit faire, & que audit Office compete & apartient aux Gages, Droits, Honneurs, Prerogatives, Libertés, Franchifes, Profits & Emolumens accoûtumés & qui appartiennent tant qu'il nous plaira, fur quoy il fera tenu de faire le ferment à ce pertinent, és mains de notre Bailly d'Oftun ou de fon Lieutenant que commettons à le recevoir de luy. Si donnons en mandement à icelui notre Bailly d'Oftun ou fon Lieutenant que par lui reçû dudit *Hugues de Clugny* le ferment il le mette & inftitue de par nous en poffeffion dudit Office de Capitainerie & luy face, ou face faire ouverture de notredit Chaftel en luy bail-

Gg

Marginal notes:

" C. P. P. P. " au 5°. Sac.

" *x* HUGUES cinq. Ayeul paternel.

" *y* Rien ne prouve mieux que la dignité militaire de *Capitaine du Château de Rynaul* étoit diftinguée, que les qualités quePrenoit Jean le Marets qui en étoit revêtu avant *Hugues de Clugny.*

lant & délivrant , ou faisant bailler & délivrer les
" clefs , & par bon & loyal inventaire , l'artillerie dont
" les biens meubles apartiennent à icelui notre Chastel.
" Le double duquel inventaire voulons être envoyé en
" la Chambre de nos Comptes à Dijon , pour y être
" gardé & conservé à notre profit , comme en tel cas
" apartient , &c. Donné en notre Ville de Bruges le 8.

8 Mai 1467. " jour de May l'an de grace 1467. *Signé sur le replis*
" par Monseigneur le Duc. *Et plus bas* Demolesmes.
" *Sur un autre replis on y lit ces mots :* l'an 1467. le
" penultiéme jour du mois de May *Noble Homme Hu-*
" *gues de Clugny Seigneur de Conforgien* d'autre part
" a fait le serment és mains de *Noble Homme & Sage*
" *Mgr. le Baillif d'Ostun (z)* & de Montcenis de
" bien & loyaument exercer l'Office de Capitainerie du
" Chastel de Rivel d'Ostun donc au blanc de cette est
" faite mention , &c. *Signé* , V A R N I E R S.
"

(z) Sur ces mots *Noble Homme , & sage Monseigneur le Bailly d'Ostun.* L'on observe que c'est là une preuve qui confirme ce que l'on a dit plus haut , que l'avant nom de *Noble Homme & sage* , étoit trés-distingué autrefois ; puisque eux-mêmes que l'on qualifioit , *Monseigneur* , s'en trouvoient honorés. L'on observe encore que au tems que ce Brevet fut délivré , la charge de Bailly étoit trés-considerable , puisqu'on qualifioit de *Monseigneur* , ceux qui la possedoient. *Hugues de Clugny* en faveur de qui ce Brevet fut donné , fut quelque tems aprés *Bailly d'Autun & de Montcenis* , comme on le voit dans la commission qui suit qu'il donna , en cette qualité de Bailly d'Autun & de Montcenis.

Numº. XXVI.

Cotte Y. au 4ᵉˢ Sac.

Extrait d'une Commission donnée par Hugues de Clugny *Bailly d'épée , d'Autun & de Montcenis , donnée à Demoiselle* Huguette Porteret *Veuve de* Jean de Clugny *son Frere Seigneur de Clugny , Conseiller & Maître des Requétes de Philippe Duc de Bourgogne.*

Tirée de la product. de Vallevron , & restituée par Ar. du Parlement.

HUGUES cinqu. ayeul paternel.

" *Hugues de Clugny* Seigneur de Conforgien & des
" Fours Conseiller Ecuyer d'Escuirie de Monseigneur le
" Duc de Bourgogne , & son Bailly d'Ostun & de
" Montcenis , au premier Sergent de mondit Seigneur
" établis esdits Balliages & qui sur ce sera requis Salut :
" *Noble Damoiselle Huguette Porteret (a) Veuve de*
" *Feu Noble Homme Maître Jehan jadis Seigneur de*

Clugny les *Oftun* de fon vivant Confeiller & Maître "
des Requêtes de l'Oftel de mondit Seigneur & fon Ju- "
ge de Charollois ayant le bail & adminiftration des "
corps & biens de fefdits Enfans , procréés du corps "
dudit Feu Me. *Jehan de Clugny* , nous expofe qu'à "
certains & juftes titres compete, & apartient à elle & "
à fes fufdits Enfans par droit de Seigneurie , plufieurs "
belles Seigneuries , Meix & nobles Tenemens toutes "
renommées en toute Juftice & Seigneurie , haute "
moyenne & baffe , & à caufe de ladite Terre & Sei- "
gneurie dudit *Clugny* & du Domaine d'icelle , luy com- "
pete & apartient tout le grand bois de lad. Seigneurie "
dudit *Clugny* .... de laquelle icelle expofante "
& fefd. Enfans en la qualité quelle agit ayent joys & "
ufé, tant par eulx, que par leurs Prédeceffeurs, dont "
ils ont caufe, par un, deux, trois, quatre, cinq, dix, "
quinze, vingt, trente, 40. 50. 60. 80. *cent ans, & plus* "
(b) & par tel & fi longtemps qu'il n'eft memoire "
du commencement ne du contraire .... Au vû & fçû "
de tous ceulx qui l'ont voulxu voir, & fçavoir , &c. "
A journés les Opofans par-devant nous ou notre Lieute- "
nant audit Oftun, à certain jour & heure de Lundy, "
Mercredy , Vendredy, ou Samedy aprés ce dont vous "
ferés requis pour dire & propofer la caufe.... proce- "
der en outre & aller avant, felon raifon & certifiés "
de ce que fait en aurés. Donné fous le fcel aux cau- "
fes defdits Bailliages le 8. jour du mois de Mars " 8 Mars 1469.
l'an 1469. *Signé*, G A R N I E R , *avec paraphe. Au* "
dos eft écrit : cas d'ajournement Pour les Bois & Juf- "
tice de Clugny. "

(a) Sous ces mots : *Noble Damoifelle Huguette Porteret veu-*
vé , &c. l'on obferve que les Titres précédens qui font fous
les numerots XI, 14, 15 & 16, n'ayant pas fait mention du
nom de la femme de *Jean de Clugny* Maître des Requêtes de
l'Hôtel du Duc de Bourgogne & fon Ambaffadeur, celui-ci la
rapelle. Cette *Huguette Porteret* ne prenoit que la qualité de
Damoifelle. L'état de fon mari étoit pourtant ce qu'il y avoit
de plus diftingué. Les Maîtres des Requêtes de ce tems pouvoient prendre la qualité de Chevaliers, comme ceux d'aujour-
d'hui la prennent ; car l'honneur de cette Charge étoit auffi
éclatant pour lors qu'il l'eft de nos jours. C'eft donc là une
preuve confirmative de ce que l'on a dit plus haut , que les femmes des Chevaliers, foit de Robe ou d'Epée qui étoient au rang
de la haute Nobleffe ne fe qualifioient pas autrement dans le

quatorziéme quinziéme, & commencement du seizième siècle, que de *Damoiselle*.

(*b*) Sous ces autres mots : *cent ans & plus, & par tel & si
long-tems qu'il n'est mémoire du commencement ne du contraire,
&c.* L'on doit observer qu'il paroît par cet acte de 1469, que
dés ce tems-là, *Jean* de *Clugny*, tant par lui que par ses prédécesseurs, étoit dans une possession immémoriale de la Seigneurie *de Clugny* qui portoit le nom de ses ayeuls. Cette époque, *cent ans & plus*, remontoit jusqu'au quatorziéme siécle,
& revenoit à celle de 1331, qui est celle de la derniere reprise
de Fief, dont parle Musnier, qui fut faite par *Guillaume & Huguenin de Clugny Damoiseaux*; ce qui justifie cet Auteur sur le fait
historique de ces reprises de Fief par lui raporté, & qui ajoute
un nouveau crédit aux preuves qu'on a employées sur la descendance des Sieurs Produisants de ces Seigneurs, qui successi-
vement reprirent de Fief à la Châsse de St. Symphorien d'Autun, depuis le onziéme siécle jusqu'au quatorziéme.

Dans le partage des biens *d'Henry de Clugny* fait en 1454,
la Terre de Clugny échut en lod à *Jean de Clugny*, comme on
on la vû plus haut, lequel étoit frere de *Hugues* cinquiéme ayeul
des Sieurs Produisants, dont il est fait mention aux deux Titres
précédents & au suivant : Cette Terre n'est plus à la Maison
de Clugny, on ne sçait pas bien depuis quand. Le Deffendeur
qui veut paroître mieux instruit des affaires de cette Maison que
ceux qui en sont, a avancé dans sa Réponse imprimée, (*a*)
qu'il y avoit plus de trois cens ans que cette Seigneurie ne leur
apartenoit plus.

a A la p. 13.

Il y a plus de trois cens ans, dit-il, *que ce Fief est réünis
au Monastere de St Symphorien au deffaut des descendants mâles
du premier Feudataire, & par conséquent mes Parties ne peuvent descendre de lui.*

Mr. le Conseiller de Cluny, ne lui en déplaise, est un mauvais Arithméticien; il faut qu'il n'eût pas son Barême en main
lorsqu'il a fait cette suputation; car on lui a donné copie de cette
Commission dont on vient de donner l'extrait, & il en a eu l'o-
riginal en communication pendant long-tems; il y a vû ou dû
voir qu'en 1469 cette Seigneurie apartenoit encore à la Maison de Clugny; ainsi quand on suposeroit, ce qui n'est pas,
que cette Terre, dés ce moment là, a cessé d'apartenir à la Maison, il n'y auroit pas encore trois cens ans, il n'y aura trois
cens ans justes que lorsque nous serons arrivés au 8e de Mars
de l'année 1769, & nous n'y sommes pas encore, graces à Dieu.
Dieu veüille qu'il arrive à ce terme, & nous aussi. Il ne falloit
donc pas dire qu'il y avoit plus de trois cens ans, puisqu'ils
n'y sont pas encore, à beaucoup prés. Premiere erreur exposée
volontairement, & contre la propre connoissance du Deffendeur,
aux yeux de la Justice & du Public. Une seconde erreur con-
siste à dire que cette Seigneurie n'apartient plus à la Maison de
Clugny par le *deffaut des descendants mâles du premier Feudataire.* En quoi il se trompe encore volontairement, puisque *Hugues de Clugny*, frere de *Jean*, a laissé *des descendants mâles* qui

V. l'Inventaire
de production des
Demandeurs, signi-
fié le 21 Juin 1720,
sous la Cotte Y

le

le repréfentent encore aujourd'ui, qui font les Sieurs Produifants, comme le refte de leur production va le démontrer.

Ainfi puifque ces deux faits qu'a avancé le Sieur Confeiller
de Cluny font faux, la conféquence qu'il en a tirée eft femble-
blement fauffe auffi, en difant : *donc mes Parties ne peuvent def-
cendre du premier Feudataire qui reprit de Fief en 1083.* C'eft
ici le cas, ou jamais, de faire valoir l'argument des contraires,
& de tirer felon les bonnes régles du raifonnement & de la Logique, une conféquence jufte toute opofée à celle du Deffendeur.

Les deux Titres qui fuivent font mention des Enfants mâles
qu'eut ledit *Hugues de Clugny* Baillif d'Epée d'Autun & de Montcenis; dont l'un d'eux a fait deux branches qui fubfiftent feules
aujourd'hui. Les branches des deux autres ne fubfiftent plus.

*Extrait d'un Acte de Fondation faite en l'Eglife Col-
legiale de Saulieu, par* Loüife *de Sainte Croix,
Veuve de* Hugues de Clugny *Bailly d'Autun, &
de Montcenis.*

Num.º XXVII.

C. B. B. au
4.ᵉ Sac.

En Nom de notre Seigneur *Amen*, l'an de l'Incar-
nation d'icelui courant 1492. le 2. jour du mois de
Juillet. Nous les Parties cy-aprés écrittes; fçavoir
Maiftre Gui de Montagu, Eftienne Bertier, &c. Tous
Chanoines en l'Eglife Collegiale de Saint Andoche de
Saulieu affemblés en Chapitre général d'une part, &
*Noble Dame Dame, Loife de Sainte Croix, Veuve
de Feu Noble & Puiffant Seigneur Meffire Hugues
de Clugny de fon vivant Chevalier Seigneur de Conforgien,* d'autre part. Sçavoir faifons que.... moy lad.
Dame..... ay fondé, donné & ordonné..... une Meffe
quotidienne qui fera ditte & celebrée, en une Chapelle que ledit Deffunt Seigneur dud. Conforgien &
lad. Loyfe ont de nouvel fait conftruire & édifier à
leurs frais & miffions en lad. Eglife Collegialle, &
fera lad. Meffe ditte dorefnavant, à toujours par deux
Chapelains fouffis..... lefquels icelle Dame *Loyfe,*
Nobles homes, *Claude,* & *Loys (b) de Clugny* fes
Enfans tant qu'ils vivront nomeront & prefenteront
les Chapelains, & auront le droit de patronage de lad.
Chapelle, & en deffaut de l'un defd. Freres, l'autre
aura icelui droit de patronage, de nommer & prefen-
ter lefd. Chapelains, & aprés leur trépas les plus anciens
mafles de leurs Enfans, & femblablement leurs Succeffeurs
mafles, & à deffaut d'Enfans en directe ligne.... les plus

marginalia: 2 Juillet 1492. HUGUES cinquiémeayeul paternel. b LOUIS quatriémeayeul

H h

„ aifnés de leurs Freres & Seculiers , & en deffaut de Freres
„ leurs Sœurs , & en deffaut de Freres & Sœurs les plus pro-
„ chains defd. *Claude* , *& Loys* , nomeront & prefente-
„ ront comme devant , &c. Fait & paffé en la prefence
„ & pardevant Jean Rabigois Clerc Notaire Royal juré.
„ Les an & jour des fufdits. *Signés* R A B I G O I S &
„ B O U L E T I N.

s Preuve n. 33.

d N. 6. 7. 8.

e N. 6. 8.

f La note fur le n. 9.

g Note fur le n. 22.

Par les Titres qu'on a produit, l'on a vû que nombre des Auteurs des Produifans ont fait édifier des Chapelles & fait des Fondations confiderables. *Guillaume* 1er. Bailly d'Epée de Dijon fonda, dans l'Eglife de Saint Jean le Grand d'Autun , trois Meffes par femaine. (*e*) *Jean* le Garde des Sceaux fon Coufin, fonda deux Chapelains qui devoient dire à perpetuité une Meffe quotidienne , en la Chapelle Nôtre-Dame , fcife au Fort de Marchault d'Autun. (*d*) *Jean* fon fils Chanoine de Beaune & d'Autun , & fon autre Fils nommé à l'Archevêché de Befançon , firent auffi une Fondation au même lieu. (*e*) *Guillaume Second* Efcuyer du Duc de Bourgogne & Seigneur de Menefferre , fonda la Chapelle où il eft inhumé en l'Eglife de Saint Jean l'Evangelifte d'Autun. (*f*) *Le Cardinal de Clugny* fonda dans l'Eglife de Saint Lazarre une Chapelle qu'on apelle communément à caufe de fa magnificence, la Chapelle dorée; ce même Prélat fit bâtir le College de Tournay dans la Ville de Padoüe. (*g*) Enfin il paroît par la Fondation , dont on vient de donner l'extrait, que *Loüife de Sainte Croix* , Femme de *Hugues de Clugny* , fit conftruire & édifier une Chapelle dans l'Eglife Collegiale de Saulieu , où elle y a fondé une Meffe quotidienne & deux Chapelains , dont elle a refervé le droit de patronage pour toute la pofterité de la Maifon de Clugny. Cependant le Deffendeur a nié hardiment ces faits , en s'expliquant en ces termes : je leur foûtient qu'ils n'ont aucun droit de patronage. Et dans un autre endroit, il dit que cela n'eft qu'une *pure vanterie de leur part.* V. fon fuplément p. 1. fur la fin. En verité il faut qu'il y ait un grand aveuglement, ou une grande opiniatreté dans fon fait, fi après l'obfervation que l'on vient de faire , il foûtient encore la même chofe. De l'humeur dont on le connoît, il ne faut defefpérer de rien. Cela eft poffible.

Num°. XXVIII.

Cotte Au 6e. Sac.

7. Novembre 1514.

*g*HUGUES cinq. Ayeul paternel.

Extrait de Partage des Biens de Hugues de Clugny „ *fait avec* Loüife de Sainte Croix *fa Veuve & leurs* „ *Enfans.*
„
„ En Nom de notre-Seigneur *Amen.* L'an de l'Incar-
„ nation d'icelui courant 1514. le 7e. jour de Novem-
„ bre , nous Parties cy-après nommées ; fçavoir *Loüife*
„ *de Sainte Croix* relicte de Feu *Noble Seigneur Meffire*
„ *Hugues de Clugny* à fon vivant, *Chevalier Seigneur de*

Conforgien, pour moy d'une part, & nous *Claude-* "
Loüis, & *Barthelemy de Clugny*, Freres Enfans dud. "
Feu Meſſire *Hugues de Clugny*; & de lad. *Loüiſe* "
pour nous d'autre part; ſçavoir faiſons à tous pre- "
ſens & avenir qui ces preſentes Lettres verront & our- "
ront, que nous de nos certaines ſciences, & bonne "
volonté avons fait les partages, reconnoiſſances, & au- "
tres choſes que s'enſuivent, &c. Fait & paſſé à Sau- "
lieu, par-devant Andoche Clamonet, Clerc Notaire "
Public en preſence, &c. Les an & jour ſuſdits. "
Signé, C L A M O N E T. "

Hugues de Clugny étoit fils de *Henry*, comme on l'a vû par le
N° 9. L'on voit par les quatre Titres précedens qui le concernent, qu'il fut d'abord Capitaine du Château fort de Rynault
d'Autun, enſuite Conſeiller, Eſcuyer d'Eſcuirie du Duc de
Bourgogne, Bailly d'Epée d'Autun, & de Montcenis, Seigneur
de Conforgien, des Fours, &c. Et qu'il eſt qualifié: *haut &*
puiſſant Seigneur, Meſſire & Chevalier. Gerſon (*b*) nous aprend
qu'il fut fait Chevalier par Loüis XI. en 1479. & le Sieur *d'Ho-*
ſier Gentilhomme ordinaire de la Maiſon du Roi, Genealogiſ-
te de France, dit qu'il fut Chambellan de ce Prince, dans une
Carte Généalogique de 16. Quartiers qu'il dreſſa pour *Antoine de*
Clugny deCoulombié, arriere petit fils dudit *Hugues de Clugny*. L'on
produira cette Carthe.
Hugues eut pour Femme *Loüiſe de Sainte Croix*, iſſuë de
Florent de Sainte Croix, Seigneur de Beurray & du Broüillars,
qui eſt une alliance diſtinguée, de laquelle il eut trois Fils dénommés dans le partage précedent qui furent *Claude, Loüis, &*
Barthelemy. Celui-ci n'eut point de poſterité, *Claude* en a eu
une qui a fini ſur la fin du ſiécle paſſé. *Loüis* a fait une branche,
qui eſt la ſeule qui ſubſiſte heureuſement aujourd'hui en la perſonne des Demandeurs. On parlera de ces deux branches dans
leur ordre.
Monſieur le Conſeiller de Cluny ne pouvoit pas ignorer l'exiſ-
tence de *Hugues de Clugny*, puiſqu'il eſt ſi expreſſément déſigné
dans les Actes *ci-devant* de 1467. 1469. & 1492. qui lui avoient
été ſignifiés, il y a longtems. Il ne pouvoit pas ignorer, non
plus, que ledit *Hugues* n'eut un fils, de *Loüiſe de Sainte Croix*,
ſa femme, nommé *Loüis*. L'Acte de 1492. en eſt une preuve à
laquelle il n'y a pas moyen de réſiſter. Que ce même *Loüis*,
Seigneur de Conforgien, qui fut marié à *Jacqueline de Drée*, comme nous le verrons dans la ſuite, ne fut le 4ᵉ Ayeul des Sieurs
de la Maiſon de Clugny, c'eſt-à-dire des Sieurs de *Darcey, de*
Grignon, de Theniſſey, de Clugny, & du *Chevalier de Coulombié*. Tout
cela étoit parfaitement prouvé au procés par les ſignifications des
Titres, qui lui avoient été faites. Malgré tout cela, il ſoûtient
dans toutes ſes écritures, (*i*) & il le répete ſans fin, qu'il
faut fixer la Généalogie des Sieurs Produiſans au 16ᵉ. ſiécle,

b Dans ſon Épi-
tre Dedicatoire à
Antoine de Clugny
Gouverneur de St-
Quentin. Livre in-
titulé *Gerſon*, &c.
imprimé à Paris en
1636.

i Rep. imp. p.
5. 12. 13. 14. in-
vent. imp. p. 25.
26. &c.

128

& qu'ils n'ont pû remonter plus haut qu'à *Loüis* leur 4ᵉ· Ayeul. *Tout ce que les Sieurs de Teniſſey & Conſors*, a-t'il dit, *ont pû prouver juridiquement pour ce qui concerne leur branche*, *c'eſt qu'ils deſcendent tous de Loüis de Clugny qui ſe maria en* 1515. *avec* Jacqueline de Drée, *ils n'ont pû remonter plus haut.*

Pourquoi le Deffendeur a-t-il tenu ſi ſouvent un tel langage, ſi opoſé à ſa connoiſſance & aux éclairciſſemens qu'on lui en avoit donné? c'étoit non-ſeulement pour contredire l'ancienneté de la Maiſon de Clugny, mais encore pour donner à entendre que la poſſeſſion des Armes, où il prétendoit être, étoit plus ancienne que celle des Sieurs de la Maiſon de Clugny. *En* telle ſorte, dit-il, dans un autre endroit, (*k*) *que ce ſont eux plûtôt qui ont pris le Nom & les Armes de Monſieur de Clugny, que lui n'a pris les leurs.* Il faut avoir mis bas toute pudeur, pour oſer s'énoncer ainſi. Que diroit-on, en effet, à un homme juſtement accuſé d'uſurpation, s'il répondoit à ſon accuſateur, en récriminant : *ce n'eſt pas moi qui ſuis l'uſurpateur*, *c'eſt vous-même* ? Cette récrimination le ſauveroit-elle de ſon uſurpation? bien plus; que diroit-on à cet uſurpateur, ſi la voix publique de tous ceux qui connoiſſent la Maiſon de Clugny portoit témoignage contre lui? il n'eſt perſonne qui ne plaignît ſon aveuglement, & qui ne condamnât ſon injuſtice.

Revenant à la deſcendance de *Loüis de Clugny*, il eſt donc conſtant que le Deffendeur n'a pû l'ignorer : le prétexte qu'il a pris pour l'ignorer eſt des plus frivole, en diſant, (*l*) *que ſi les Produiſants avoient pû indiquer le pere dudit Loüis*, *ou que s'il leur avoit été avantageux de le dire*, *ils n'auroient pas manqué d'en faire faire mention*, *dans la Sentence renduë par Mr. Ferrand*, *dant le tems de la recherche de la Nobleſſe.* S'agiſſoit-il pour lors de faire des preuves de pluſieurs quartiers, ſemblables à celles que l'on fait, lorſque l'on procéde à la réception d'un Chevalier de Malthe, d'un Chanoine de St. Vincent de Mâcon, de St. Jean de Lyon, ou d'un Religieux de St. Claude, &c. Nullement; l'intention de Sa Majeſté dans ſon Edit n'étoit pas telle. Il ne s'agiſſoit que de bien établir la Nobleſſe du pere & la ſienne, & rien de plus. Le Sr. de Theniſſey qui fut aſſigné, comme tous les autres Nobles du Royaume, à la requête de *Georges Foraſtier*, chargé par Sa Majeſté pour le recouvrement des Amendes qui devoient être payées par les uſurpateurs des Titres de Nobleſſe, fit plus qu'il ne devoit pour prouver ſon Etat à cet Etranger qui n'étoit pas obligé de connoître la Nobleſſe de cette Province ; car il fit preuve de plus de huit quartiers, tant du côté paternel, que du côté maternel. (Il n'auroit pas été embaraſſé de la faire de beaucoup plus, s'il avoit voulu,) il étoit en état de la faire monter juſqu'à ſon 7ᵉ· ayeul, comme il le fait aujourd'hui, & cela par les mêmes Titres qu'il produit actuellement. De ce que le Sieur de Theniſſey ne remonta pas plus loin par lors, qu'à *Loüis de Clugny* ſon 3ᵉ· ayeul ; en tirer la conſéquence : donc il ne pût aller plus loin, ou du moins il ne lui étoit pas avantageux de le faire : c'eſt raiſonner comme un homme qui ne s'embaraſſe pas de la juſteſſe des conſéquences. Le Sieur de Theniſſey ne porta pas ſa Généalogie au de-là de ſon 3ᵉ·

ayeul

k Invent. imp. p. 17.

l Inventaire imp. p. 26.

ayeul, parce qu'il n'étoit pas néceſſaire même qu'il la pouſſât ſi loin. Et quelle production immenſe n'auroit-il pas fait inutile-ment, s'il avoit entrepris pour lors de ſuivre les degrés de ſa Généalogie, comme nous le faiſons ici? il pouvoit donc le faire, quoiqu'il ne le fît pas; & s'il l'avoit voulu, cela lui auroit été ſans doute trés-avantageux; puiſque le pere de *Loüis* étoit Bailly d'Epée d'Autun & de Montcenis, comme on l'a vû: c'eſt-à-dire qu'il étoit de la haute Nobleſſe, parce que pour poſſéder cette Dignité il falloit juſtifier qu'il en fût.

Mais ſi le Deffendeur avoit tant ſoit peu réflêchi ſur les avan-tages que les Sieurs Produiſans peuvent tirer de cette Sentence. Il n'en auroit pas parlé; parce que dans cette Sentence les Ayeux du Sieur de Theniſſey y ſont qualifiés *Meſſires & Che-valiers*. On voit dans le vû des piéces qui y ſont énoncées, que le Sieur de Theniſſey avoit ſoûtenu qu'il deſcendoit de *Sim-phorien* de Clugny qui vivoit en 1083. (*m*) que ſes Auteurs avant *Loüis de Clugny* ſon Triſayeul avoient occupés des poſtes trés diſtingués, comme Maitres des Requêtes, Ambaſſadeurs, Baillifs d'épée, &c. Marques qui diſtinguent la haute Nobleſſe. Ainſi il n'avoit pas deſſein de borner ſa Généalogie à ſon 3e. Ayeul; puiſqu'il raporta en ſubſtance quel étoit la qualité de ceux qui l'avoient devancé. Mais encore un coup le Deffen-deur ne devoit pas parler dans ſes écrits, de tout ce qui pou-voit ſentir les jugemens de l'Intendance, ſur la recherche de la Nobleſſe; puiſque le Sieur de Teniſſey en fut renvoyé avec élo-ge & la qualité de *Meſſire & Chevalier*, au lieu que *Jean de Cluny* grand Oncle dudit Deffendeur fut condamné en 1666. comme on la prouvé, par Mr Bouchu Intendant de la Provin-ce dans une ſemblable recherche, à l'amende de 150. livres pour avoir pris fauſſement la qualité d'Ecuyer, avec deffenſes à lui qe la prendre à l'avenir. Cela ne prouve pas une *Nobleſſe héreditaire de tems immemorial*, comme il l'a allegué, ny une *deſcendance de la Maiſon de Clugny*.

(*m*) Voici les termes de la Sentence: le Sieur Deffendeur auroit ſoûtenu qu'il eſt d'une des plus anciennes Maiſons de la Province étant deſcendu en ligne di-recte de *Simphorien de Clugny*, Ecuyer qui vivoit en 1083. mais qu'il lui ſuffit de nous faire voir que *Loüis de Clugny* Chevalier Seigneur de Beurey-Bauguet, mary de Dame *Jaqueline de Drée*, étoit ſon Triſayeul, que *Michel de Clugny* Fils de *Loüis* Chevalier, Seigneur de Montachon, étoit ſon Biſayeul, que *Guillaume de Clugny* Seigneur de Coulombié, &c. Fils de *Michel*, étoit ſon pere, &c. v. la cotte S. S. au quatriéme Sac.

Avant que de Suivre les Enfans de *Hugues de Clugny*, dans les deux branches qu'ils ont formés, il eſt à propos de repren-dre la Généalogie plus haut, & de ſuivre la branche qui eſt venuë de *Jean* Maitre des Requêtes du Duc de Bourgogne, & ſon Ambaſſadeur, dont on a parlé ſous les N°. 11. 12. 13. 14. 15. & 16. lequel étoit Frere dudit *Hugues*. Les Titres ſui-vans concernent *Guillaume*, Fils dudit *Jean* qui a fait une branche, pui eſt éteinte depuis longtems.

I i

Num°. XXIX.

Extrait du Contrat de Mariage de Guillaume de Clugny *Seigneur de Monthelon, avec* Françoise de Meſſey.

C. Q. Q. Q. au 5°. Sac.

20. Janv. 1473.

Tirée de la production de Vallevron & reſtituée par Ar. du Parlement.

„ Au Nom de Notre Seigneur *Amen*, l'an de l'Incar-
„ nation d'icelui courrant 1473. le 20. jour de Janvier
„ nous *Guillaume Hugonet* Chevalier Seigneur de Sail-
„ lant des Poiſſes, & de Lis *Chancellier* de trés-excel-
„ lent & puiſſant Prince mon trés-redouté & Souverain
„ Seigneur Mr. le Duc de Bourgogne & *Guillaume*
„ *de Meſſey*, Ecuyer Seigneur de Ranis tant en nos
„ noms que au nom de Noble Damoiſelle *Françoise de*
„ *Meſſey* Fille de moy led. Seigneur de Ranis & de feu
„ Damoiſelle *Jeanne Hugonet* Sœur germaine de trés-re-
„ verend Pere en Dieu Monſieur le Cardinal Eveſque de
„ Maſcon & de nous Chancellier des ſuſd. Freres de lad.
„ Damoiſelle *Françoise* abſente pour laquelle nous nous
„ faiſons fort & promettons luy faire conſentir agréer &

n Cinquiéme grand Oncle. paternel.

„ ratifier ce que cy-après eſt écrit contenu & declaré
„ d'une part & je *Guillaume de Clugny* (*n*) licentié
„ en lois & en decret Seigneur de Monthelon Neveu de
„ reverend Pere en Dieu Meſſire *Ferry de Clugny* Evê-
„ que de Tournay & de reverend Pere Meſſire *Guillaume*
„ *de Clugny* Prothonotaire du St. Siege Apoſtolique,
„ Doyen d'Autun preſens d'autre part. Sçavoir faiſons à
„ tous preſens & avenir que nous avons fait & faiſons
„ entre nous parties deſſuſd. nommées les traittés de
„ Mariage pactions, accords & communautés, qui s'en-
„ ſuivent. Premierement je led. *Guillaume de Clugny*
„ Seigneur de Monthelon ai promis & promet prendre
„ à Femme & loyale Epouſe lad. Demoiſelle *Françoise*

o Il eſt parlé dudit Hugonet au grand Ar-Armoirial page 649.

„ *de Merſey* en face de notre Mere Sainte Egliſe en dé-
„ dans le temps ſera fixé & adviſé par nous leſdits Parties,
„ & nous *Guillaume Hugonet* (*o*) Chancellier & Sei-
„ gneur de Ranis promettons pareillement que ladite
„ *Françoise prendra* à Maris & loïal Epoux led. Me.
„ *Guillaume de Clugny*. Item en faveur & contempla-
„ tion dud. Mariage avenir je led. Seigneur de Ragny
„ ay donné & conſtitué, donne & conſtitue par ces pre-
„ ſente lad. *Françoise* ma Fille, pour elle, & les ſiens,
„ en Dot, & Mariage, la ſomme de mille écus d'or du
„ coing du Roy, &c. Fait lû & paſſé en la Ville de

Dijon pardevant moy Thibaut, Baradot Secretaire de mond. Seigneur le Duc & Notaire juré &c. *Signé*, BARADOT.

Guillaume de Clugny, duquel on vient de voir le Contrat de mariage, fut fils de *Jean de Clugny* Maître des Requêtes, & Ambassadeur du Duc de Bourgogne, dont il est parlé sous les numerots 11, 12, 13, 14 & 15, en telle sorte qu'il est le quatrième grand oncle paternel des Sieurs Produisants, puisque ledit *Jean* son pere étoit frere de *Hugues* leur cinquième ayeul.

Son Etat fut de Robe, comme l'avoit été celui de son pere ; c'est pour cela qu'il est qualifié *Licencié en Loix*. La grande & riche alliance qu'il contracta avec *Françoise de Messey* fille du Seigneur de Ragny & niéce du Chancelier Hugonet, & du Cardinal Evêque de Macon, dénomés au Titre que l'on vient de voir, est une nouvelle preuve de la haute Noblesse de la Maison de Clugny : & en effet, il n'est guére à présumer qu'une fille extrêmement riche, & d'une Famille illustrée, voulût faire alliance avec une personne au dessous d'elle.

Dans le tems que *Guillaume* fit cette alliance, son pere étoit mort il y avoit long-tems. L'acte de 1469, qui est sous le n°. 26, fait voir qu'il n'éxistoit plus. *Huguette Porteret* sa mere n'éxistoit plus aussi. Son pere & sa mere n'étant donc plus au monde dans le tems de son mariage ; il n'est pas surprenant qu'il ne soit fait aucune mention d'eux dans son contrat de mariage, où l'on n'a énoncé que les personnes qui étoient presentes, ou interessées ; rien n'est plus naturel & plus ordinaire que cela. Les Sieurs Produisants sont dans la nécessité de faire cette remarque : en voici la raison.

Mr. le Conseiller de Cluny, qui cherche noise sur tous les points généalogiques de la Maison de Clugny, n'a pû suporter que ledit *Guillaume*, Seigneur de Monthelon, n'ait pas parlé de son pere & de sa mere dans son Contrat de mariage ; il prend de là sujet de déclamer à outrance contre lui, en disant que c'étoit un *glorieux* & un homme plein d'une vanité mal entenduë. (*V. la page 23 de son Inventaire imprimé.*)

Leur Guillaume de Clugny, (dit-il, dans sa grande Requête du 20. Décembre 1720. (p) étoit un glorieux ..... son orgueil paroît en son Contrat de mariage, où il se dit neveux du Cardinal de Clugny, sans faire, à son pere, l'honneur de le nommer dans cet acte. (Hé ! il n'avoit plus que faire de cet honneur, puisqu'il étoit mort depuis long-tems.) lui qui n'étoit, aprés tout, qu'un Maître Guillaume Licencié és Loix.*

(p) V. la p. 34 de la copie qui en a été signifiée. Il convient là que *Guillaume* apartient aux Sieurs produisants par ces mots : *leur Guillaume*. Dans d'autres écrits postérieurs, il dit qu'il ne leur apartient plus ; mais à lui seul. Sa mémoire peu fidelle le trahit en une infinité de rencontres. Les édifices bâtis en l'air ne sont pas ordinairement de durée.

Mais qu'étoit-il nécessaire de faire mention d'une personne morte dans un Contrat, où il ne s'agit uniquement que de la satisfaction & de l'interêt des vivants, même des plus jeunes, pour l'ordinaire, & des plus sains d'entre nous? *Jean de Clugny* pere de *Guillaume* étoit au Royaume où l'on ne parle plus de mariage : *neque nubent, neque nubentur,* dit l'Ecriture. Il étoit donc fort inutile de le faire paroître dans un acte, où les morts ne servent de rien.

Si Mr. le Conseiller de Cluny veut une réponse un peu plus sérieuse, on lui répondra, qu'on n'a jamais oüi dire qu'un homme fut un *glorieux,* pour s'être dit le neveu de son oncle. *Guillaume* est dit dans son Contrat de mariage neveu de *Ferry de Clugny* Evêque de *Tournay,* & de *Guillaume* Protonotaire du St. Siége. Sa femme *Françoise de Messey* y est dite *niéce d'un Chancelier de Bourgogne, & d'un Cardinal.* Tout cela étoit nécessaire à énoncer, parce que toutes les personnes ainsi qualifiées sont dites presentes au Contrat de mariage; il n'étoit pas même possible de faire autrement, à moins que par modestie on ne voulût ôter au Cardinal son Cardinalat, à l'Evêque son Evêché, & au Chancelier sa Dignité : étoit-il à propos de faire ce retranchement pour éviter la critique que fait aujourd'hui le Deffendeur aux arriéres petits neveux dudit *Guillaume?* le plus modeste d'entre les hommes ne le pensera pas ainsi. Où est donc cette fausse gloire & cette vanité prétenduë, attribuée à *Guillaume* de Clugny? parce qu'il s'est dit neveu de ses oncles, & qu'il n'a pas fait revivre son pere pour assister à son Contrat de mariage, c'est *un glorieux,* au sens du Deffendeur. En vérité sa critique est aussi bizarre, qu'elle est mal placée. La fausse *gloire* en ce sens là devoit rester où elle est, sans la placer où elle n'est pas.

g Dans son inven. imp. p. 23.

Dire, que *Guillaume n'étoit pas content de la condition de son pere, ni de l'alliance de sa mere,* comme fait le Deffendeur, (*q*) & *que c'est pour cela qu'il ne leur fait pas l'honneur de les nommer dans son Contrat de mariage.* C'est hazarder des expressions, sans apréhender la confusion d'être démenti. La Condition du pere de *Guillaume* étoit assés brillante, pour qu'il eût pû, s'il avoit été *un glorieux,* en tirer vanité. Le pere dudit *Guillaume,* comme on l'a vû plus haut, (*r*) avoit été Maître des Requêtes de l'Hôtel du Duc de Bourgogne, *Ambassadeur,* & homme trés-chéri de son Prince; n'y avoit-il pas de quoi faire honneur à l'homme le plus vain?

r V. les Num. 13. 14. 15. & 16. & le comment. sur ce dernier.

Sur ces mots de dédain : *Lui qui n'étoit aprés tout qu'un Maître Guillaume Licencié en Loix.* Qu'a-t'on à répondre au Deffendeur, sinon de le renvoyer à ce que l'on a observé ci-devant, sur les usages des siécles passés, pour qu'il y voye, que la qualité de Maître, & de Licencié en Loix, étoit l'avant-nom dont tous les Légistes & les Gens de Robe, les plus distingués se faisoient honneur. Les Maîtres des Requêtes, les Présidents, les Chefs de Conseil, en un mot tous ceux qui étoient revêtus des premieres Dignités de la Robe n'étoient point qualifiés autrement, comme on l'a prouvé. (*s*)

s V. La note faite sur le Num. 8.

Les Lettres Patentes qui suivent, vont faire voir que ce Seigneur, qui suivant les expressions du Deffendeur, *n'étoit qu'aprés tout qu'un Maître Guillaume,* &c. étoit Conseiller de Charles

les du Duc de Bourgogne en son Parlement , qu'il créa à Malynes.

Extrait des Lettres Patentes de Charles Duc de Bour-
gogne , contenant aprobation d'une Donation faite par
Barthelemy de Clugny, *Chanoine de St Lambert de*
Liege , à Guillaume de Clugny *son frere , Conseiller*
au Parlement de Malines, & Sgr. de Monthelon.

Num°.
XXX.
Cot. R. R. R.
au 5ᵉ. Sac.
19. Oct. 1474.

Charles par la Grace de Dieu , Duc de Bourgogne : &c. «
A tous ceux qui ces presentes Lettres verront , Salut. Sça- «
voir faisons que aujourdui datte de cestes, pardevant «
nôtre tres-Chier & Féal Chevalier & Chancellier le Sei- «
gneur de Saillant & d'Epoisse personnellement établis , «
à ce specialement constitué *Berthelemy de Clugny* Cha- «
noine de St Lambert de Liege & Archidiacre d'Avallon «
icelui *Berthelemy* considerant que notre Amé & Féal «
Conseiller en notre Cour de Parlement à Malynes, Mais- «
tre Guillaume de Clugny Seigneur de Monthelon , est «
son frere aisné & *Chief des Armes de la Maison* dont il «
est issu , laquelle il desire de tout son cœur entretenir «
en bonne union faculté & estimation , & d'autre part «
qu'il a eu plusieurs bons plaisirs & gratuités de sondit «
frere, & il est déja bien beneficié pourvû en Ste Eglise, «
pour sa vie , & entretenement & a esperance de l'estre en- «
core mieux , & pour l'amour singuliere & grande affection «
qu'il a audit Sgr. de Monthelon , de sa pure franche & li- «
berale voulenté , & de l'authorité de notre Amé & Féal «
aussi Conseiller, & premier Maistre des Requestes en Or- «
donnance de nostre Hôtel , Maistre *Guillaume de Clugny* «
Prothonotaire du St Siege Apostolique , & administra- «
teur perpetuel de l'Eglise & Evesché de Theroüenne, son «
Oncle & Curateur, illec present, & le authorisant, quand «
à ce, a donné , cedé , & transporté , & par ces presentes «
cede , donne , & transporte, perpetuellement , pour «
luy , & les siens, audit Seigneur de Monthelon son frere «
aussi present stipulant , & acceptant, pour luy, ses hoirs, «
heritiers & successeurs , tous & quelconques les biens, tant «
meubles, que heritages qui peuvent luy apartenir és suc- «
cessions de ses furent grant-mere paternelle, pere & mere , «
quelque parts qu'ils soient assis, &c. inclinans favorable- «
ment à la suplication & Requeste dudit *Berthelemy* «

K k

» *de Clugny*, avons lefdits dons, ceffions & tranfports, au
» profit dudit Seigneur de Monthelon, agrée, ratifié, con-
» firmé, & aprouvé, loüons, greons, ratifions, aprouvons
» & confirmons, &c. Donné en notre Ville de Malines, le
» 19. jour d'Octobre, l'an de grace 1474. *Signé fur le replis*
» par Monfeigneur le Duc, *& plus bas.* BATAULT, *avec*
» *paraphe.*

Barthelemy de Clugny, dont il eft parlé dans ce Titre, étoit frere, comme on le voit, de *Guillaume* Seigneur de Monthelon, & l'un des fils de *Jean* le Maître des Requêtes, & Ambaffadeur du Duc de Bourgogne, il étoit Chanoine de St. Lambert de Liege, (*t*) & Archidiacre d'Avalon, *Guillaume* fon oncle avoit eu cet Archi-diaconat avant lui, & *le Cardinal Ferry* auffi fon oncle avoit été Chanoine & Official de la même Eglife d'Avalon, fuivant que nous l'attefte Palliot, dans fon Parlement, p. 16. Il eft vrai que cet Auteur en parle d'une maniere douteufe en s'énonçant en ces termes: *Ferry de Clugny Chanoine & Official d'Avalon*, *ou d'Au-tun.* Mais ce doute eft levé en ce que l'on voit, fur une des plus belles Maifons Canoniales de l'Eglife Collegiale d'Avalon, les Armes dudit *Ferry*, écartelées au 2, & 3, de trois Fleurs de Lys d'or, ainfi qu'il avoit coûtume de les porter, avec le Cordon & Chapeau de Cardinal, ce qui prouve qu'il avoit été Chanoine dans cette Eglife; car il n'eft nullement vrai femblable que ce Cardinal eût fait bâtir une Maifon Canoniale, dans un endroit, où il n'auroit pas été Chanoine, & où il n'auroit jamais eu de domicile.

Les inductions que l'on veut tirer de ces faits, font que, puif-que l'on connoît furement, qu'il y a eu trois Ecclefiaftiques de la Maifon de Clugny, dont deux ont été Archidiacres, & un autre Chanoine dans l'Eglife Collegiale d'Avalon, il faut en conclure, que ce font ces Ecclefiaftiques qui ont fait pofer les Armoiries de leur Maifon, qui font aujourd'hui extantes dans la-dite Eglife. L'on voit ces Armoiries, non feulement fur une Maifon Canoniale, mais encore fur les vîtres de l'Eglife de St Pierre, qui eft contiguë à l'Eglife Collegiale, ou plûtôt qui ne fait qu'une feule & même Eglife, fur le Portail de cette Eglife, à la Clef de la voute, dans l'arcade du Chœur, fur un bâton d'argent que les Chanoines portent aux Proceffions, &c. Cependant le Def-fendeur prétend dans fes écrits, (mais il le pretend fans preuve) que ce font fes auteurs qui ont apofer ces mêmes Armoiries; parce que, dit-il, ils refidoient à Avalon; on traitera ce point de fait dans un autre endroit, mais ce n'eft pas ici le lieu.

Une feconde obfervation que l'on doit faire fur ce Titre, c'eft que *Guillaume de Clugny*, Seigneur de Monthelon, étoit Con-feiller au Parlement de Malines (*u*) en 1474. comme il y eft

t On ne reçoit dans ce Chapitre des Nobles ou des Docteurs.

(*u*) Guillaume fut un des premiers Confeiller du Parlement de Malynes, puifque l'établiffement de ce Parlement fut fait par Charles Duc de Bourgogne, en 1474. fuivant que l'attefte Palliot dans fon Parlement, page 68. Monfieur de Chaffeneuz dit qu'il fut Confeiller de *Charles* Duc de Bourgogne. Commentaire fur la Coutume, page 25.

qualifié en ces termes : *Nôtre Amé & , Feal Conseiller en nôtre Cour de Parlement à Malines, Maître Guillaume de Clugny, Seigneur de Monthelon.* Le Défendeur ne pouvoit pas ignorer cette Dignité qui lui étoit attachée ; puisque la piéce dont il s'agit lui a été signifiée, & qu'il l'a vûë dans le 5e. sac des Produisans, pendant plusieurs mois qu'il a eu leurs piéces en sa puissance ; cependant dans tous ses écrits il ne qualifie pas ledit *Guillaume* autrement que d'*Avocat.* (*x*) On le défie de faire voir aucune piéce où *Guillaume* soit qualifié sous cette dénomination du mot, (Avocat,) non pas que les Produisans n'estiment cet état ; puisqu'ils sçavent que pour posséder la plus éminente Dignité du Royaume, qui est celle de Chancelier, il faut être reçû auparavant Avocat. *Guillaume* de Clugny avoit passé par-là avant que d'avoir été reçû Conseiller au Parlement de Malines, c'étoit une formalité absolument nécessaire ; mais dés qu'il avoit été Conseiller au Parlement ; c'étoit à cette qualité qu'il faloit s'en tenir, pour le dénommer de la sorte. Si dans cent ans ou deux cens ans d'ici l'on a occasion de parler de Mr. le Cons. de Cluny, on n'en parlera pas sous la dénomination d'Avocat, quoiqu'il l'ait été, mais sous celle de Conseiller, & cela fera honneur à sa postérité, si Dieu la conserve ; il devoit donc pratiquer la même chose à l'égard de *Guillaume de Clugny*, qui fut Conseiller au Parlement, aprés avoir été Avocat, & ne pas dire comme il a fait en parlant aprés de lui, *que ce n'étoit tout qu'un Maître Guillaume licentié en Loix*, (*y*) à moins qu'il ne veüille mépriser & avillir en autrui l'état qu'il a eu, & celui qu'il a encore aujourd'hui. Cela lui arrive assés souvent.

Ce n'est pas tout, presque par tout où il parle dudit *Guillaume*, il ne le qualifie que de *Sieur* de Montelon ; au lieu que dans tous les Actes, il est qualifié *Seigneur.* L'on voit en effet que *Guillaume* étoit un assez puissant Seigneur, pour que le Deffendeur pût lui donner, sans blesser la modestie, cette qualité ; les illustrations de sa naissance & de son alliance, la qualité de Seigneur qu'on lui a donné dans tous les Actes où il est parlé de lui, méritoient bien qu'on ne lui déroba pas encor aujourd'hui cette qualité.

Mais que dira-t-on de la modestie de Monsieur le Conseiller de Cluny, à traiter si simplement les enfans de la Maison de Clugny, quoique revêtus de grandes Dignités, tandis qu'en parlant de ses Autheurs, il leur donne si liberalement la qualité de Seigneur qu'il refuse aux autres ? *Georges* de Cluny son Trisayeul étoit propriétaire de la Terre d'Estaules, il étoit Prevôt d'Avalon, Charge assés mediocre, puisque les apellations des Jugemens qui sont rendus dans cette Justice ressortissent au Bailliage, & qu'elle ne donne aucun Privilége, pas même exemption de taille ; cependant quand le Defendeur a occasion de parler de lui, il le dénomme en ces termes ; (*z*) *Noble & sage Maître Georges de Clugny Seigneur d'Estaules, & de Prejouan, Docteur ès Droits, & Juge pour Sa Majesté à la Prevôté Royale d'Avalon.* Ces qualités de *Noble* & de *Seigneur* dont *George* se decoroit, & dont son arriére petit fils fait parade dans ses écrits, sont-elles repétées bien à propos, ou plûtôt ne le sont elles pas pour en imposer au

x V. la page 4. & 22. de sa Rep. imp. & son invent. imp. page 23. 28. 29. &c.

y Dans sa Requête du 20. Decembre 1720. page 34. de la copie.

z V. Son inven. impr. page 9.

Public ? de quelle nouvelle efpece étoit donc ce *Noble* & ce *Seigneur* qui n'avoit point acquis la Nobleffe par lui même, qui ne l'avoit pas reçûë de fes Auteurs, & qui ne la point tranf-mife à fa pofterité, ainfi qu'on le fera voir, lorfque l'on don-nera au Public la généalogie du Deffendeur ?

Il eft donc conftant que *Guillaume de Clugny* Seigneur de Mon-thelon, & de nombre d'autres Terres, qui fut Confeiller au Parle-ment de Malynes, fils d'un Maître des Requêtes & Ambaffadeur du Duc de Bourgogne, neveu de deux Cardinaux, de trois E-vêques, d'un Baillif d'Epée d'Autun, & de Montcenis, d'un Chancelier de Bourgogne, &c. iffu lui même d'une haute No-bleffe, puifqu'il defcendoit de *Guillaume* 1er. Baillif d'Epée de Dijon, comme on le voit dans l'Acte qui fuit de 1509, meritoit bien mieux la qualité de Seigneur que *George* Prevôt d'Avalon, qui étoit un Roturier.

Une 3e. obfervation, qui fe tire des Lettres Patentes de Char-les Duc de Bourgogne, dont l'on vient de donner l'extrait ; c'eft que *Guillaume de Clugny* y eft dit, *Chef des Armes de la Mai-fon dont il eft iffus*, ce qui confirme que ledit *Guillaume* étoit lui même d'une ancienne Maifon & de la haute Nobleffe ; car ce terme de (Maifon) n'eft propre qu'aux Souverains, aux Princes, & à la haute Nobleffe. (*a*) C'eft ainfi que les Auteurs en parlent, & qu'ils fe concilient avec les Titres & les ufages ; cependant le Deffendeur jaloux de tous les Titres d'honneur qui ont été donnés aux Autheurs des Produifans, ne peut fouffrir quo'n fe ferve aujourd'hui du terme de *Maifon* à leur égard, il fe récrie dans tous fes écrits là contre, & foutient qu'il faut dire *Famille*, & non *Maifon* ; les Lettres Patentes de Charles Duc de Bourgogne que l'on vient de voir font déja une preuve de fon erreur. On lui en fournira beaucoup d'autres dans la fuite de cette production.

a C'eft ainfi que le Deffendeur s'en eft expliqué dans fes écrits·, V. fon plaidé dans le Pro-cés verbal dreffé à Autun le 30. Juillet 1722. & fa fomma-tion du 8. d'Août 1720.

Num°. XXXI.

Cot. T. T. T. au 5e. Sac.

Reftituéepar Ar. du Parl.

5. Nov. 1492.

Copie d'une Commiffion du grand Chambellan de France donnée à Guillaume de Clugny *contre quel-ques Particuliers d'Autun, qui ufurpoient les Armes de la Maifon de Clugny.*

„ Philipe de Hocber Comte de Neuf-Châtel, Sei-
» gneur de Rochelin, grand Chambellan de France, &
» Marefchal de Bourgogne, au premier Huiffier des Par-
» lemens de Bourgogne, Chevaulcheur, ou Huiffier
» d'Armes, ou autre Sergent Royal juré requis, Salut.
» De la part de notre bien-amé Maiftre *Guillaume* de
» Clugny, Seigneur de Monthelon, licentié en tous
» droits, nous a été expofé que *de toute ancienneté luy*
» *& fes Prédeceffeurs dont il eft iffu, hû, & prinfe ori-*
» *gine & naiffance comme iffu & extrait de bonne &*
» *ancienne Nobleffe ont accoutumè de pourter les Noms*
&

& *Armes de la Maison* (*b*) *de Clugny* & combien
que selon droit & raison, il ne soit libre & loisible à
quelconque personne que ce soit, s'il n'est du Surnom
dud. Clugny de pourter, ou faire pourter en quelque
façon que ce soit lesd. Armes de Clugny, soit pures
meslées, ou aïant quelque difference, ce nonobstant
Clere Paisseaul Femme de feu *Jehan Michel*, *dit le*
Goux de Nuis, *Guillemette Michel*, *dit le Goux* Femme
d'Antoine Charnos demeurant à Ostun, & autres Freres & Sœurs Enfans, desd. *Michel*, & *Clere Pais-*
seaul de leur authorité indeument puis certain temps
en ça se sont ingerés & entremis de pourter lesd. Armes de Clugny, les aucuns purement & les autres
meslées, avec d'autres choses à leurs plaisances, en y
mettant quelque difference, outre le gré & voulenté
dud. Seigneur de Monthelon exposant Chief desdits
Armes d'iceulx de Clugny & en son grand deshon-
neur préjudice & dommage, & que pour avoir sur ce
provision & remede convenable, il se soit en notre
absence, & nous étant, avec le Roy notred. Seigneur,
tiré par devers Monsieur de Vaudrecourt, Lieutenant
Général du Roy en sesd. païs de Bourgogne, auquel
il avoit exposé les choses dessusd. & sur ce requis
provision tellement qu'il obtint dud. Seigneur de Vauldrecourt mandement & provision des choses dessusd.
& par vertu d'icelui fit faire commandement de par
le Roy notred. Seigneur, & sond. Lieutenant Général à lad. *Clere Paisseaul*, *Guillemette le Goux*, Femme dud. *Antoine Charnos*, & à certains autres leurs
complices qu'ils se depourtassent, & desistassent de pourter & faire pourter lesd. Armes de Clugny, & qu'ils
les otassent & effacissent, ou fissent oster, & effacer
des lieux & places esquelles ils les avoient fait mettre
fust *en vittres*, bois, pierres ou pointures, & en quelque façon & maniere que ce soit; & ce sur certaines
& grosses peines, à commettre par les desfusd., &
apliquer au Roy mond. Seigneur en cas de deffault,
auquel commandement lad. *Clere Paisseaul*, *Guillemet-*
te le Goux & sesd. complices se oposerent; pour raison de laquelle oposition fut, à iceux oposans, assi-
gnés à être & comparoir, pardevant led. Seigneur de
Vauldrecourt, pour dire proposer & débattre les causes

b Seconde preu-
ve, que l'on
doit dire *Mai-*
son de Clugny,
& non famille,
comme le pre-
tend le Deffen-
deur.

L l

,, de leurd. opofition, répondre fur ce à icelui Seigneur
,, de Monthelon, proceder en outre, & avant aller fe-
,, lon raifon pendant lequel different, & avant que led.
,, Seigneur de Vaudrecourt en ait pris aucune connoiffance
,, de la matiere defd. Armes, led. Seigneur de Monthelon
,, à la Requefte, & pourfuitte de Maiftre *Jehan Char-*
,, *not*, Maiftre *Humbert le Goux* & *Richard de Macheco*
,, eulx faifant fors pour & au nom de lad. *Clerc Guille-*
,, *mette le Goux* & autres leurd. complices opofans aud.
,, commandement pour pacifier icelui different amiable-
,, ment fe condefcendirent & fubmirent de eftre à droit,
,, fur ce que feroit dit & apointé dud. different par *Maif-*
,, *tre Thomas de Pleine (c) Seigneur de Maigny &*
,, *fecond Prefident en Bourgogne* auquel ils donnerent
,, pouvoir & puiffance de cognoiftre, juger, & décider
,, icelui different, & tellement que par vertu dud. com-
,, promis, les Parties comparoiffans aprés ce que lefd. Opo-
,, fans eurent plufieurs delais furent apointé que Enquefte
,, fomaire feroit faite d'un cofté & d'autre par Maiftre
,, *Guy de Frafans* Secretaire du Roy, & Greffier en
,, cette inftance dedans certain temps contenu en icelui
,, appointement, une fois pour toute & pour tout delays,
,, & fur peine d'eftre forcleux, & à oüir droit à certain
,, autre jour. Comme de toutes ces chofes led. Seigneur de
,, Monthelon dit faire deument apparoir. Or dit au prefent
,, led. Seigneur de Monthelon, qu'il a fournis aud. apoin-
,, tement, & pendant, & durant led. arbitrage, & com-
,, promis, led. Seigneur Prefident a été abfent, par le
,, commandement du Roy (d) du moyen de ce il n'a
,, pû proceder à juger & determiner led. different, ains
,, eft demeuré indecipt en fon trés-grand grief, preju-
,, dice & domaige, comme dit iceluy Seigneur de Mon-
,, thelon, expofant; & plus feroit fe par nous ne luy
,, étoit fur ce pourvû de remede convenable humblemens
,, requerrant icellui. Pourquoy nous ces chofes confide-
,, rées attendu, mefmement que de telles & femblables
,, matieres concernans fait d'Armes, & de Nobleffe étant
,, de notre office la connoiffance nous en appartient ef-

(c) Maitre *Thomas de Plaine* ; c'eft ainfi que l'on qualifioit les Gens de Robe de la haute Nobleffe. Il avoit été Confeiller au Parlement de Malines, auffi bien que *Guil-laume de Clugny*, dont il eft parlé dans cette acte. V. le Parlement de Palliot, page 68.

(d) Il s'étoit retiré au fervice de *Maximilian* Roy des Romains, & fut fait Chan-celier durant le regne de fon Fils. Palliot ibid.

dits pays de Bourgogne. (*e*) Vous mandons en com- «
mettant par ces Prefentes fe meftier adjourner à com- «
paroir pardevant nous quelque part que foïons à la «
Requefte dud. Seigneur de Monthelon expofant à cer- «
tain & competant jour tel que requis ferés lad. *Clere* «
Païffeaul, Guillemette le Goux, femme dud. Antoine «
Charnot & tous leurfd. Complices & tous autres «
dont requis ferés , par led. Expofant, non comprins «
en cefte prefente pourfuitte, fournis & garnis de tous «
les actes apointemens , écritures , enqueftes , & autres «
procedures faites en lad. caufe amyable & de tout au «
furplus ils fe voudroient aider en cette partie à l'en- «
contre dud. Expofant, pour proceder & aller avant en , «
& fur lad. caufe, avec led expofant, felon les derniers «
apointemens fais pardevant led. fecond Prefident. Et «
autrement ainfi qu'il apartiendra , par raifon avec inti- «
mation, en tel cas pertinent, que viennent comparent , «
ou non, nous procederons oultre en lad. caufe fur ce «
qui fera mis en court pardevant nous , de la part «
dud. Seigneur de Monthelon foit à luy bailler provi- «
fion , on autrement ains que trouverons la matiere dif- «
pofée par raifon , eux abfent nonobftant & pour ce «
qu'il na foyt a nulli de quelque état qu'il foit , de pren- «
dre & pourter Armes, s'il n'eft Noble d'origine ou par «
congé & licence du Roy & que l'on dit les deffufd. «
avoir prins de leur authorité privée Armes. Nous man- «
dons au Procureur General du Roy notred. Seigneur «
efd. Pays de Bourgogne , ou a notre amé Jehan Gaur- «
ry demorant à Oftun que comettons ad ce de chacun «
d'eux qu'ils informent bien & deument, & par efcript «
de la delation & prinfe defd. Armes faite par les def- «
fufd. & chacun d'eux , & l'information qui en fera «
par eux , ou l'ung d'eulx faite , nous envoyent , ou «
aportent feablement clofe & fceellée, pour icelle vu y «
pourvoir , & apointer ainfy qu'il apartiendra , par rai- «
fon que at de ce faire & les dependances. Leur avons «
donné & donnons , par ceftes , & à chacun d'eulx , «
plein pouvoir , puiffance , auctorité & mandement. «
Mandons & commandons , à tous les Jufticiers , Offi- «

(*e*] Voilà la preuve que le Maréchal de Bourgogne connoiffoit des matieres qui concernoient les Armes des Nobles. Le Deffendeur a foûtenu dans fes écrits qu'il n'avoit aucune Jurifdiction fur ce fait. Mais mal, ce *Titre* eft une preuve contraire.

„ ciers , & Subjects du Roy notred. Seigneur que à eux
„ & chacun d'eulx en ce faisant, obéïssent & entendent
„ diligemment , leur prestent & baillent Conseil, Con-
„ fort , & aide , se mestier est, & requis en sont , &
„ nous certifier souffisamment de tout ce que fait en au-
„ rés. Donné en notre Ville de . . . . le 5e jour de
„ Novembre l'an 1492. *Signé* HOCBER.

    Cette Commission du grand Chambellan de France, & Maréchal de Bourgogne, donnée à *Guillaume de Clugny*, Seigneur de Monthelon , pour faire assigner *Claire Paisseau & Guillemette le Goux* , aux fins de leur faire quitter les Armes de la Maison de Clugny, qu'elles avoient mêlées avec les leurs, prouve d'abord que le Procés que l'on a avec le Deffendeur, au sujet des Armoiries qu'il porte, & qu'il n'a pas droit de porter, n'est pas une chose nouvelle & innoüie, comme il le dit dans tous ses écrits: Elle fait voir au contraire, la possession, où sont les Demandeurs de leurs Armoiries, à l'exclusion de tous autres. *Guillaume de Clugny* qui avoit obtenu la Commission, que l'on vient de voir, étoit jaloux de ses Armoiries, au point qu'il ne vouloit pas que les Femmes descenduës du même tronc que lui, les portassent dans une Famille étrangere; il eut instance à ce sujet là en 1492. par-devant le grand Chambellan de France, & Maréchal de Bourgogne, qui avoit droit de connoître des differens meus au sujet des Armoiries, comme l'atteste cette même Commission. On ne sçait quel sort eut cette instance. Le *faux Cluny Vallevron* , qui fut condamné par Arrêt du Parlement en 1658. de restituer les piéces de la Maison de Clugny, n'a restitué que cette seule piéce, avec une Assignation, qui concerna cette instance; quoiqu'il en soit, après lui *Charles de Clugny* Baron de Grignon, Seigneur d'Aisy, eut un Procés sur le même sujet ; mais dans d'autres circonstances; ce fût contre ledit *faux Cluny Vallevron* , qui n'étoit point de sa Maison, qui s'en disoit néanmoins, & qui en portoit les Armes. Celui-ci fut condamné à les quitter par le même Arrêt de 1658. Aujourd'hui il y a même difficulté avec Monsieur le Conseiller de Cluny, parce qu'il n'est pas de la Maison de Clugny. Ce n'est donc pas une chose inoüie & nouvelle, comme il le dit, puisque c'est pour la troisiéme fois qu'il y a eu Procés à cet égard.
    Revenant à *Claire Paisseau* , & *Guillemette le Goux* , ausquelles *Guillaume* avoit suscité une instance, au sujet des Armoiries de la Maison de Clugny qu'elles portoient. Le grand Armorial de France nous instruit qu'elles descendoient *d'Aglantine* , qui étoit de la Maison de Clugny, & que c'est pour cela, qu'elles portoient écartelé de Clugny. Il faut éclaircir ceci en raportant les termes de cet Armorial.

„ *Guillemette le Goux* , est il dit à la p. 341. Fem-
„ me de *Jean Gilley*, Seigneur d'Aillepierre , & de Mar-
                        vot ,

vot ; dont eſt deſcendu le Baron de Franquemont, au «
Comté de Bourgogne fille de *Jean le Goux* Ecuyer, «
Seigneur de la Berchere, quatriéme Ayeul de cet illuſ- «
tre *Pierre le Goux*, Seigneur de la Berchere, qui eſt «
mort premier Préſident à Grenoble, aprés avoir ſuccedé «
à ſon pere en la même Charge au Parlement de Dijon, «
& qui a pour Succeſſeur à celui de Grenoble, *Denis* «
le Goux, Marquis de Santenay, ſon frere, portoit de «
Clugny, à cauſe d'*Anglantine de Clugny* ſon Ayeule ma- «
ternelle, *flanqué en ſautoir à dextre de le Goux, & à* «
ſeneſtre de Paiſſeau, à cauſe de *Claire Paiſſeau* ſa me- «
re, fille de *Jean Paiſſeau*, Ecuyer, Seigneur de Mau- «
pas, & de ladite *Aglantine*. «

    Aprés ces termes, l'on voit aud. Armoirial les Armoiries que
portoit ladite Guillemette le Goux, ainſi gravées.

    Il paroît donc, par ce que nous atteſte le grand Armoirial, (car
juſqu'ici, on n'a pû trouver aucuns Titres qui parlent de cette
Aglantine de Clugny) que lad. *Guillemette le Goux* étoit petite
fille d'*Aglantine de Clugny*. Pour mieux éclaircir cette deſcendance ; en voici les degrés figurés avec les alliances.

Ayeule.   *Aglantine de Clugny*, mariée à *Jean Paiſſeau*,Ecuyer,
             Seigneur de la Berchere, eut de lui

$$||$$

Mere.   *Claire Paiſſeau* , mariée à *Jean le Goux* , Ecuyer,
             Seigneur de la Berchere, quatriéme Ayeul de *Pier-*
                                M m

rd le Goux, Premier Prefident au Parlement de Grenoble, eut de lui

| |

Guillemette le Goux de quâ. Mariée deux fois;
l'une à *Jean de Giley*, Seigneur d'Aillepierre, comme
l'attefte le grand Armoirial : l'autre à *Antoine Charnot*, comme il le paroît par le Titre précedent, &
felon Mr Chaffeneuz. *Parte Primâ Catal. Glor. mundi*
p. 37. *edit.* 1537.

Guillemette le Goux portoit donc, comme on vient de le voir,
de Clugny, de Paiffeau, & de le Goux, qui étoient les trois familles d'où elle tiroit fon origine. *Claire Paiffeau* fa mere, portoit auffi écartelé de Clugny, à caufe *d'Aglantine* fa mere, c'eft ce
qui fit le fujet du Procés qu'il y eut entre elles & *Guillaume de
Clugny* Seigneur de Monthelon, qui ne vouloit pas fouffrir que
des femmes, qui ne portoient pas fon nom, portaffent neant-
moins les Armes de fa Maifon.

Il ne s'agit pas ici d'examiner, fi la pretention de *Guillaume
de Clugny* étoit bien, ou mal fondée ; tant parce qu'on ne fçait
pas qu'elle en fut la décifion, pardevant le Maréchal de Bourgogne, que parce que l'affaire qui eft aujourd'hui à décider, eft bien
differente. *Guillemette le Goux*, & *Claire Paiffeau* fa mere, portoient écartelé de Clugny, parce qu'elles defcendoient de cette
Maifon par les femmes, au lieu que le Deffendeur n'en defcend
point, du moins legitimement, & qu'il les porte à pur & à plein.

Monfieur Chaffeneuz, au lieu que l'on vient de citer, raporte
quelle fut l'origine de ce Procés, & comment le poffeffoire fut
decidé avec *Antoine Charnot*, mari de ladite *Guillemette le Goux*;
en ces termes.

    » Fuit alias fimilis queftio in hac Civitate Æduenfi inter
  » nobilem virum *Guillelmum de Clugny*, & honorabilem
  » virum *Antonium Charnot* (*f*) hujus Civitatis recepto-
  » rem, qui contendebant inter fe, eo quia dictus *de Clu-
  » gny* dicebat, quod non licebat alteri defferre duas cla-
  » ves aureas in campo azureo, cum effent arma illorum
  » *de Clugny*. Ex parte cujus *Charnot* dicebatur, quod po-
  » terat illas in fcuto quartelato portare, cum armis fui
  » patris, eo quia ejus mater erat ex profapiâ & cognatione
  » *de Clugny* &c. pluraque alia hinc inde allegabant : tan-
  » dem venerabilis & fcientificus vir Magifter *Joannes Char-
  » not*, qui tunc erat Confiliarius Parlamenti Divionenfis,
  » Canonicus Heduenfis *fubtilis & cautus* dicebat claves
  » quæ erant in armis fuis, & fui fratris, non effe fimiles

    f Il y a *Charnot*, mais c'eft une faute, il faut Charnot. Le nom de fon frere,
qui étoit Confeiller au Parlement, eft ainfi écrit au *Parlement de Palliot*, p. 150. & il
eft de même dans la Commiffion, dont on vient de voir la copie.

clavibus exiftentibus in armis illorum *de Clugny*. Quo- "
niam fuæ erant perforatæ, aliæ verò non ; ex quo erat "
differentia & diffimilitudo, inter eafdem. Tandem quia "
prædictus *Guillelmus de Clugny* fregerat vitrinas exiften- "
tes in Eccleſiâ Sancti Pancratii, ubi erant depicta Arma "
dicti *Charnot*, fuit condemnatus ad illas refficiendas & "
fuis expenſis fuerunt refectæ, prout prius erant cum Ar- "
mis in quibus funt adhuc duæ claves ; fed an fint perfora- "
tæ, vel non ignoro. "

Le Deffendeur qui a cherché à ébloüir le Public, par fes
écrits, triomphe de ces termes que l'on vient de raporter. Il dit
que fes adverſaires *devoient s'être fait ſages, ſur cet exemple.* (g) *La*   g Invent. imp.
cauſe de Monſieur de Clugny, dit-il, *eſt bien plus favorable que*   pages 28 & 29.
celle de Charnot. Voyons en raportant ſes termes ſous une colom-
ne, & y répondant ſous l'autre, s'il dit vrai.

Celui-ci, dit-il, (*h*) *ne por-* *toit pas le nom de Clugny, il étoit* *ſeulement allié à la famille du* *Chef de ſa Mere.*	*Rep.* C'eſt parce que, *il ne* *portoit pas le nom de Clugny*, que *Guillaume* avoit crû être en droit de l'empêcher de porter ſes Armes. Et c'eſt parce qu'il

                                     h Invent. imp.
                                     page 28.

étoit allié à la famille du Chef de ſa mere, que ledit *Guillaume* ne
devoit pas caffer, comme il fit, les vîtres, ou les Armes de Clugny étoient peintes, avec celles de Charnot. *Poterat illas in ſcu-*
to quartelato portare cum Armis ſui patris. Voila donc déja une
grande différence.

La poſſeſſion de Charnot, con- tinuë le Deffendeur, (*i*) *de por-* *ter les Armes de Clugny, ne pou-* *voit être ancienne ; puiſqu'on* *n'avoit été en droit de les pren-* *dre, dans ſa famille, que depuis* *le mariage de ſa mere, ce qui ne* *remontoit pas bien haut.*	*Rep.* Si *Charnot* n'avoit été en droit de prendre les Armes de Clugny que depuis le mariage de ſa mere : donc ce n'eſt que par alliance qu'il avoit droit de les porter. Si ce n'eſt que par allian- ce. Donc ceux qui ne font point iſſus de la Maiſon de Clugny, pas même du côté des femmes,

                                     i Ibid.

n'ont pas droit d'en porter les Armes. Cette conſequence eſt néceſſaire, ſuivant l'aveu propre du Deffendeur.

Ce n'étoit qu'un Receveur de la *Ville d'Autun. Emploi qui n'a ja-* *mais paſſé pour honnorable.* (*k*)	*Rep.* Qui eſt-ce qui lui a dit, que dans ce tems là, cet emploi ne fut honorable ? Il ne déroge point, *Charnot* étoit d'une famil-

                                     K Ibid.

le Noble. On le prouvera par le Titre ſuivant. Mr Chaſſeneuz
énonce qu'il avoit un frere qui étoit Conſeiller au Parlement de
Dijon, ce n'étoit donc pas un homme de bas étage ; il dit encore que ce frere étoit un homme fin & adroit : *Conſiliarius ſubtilis*
& cautus, cela ſe trouve chés le Deffendeur, à la lettre, ſi le reſte
ne s'y rencontre pas.

Monfieur de Clugny au contraire, continuë le Deffendeur, en parlant de lui, (*l*) *a par devers lui une poffeffion de plus de trois cens ans, tant par lui, que par fes predeceffeurs du Nom & des Armes; il eft revêtu d'une Dignité, & fes predeceffeurs ont exercé des Magiftratures, avec lefquelles l'emploi de Receveur d'une Ville n'eft jamais entré en comparaifon.*

l Invent. imp. page 28.

Rep. Mr de Cluny fupute mal. S'il defcend de *Jean de Clugny* Garde des Sceaux, comme il l'a inventé, il fe méconte d'une moitié; car ce *Jean* étoit de la Maifon de Clugny, comme on la fait voir, & cette Maifon eft en poffeffion de fes Armes, depuis plus de 600. ans, fuivant le témoignage des Auteurs qu'on a raporté; mais cette invention ambitieufe eft détruite, tant parce que l'on a dit plus haut, en parlant des enfans dudit *Jean*, que par le peu de connoiffance & le peu de ménagement qu'il a fait paroître d'une Maifon dans laquelle il voudroit s'anter. *Il eft revêtu d'une Dignité*, dit-il, on le fçait. Jean *Charnot* Confeiller au Parlement, qui étoit frere *d'Antoine*, n'avoit-il pas la même Dignité que lui? Il étoit Partie au Procés, & il y fournit fes exceptions, en difant que les clefs qu'il portoit n'étoient pas femblables, en ce qu'elles étoient percées, au lieu que celles de *Guillaume* ne l'étoient pas. *Sua erant perforata, alia vero non. Ses predeceffeurs*, continuë le Deffendeur, *ont exercé des Magiftratures.* Des Magiftrats qui ont tous payé la Taille, font de trés-petits Magiftrats. *Avec lefquels l'emploi de Charnot n'eft jamais entré en comparaifon.* Cela eft vrai; car l'emploi de Charnot étoit fort au-deffus des pretenduës Magiftratures de fes prédeceffeurs, & fa perfonne auffi, puifqu'il étoit Noble, & que ces pretendus Magiftrats ne l'étoient pas.

Suivant ces notes, il n'eft perfonne Jurifconfulte, ou autre, qui ne fut en état de juger, que l'inftance que *Guillaume de Clugny* eut avec *Charnot*, loin de fervir au Deffendeur, comme un préjugé legitime, ne foit au contraire un préjugé de condamnation.

Guillaume avoit brifé des vîtres, de fon propre mouvement, dans un lieu redoutable; lui étoit-il permis de fe rendre juftice? Les Armes d'une de fes parentes s'y trouvoient mipartie, avec d'autres; pouvoit-il empêcher cette écartelure? Il fut condamné à rétablir le défordre qu'il avoit fait. Cela étoit jufte. Aucune de toutes ces circonftances ne fe trouvent ici. Que l'on iuge maintenant, par cet échantillon, de la folidité des autres moyens employés, avec tant de fecurité, de la part du Deffendeur!

Ce n'eft pas tout. Il fe fert de l'autorité de Monfieur Chaffeneuz (c'étoit un veritable & grand *Magiftrat* celui-là;) veut-il y prendre droit? Soit: nous y confentons. Voyons donc, auquel des Contendans, il donnera le tort, & ce qu'il penfe de ceux qui ufurpent les Armes d'autruy? Le voici: *dicit Baldus in L. 2. Cod. quæ res vendi non poffunt, quod fi quis affumat Arma, feu infignia alterius, qui eis longo tempore ufus f erat, tenetur pœnâ falfi, ut fæpè allegatum, & comprobatum eft fuprà.* Il eft coupable du crime de faux. Que le Deffendeur s'aplique ceci.

ceci. Monſieur Chaſſeneuz eſt-il ſeul de ſon ſentiment ? Non. ſuivons ce qu'il dit ; *ita etiam tenet Joannes de Montolono conci-* *vis & contemporaneus noſter. In ſuo promtuario juris in verbo, Ar-* *ma........ Angelus de Peruſio*, in Conſ. ſuo 79. & Conſil. 281. in penult. col. *Dicit quod graviſſimum & injurioſiſſimum* *eſt videre Arma Agnationis ad extraneos devoluta.* (*m*)

Monſieur le Conſeiller de Cluny traite cela néanmoins , de minucie. Les gens ſages n'aprouvent point une telle démarche, dit-il ; c'eſt plaider pour rien , & ſe faire mocquer de ſoy : & il aplique à ce ſujet les termes d'un ancien : *ſi vel aſinus canem* *momorderit litem movebit.* (*n*) Y a-t'il bien penſé , lorſqu'il a fait cette aplication ? Lui fait-elle honneur , en particulier , lui qui a donné lieu au procés, dont il s'agit ?

Si Monſieur le Conſeiller *de Cluny* prétend éluder ces autori-tés, en ſe prévalant de la préſcription qu'il allegue, il n'en ſera pas plus avancé. (*o*) Car le même Auteur ſoûtient formelle-ment que les perſonnes non Nobles ne peuvent point préſcrire les Armes d'un Noble. *Sed non ignobilis poteſt præſcribere Arma* *Nobilis propter incapacitatem , ex ante dictis , cum talis habeatur* *pro incapace.* Concl. 47. n. 3. or il eſt prouvé que tous ſes Au-teurs n'étoient point Nobles. Donc , &c.

Il auroit donc mieux valu, que le Deffendeur eût laiſſé dor-mir Monſieur Chaſſeneuz, que de le reveiller ſi mal à propos pour lui. Mais ce n'eſt pas ici le lieu d'examiner la queſtion de droit, on la traitera ſurabondamment dans un autre tems.

m Chaſſaneuz *ca-* *tal. glor.mundi concl.* 21. n. 3. & 4.

n Dans ſa répon-imp. page 22.

o Le Deffendeur dit au même en-droit que Mr Chaſ-ſeneuz ſoûtient , que le nom & les Armes ſe peuvent préſcrire. Cela eſt faux en ce rencon-tre. Voilà la preuve du contraire.

Extrait d'un traité fait entre Jean de Clugny, *Sei-* *gneur de Champeculeon, &* Loüis de Charnos, *Sei-* *gneur de Fauverges, ſon Beau - frere.*

Num°. XXXII.

Au Nom de Nôtre - Seigneur, l'an de l'Incarnation 1483. & le 13. jour d'Avril, je *Jean de Clugny*, Ecuyer, Seigneur de Champeculeon, ſçavoir fait à tous preſens & avenir, que ces preſentes Lettres verront & ourront, que comme à ce jourdhui & avant la datte de ces Preſentes, *Noble Homme Loüis de Charno, Ecuyer,* *Seigneur de Fauverges, & Damoiſelle Marie de Clu-* *gny ſa femme ma ſœur,* m'ayant cedé, remis & tranſ-porté & délivré preſentement pour moi, & mes hoirs & ayans cauſe de moi, au tems, & avenir, la ſome de mil livres, ou cent livres monnoye courrant de rente annuelle & perpetuelle dûë à ladite Demoiſelle *Marie de Clugny madite ſœur,* par les heritiers de feu Noble Homme Claude de Cordeſſe, Ecuyer, Seigneur de Marcey, &c. Fait & paſſé pardevant Jean Prieur No-taire publique, Juré de ladite Cour. *Signé,* PRIEUR.

" 13. Avril 1483
" Cotte
" Au 6e. Sac.
"
"
"
"
"
"
"
"
"
"
"
"
"
"
"
"

Ce titre eſt la preuve de ce que a raporté Monſieur Chaſſeneuz, en difant que *Antoine Charnot* (contre lequel *Guillaume de Clugny* eut un procès touchant ses armoiries) étoit Fils d'une de Clugny: *ejus mater erat ex profapiâ & cognatione de Clugny.* Et en effet *Marie de Clugny*, fa mere, qui eft dite, dans cet acte, Sœur de *Jean* Seigneur de Champeculeon, étoit fille de *Geoffroy*, Seigneur de Champeculeon, qui fut Fils de *Jean de Clugny* Garde des Sceaux, Seigneur d'Alone & de Champeculeon, le prétendu 8e. Ayeul du Deffendeur.

Ce Titre eft encore la preuve de ce que l'on a dit plus haut, que *Antoine Charnos* étoit Noble, puifque *Loüis* fon pere eft qualifié dans cet acte *Noble homme Loüis de Charnos Ecuyer, Seigneur de Fauverge.* Cet état Noble lui donnoit droit de porter des Armoiries. Ses Armoiries étoient *un champ d'azur au Chevron d'or de deux pièces, accompagné de trois rofes d'argent*; ainfi que l'attefte Palliot dans fon Parlement de Bourgogne, p. 150. en parlant de *Jean Charnot* Confeiller au Parlement, qui étoit Frere dud. *Antoine*; celui-ci portoit dans fes Armes écartelé de la Maifon de Clugny, d'où il fortoit du côté de fa mere, n'avoit-il pas raifon? N'étoit ce pas avec juftice qu'il fut maintenu dans fa poffeffion avec *Guillaume de Clugny*, Seigneur de Monthelon?

Dans ces circonftances quel avantage le Deffendeur peut-il tirer du jugement qui fut rendu contre led. *Guillaume*? A-t'il aucune des chofes qu'avoit *Charnos*? Point de comparaifon à faire de l'un à l'autre. En voici la preuve: *Charnot* étoit Noble d'origine, & en cette qualité il avoit reçû de fes Ayeux fes Armes qu'on vient de blazonner, & le droit de les porter. Au lieu que le Deffendeur n'eft pas Noble de naiffance, cela eft prouvé au procès, il ne l'eft que par la Dignité de fa Charge. (*V. fa Généalogie à la fuite de celle-ci.*)

2°. *Charnos* ne portoit les Armes de Clugny qu'écartelées avec les fiennes; au lieu que le Deffendeur les prend à pur, & à plein.

3°. *Charnos* les portoit écartelées, parce qu'il defcendoit de cette Maifon par les Femmes; au lieu que le Deffendeur n'en defcend, ni par les hommes, ni par les Femmes. Cela eft démontré, mais feulement par bâtardife.

Cette différence ainfi pofée, n'y a-t'il pas lieu de s'étonner de la fecurité avec laquelle le Deffendeur employe dans fes écrits des moyens fi diametralement opofés à la droite raifon? *Point de comparaifon à faire*, dit-il, *de Charnos avec fes Auteurs.* Quel excés d'orgüeil & de vanité? non fans doute, il n'y en a point, mais c'eft dans un fens different à celui qu'il entend; en ce que Charnos étoit Noble, & que les Auteurs du Deffendeur étoient tous Roturiers.

Numo. XXXIII.

Tranfaction faite entre Guillaume de Clugny, *& le Chapelain de la Chapelle, fondée par* Guillaume *le Bailly.*

3. Dec. 1509. „ En Nom de notre Seigneur Amen, l'an de l'Incar-

nation d'icelui courant mil cinq cent & neuf, le troifié- « C. P. P. P.
me jour du mois de Decembre. Je Jehan Deuxfouls, « au 5e. Sac.
Clerc Citoien d'Oftun, Chapellain aiant l'adminiftration « Reftitué par
de la Chapelle de Mgr. Saint Benigne fondée en l'Eglife « Ar. du Parl.
Parochial de Mgr. Saint Jehan le grand, ou Bourg du- «
dit Oftun. Sçavoir fait à tous prefens & avenir qui ces «
prefentes Lettres verront & ourront, que comme puis «
naguerres j'aye été adjourné & convenu pardevant Mon- «
fieur l'Official dudit Oftun à certain jour & heure paf- «
fez à la promoffion de Noble homme, & faige Maiftre «
Guillaume de Clugny, faiges ez droits, Seigneur de «
Montelon, acaufe & raifon de ce que par feu *Noble* «
Seigneur Maiftre Guillaume (p) de Clugny Seigneur « *p* Guillaume
de Conforgien & de Burry, Bailly d'Auxois, & de- « huitiéme Ayeul.
puis Bailly de Dijon, du tems du Roy Jehan, Roy de « *us fuprà.*
France, & de feu Monfeigneur Philippe Santarre Duc «
de Bourgogne; ont été par luy fondées trois Meffes, «
toutes les fepmaines, qui fe devoient dire en laditte «
Eglife Saint Jehan, en ladite Chapelle Saint Benigne, «
en icelle eftant, & pour la Fondation & dotacion d'i- «
celles trois Meffes, a donné de fes biens, plufieurs rentes «
& revenuës, & jufques à la fomme de douze, à treize «
livres tournois, valans douze ou treize francs monnoyë «
courante, tous les ans, & que dés longtems lefdites «
trois Meffes ne fe difoient plus, & n'avoient efté dites «
en icelle Chapelle, eftant en ladite Eglife Saint Jehan; «
à caufe de quoi requeroit ledit Procureur que ledit Chap- «
pellain fuft condamné à dire, ou faire dire, ou celebrer «
lefdites trois Meffes, felon la Fondation d'icelle Chapel- «
le, & continuant à ce, & en l'amande à Monfieur d'Of- «
tun. A quoi a été dit & répondu par moy ledit Chapel- «
lain d'icelle Chapelle, ci-deffus nommé, en confeffant le «
propofé de mondit Sieur le Procureur cy deffus mention- «
né eftre vray; mais que pour ce que ladite Chapelle eft «
fondée de trés-longtemps par Monfieur le Fondateur cy «
deffus dénommé, que Dieu abfolue, les rentes & reve- «
nuës d'icelle Fondation japieça données, font perduës & «
diminuées par les négligences de mes Chapellains prédé- «
ceffeurs d'icelle. En faffon telle qu'il n'y en y a plus, en «
eftre qu'environ huit francs, dont l'on puiffe rient re- «
couvrer, au moyen de quoy les Chapellains d'icelle Cha- «
pelle, fes Prédéceffeurs, ont réduites & ramennées lefdites «

„ trois Meſſes, à une Meſſe dire & célébrer toutes les ſept-
„ maines en ladite Chapelle finablement pour bien de paix
„ & pour décharger ma conſcience ; je ledit Jehan Deuxſouls
„ Chappellain d'icelle Chapelle cy deſſus denommé en fa-
„ veur de *Mondit Seigneur de Monthelon venus & deſ-*
„ *cendus de Mondit Seigneur de Conforgien* qui en ce ſe
„ diſoit avoir interêt & dommaiges à raiſon de ce que
„ leſdites Meſſes ne ſe diſoient pas, qui étoient fondées
„ *par ſes predeceſſeurs Seigneurs dudit Conforgien,* ſe-
„ lon la Fondation d'icelle, ſuis content & prometz pour
„ moy & mes Succeſſeurs Chapellains de laditte Chapel-
„ le à Mondit Seigneur de Montelon, preſent, acceptant
„ & ſtipulant, de dire ou faire dire & celebrer tous les Di-
„ manches de l'an, incontinant aprés les Commande-
„ mens faiz par les Curés ou Vicaires à la grant Meſſe
„ de laditte Paroiche & en ladite Chapelle de Mondit
„ Sieur Saint Benigne, une Meſſe avec le *de Profundis*
„ & oraiſons des Trépaſſez dire ſur la Tombe eſtant de-
„ vant l'Autel d'icelle Chapelle avec l'Eau Benite, laditte
„ Meſſe ditte, ainſi que l'on a accoutumé de faire en tel
„ cas. Et pour ce que *le Calice d'argent d'icelle Chapelle*
„ *armoyé aux Armes de Mondit Seigneur,* *Fondeur d'i-*
„ *celle Chapelle,* eſtoit ez mains de moy ledit apreſent
„ Chapellain ay accordé & conſentu, accorde & conſens
„ dez maintenant, que ledit Calice ſera par moy mis &
„ Baillé ez mains de Madame la Secretaine dudit Saint
„ Jehan, en garde, pour le mettre avec les autres Calices
„ de laditte Egliſe & Paroiche de Mondit Sieur Saint Je-
„ han, & de reprendre un Recipiſſé d'icelle Secretaine,
„ juſques à ce que j'aye fait faire une Arche, ou Cof-
„ fre, pour mettre en garde icelluy Calice, & les habil-
„ lemens & ornemens de l'Autel de laditte Chapelle, pour
„ ſervir à laditte Meſſe, & tout ce qui ſert, audit Au-
„ tel, d'icelle Chapelle, & ce par traictié, & accord fait
„ par moy ledit Jehan Deuxſouls Chapellain d'icelle Cha-
„ pelle avec Mondit Seigneur de Monthelon à la cauſe
„ que deſſus, dont & duquel je me ſuis tenus & me
„ tiens pour content & prometz je ledit Chapellain ez
„ deſſus nommé, en bonne foy, par mon ſerment pour
„ ce donné corporellement aux Saints Evangiles de Dieu,
„ & ſous l'obligation de tous mes biens temporels, meu-
„ bles & immeubles preſent & avenir quelconques, leſquels

quels quant à ce, j'ay ſubmis & obligé , ſubmetz & "
oblige aux introductions, compulſions & contraintes "
de la Cour de la Chancellerie du Duchié de Bourgo- "
gne, pour le Roy Nôtre Sire, de Monſieur l'Official "
d'Oſtun, & de toutes autres Cours tant d'Egliſe que "
Seculieres que l'on voudra quant à ce eſlire, l'une d'icel- "
les Cours non ceſſant pour l'autre, Sentence d'excom- "
muniement nonobſtant & par telles & une chacune "
d'icelles veut moy & meſdits hoirs être contrains & "
compellez, ainſi que de chouſe connuë & loiallement "
adjugée. Leſdits Traités , accors, promeſſes, Obligations "
& autres choſes deſſuſdittes , toutes & ſingulieres, & "
une chacune d'icelles ainſi qu'elles cy deſſus deuſſions "
faire, tenir, garder, obſerver & les avoir, & tenir per- "
petuellement fermes, eſtables & agreables ſans corrom- "
pre, & que icelles, aucunes d'icelles, ou la teneur de "
ces preſentes Lettres non jamais venir au contraire, en "
renonçeant quant à ce à toutes les chouſes quelconques "
contraires à ces preſentes Lettres, & mêmement au droit "
diſant que Generale Renonciation ne vaut ſe l'Eſpecial "
ne precede. En témoin de ce j'ay requis & obtenu le "
ſçel de laditte Cour de laditte Chancellerie dudit Duchié "
de Bourgogne, pour iceluy ſeignée eſtre mis à ces pre- "
ſentes Lettres, faites & paſſées, audit Oſtun pardevant "
Philibert Maignen Citoyen dudit Oſtun Notaire Royal "
& Coadjuteur du Tabellion dudit lieu pour iceluy Sei- "
gneur, preſent diſcrette perſonne Meſſire Jehan Char- "
roton Prêtre, apreſent deſſervant icelle Chapelle, pour "
moy ledit Chapellain, Jehan Painſat Clerc, Jacques Pou- "
let drapier demorans audit Oſtun, témoins à ce appel- "
lés & requis les an & jour ſuſdits. *Signé*, MARTIN, *avec* "
paraphe. "

Sur ces mots : *Noble Seigneur Maître Guillaume de Clugny, Sei-*
gneur de Conforgien, & de Burry, Bailly d'Auxois, & depuis Bailly
de Dijon.] il ne doit reſter aucun doute que ledit *Guillaume*, dont
il eſt parlé dans cet Acte, qui eſt le même que celui dont il eſt fait
mention aux nᵒ. 3. & 4. ne fut Noble & d'une Nobleſſe diſtinguée; puiſqu'il eſt qualifié : *Noble Seigneur*, on ne peut douter
encor qu'il ne fut en 1ᵉʳ. lieu *Bailly d'Auxois* ; il eſt ainſi denommé, & enſuite *Bailly de Dijon* ; ledit acte le porte. C'eſt donc
là une preuve inconteſtable, de ce que l'on a dit, à ce ſujet,
dans le Commentaire que l'on a fait ſous le nᵒ. 4. p. 35. & ſuiv.
Sur ces autres mots : *en faveur de Mondit Seigneur de Montbelon*

Oo

venus, & defcendus de Mondit Seigneur de Conforgien.] L'on voit une autre preuve, qui confirme ce que l'on a déja dit, pour lier la defcendance des Sieurs Produifans, dudit *Guillaume* Bailly, & Seigneur de Conforgien. Parce que, comme on l'a déja obfervé, dés lors qu'il eft acquis que *Guillaume* Seigneur de Monthelon, defcend dudit *Guillaume* le Bailly, il faut neceffairement, & il ne fe peut pas autrement que les Sieurs Produifans n'en foient auffi defcendus, attendu qu'ils font tous iffus du même tronc qui a formé ledit *Guillaume* Seigneur de Monthelon. C'eft là une démonftration propre à lever tous les doutes qui pourroient naître fur la liaifon de cette defcendance. (*q*)

q V. ce que l'on a dit à la note, faite fur le num. IX. p. 77.

Le Calice d'argent d'icelle Chapelle armoyé aux Armes de Mondit Seigneur Fondeur d'icelle Chapelle.] Ces termes font la preuve de l'alliance dudit *Guillaume* le Baillif, avec une *de Semur*, comme on l'a pofé en fait plus haut à l'article dudit Bailly; parce que fur ce même Calice d'argent que l'on voit encor aujourd'hui, dans l'Eglife de St Jean, font les Armes dudit Baillif, mi-parties de celles de la Maifon de Semur, avec laquelle il avoit contracté alliance, *voyés ce qui eft dit à la note du n°. 4. p. 32. & 33.*

Le Deffendeur qui a bien compris tous les avantages, que les Sieurs de la Maifon de Clugny, pouvoient tirer de la Tranfaction que l'on vient de voir, pour lier leur defcendance de ce Baillif, d'une maniere à ne laiffer aucun doute, a fait tous fes efforts pour rendre fufpecte ladite Tranfaction.

r Dans fon inventaire imp. p. 44.

Cet Acte, dit-il, (*r*) *n'eft point en forme probante, parce qu'il eft dit dans le corps de l'Acte, qu'il eft reçû Maignien, Citoyen d'Autun Notaire Royal, & la groffe produitte n'eft pas fignée dudit Maignien, qui eft la feule fignature qui put la rendre authentique; mais elle eft fignée Martin, fans qu'il paroiffe qui étoit ce Martin, ny qu'il eût aucun Carractere qui puiffe rendre fa fignature authentique, & capable de faire foy en juftice; c'eft pourquoi Mr de Clugny foutient que ladite expedition doit être rejettée du Procés, parce qu'elle eft fufpecte de faux, & n'a pas dû être produite.*

Reponfe. La chicanne ne manque jamais de reffource chés les gens qui fçavent la faire valoir; elle trouve fouvent des raifons, même pour combatre la plus faine raifon. Les termes que l'on vient de tranfcrire en font un exemple. Voyons donc fi la tranfaction, dont l'on vient de donner Copie, n'eft pas en forme probante, comme l'a avancé le Deffendeur.

1°. Cet acte a été produit, par les Sieurs de la Maifon de Clugny, tel qu'il leur fut reftitué, par Arrêt de ce Parlement de 1658. le faux Cluny Sieur de Vallevron l'avoit enlevé & furpris quelque part, comme beaucoup d'autres de cette production. La cour, aprés avoir examiné ces Titres, & reconnu qu'ils ne lui apartenoient pas, le condamna à les reftituer au Sieur de Clugny Baron de Grignon, qui en avoit formé la demande; s'il avoit été faux, comme le prétend le Deffendeur, la Cour l'auroit fait rejetter, & il auroit été bien inutile qu'elle en eût ordonné la reftitution. Bien plus, ç'auroit été autorifer le faux, que d'ordonner la reftitution de cette piéce; car elle ne fût ordonnée, que pour fervir & valoir au Sieur Baron de Grignon, comme un acte provenant de fes Ancêtres: or comment un acte faux, ou inutile, si l'on veut, auroit-il pû lui servir ? Cette seule circonstance que cette piéce a été examinée par la Cour, & ensuite restituée, en vertu de son Arrêt, n'en assure-t'elle pas la Foy, & l'Autenticité ?

2°. La forme de cet acte porte toutes les marques de vrai, que l'on puisse desirer dans un acte ancien. Il est écrit dans le langage, & avec le carractere, dont l'on se servoit, dans le commencement du 16e. siécle ; il est en vieux parchemin, tel qu'étoit celui dont on se servoit, pour lors, l'on voit au bas l'attache, sur laquelle étoient posé les Sceaux de la Chancellerie, ainsi qu'il étoit d'usage de ce tems. Il est signé par *Martin*, qui étoit un Notaire ; la signature, & le paraphe en font foy ; en un mot il est si parfait, & d'une telle nature, que l'on ne croit pas, qu'aprés Monsieur le Conseiller de Cluny, il y ait une pérsonne, au monde, capable de le contester.

3°. Le prétexte que led. Sieur Conseiller de Cluny a pris, pour le contester, est si frivole, qu'il ne merite pas qu'on y donne la moindre attention. Il est reçû *Magnien*, & il est signé *Martin*, dit-il, donc *il est faux, & n'a pas dû être produit.* Quelle pitoyable conséquence ! Voilà une énigme bien obscure à déviner, ou un argument bien difficile à résoudre. Donnons en la solution en deux mots. C'est le Notaire *Magnien* qui l'a reçû ; & c'est le Notaire *Martin* qui l'a expedié & signé ; celui-ci avoit les minutes de *Magnien* ; on lui en a demandé une expedition, & il l'a délivrée ; voilà comme cela s'est passé.

Mais, dira-t'on, l'usage est, que quand un Notaire délivre une expedition, sur des minutes qui sont en sa puissance, il en fait mention, en disant: tiré des minutes d'un tel, & expedié par moi, &c. Et cela ne se trouve pas ici.

Rep. Cela est vrai ; il se pratique aujourd'hui de la sorte ; mais il n'en étoit pas ainsi, autrefois. Il n'y a qu'à consulter des Notaires, & ceux qui sont un peu versés dans la connoissance des anciens Titres, pour aprendre qu'un Notaire, qui étoit saisis des minutes d'un Deffunt, en délivroit des expeditions, lorsqu'il en étoit requis souvent sans autre forme, que celle du Sceau, & de son Seing. Bien plus, il a été un tems, que les Notaires ne signoient, que les minutes, & non les expeditions, sur lesquelles ils se contentoient d'aposer les Sceaux de la Chancellerie de leur Ressort. L'on a vû beaucoup d'actes de cette nature : il n'y a encore qu'à consulter les Notaires habiles, pour être instruit de cet ancien usage.

Suivant ces remarques, c'est donc mal à propos que le Deffendeur *soûtient que cette transaction doit être rejettée, parce que*, dit-il, *elle est suspecte de faux.* S'il l'a croit telle, la voye de l'inscription de faux lui est ouverte ; qu'il s'en serve, lui qui a tant pris de plaisir à incidenter. S'il croit y trouver son compte, on l'y invite ; c'est là qu'on l'attend, & on lui déclare dés lors, qu'on entend s'en servir, comme d'une piéce vraye, saine, entiere, autentique, & hors de toute suspicion. il y en a nombre, dans la production du Deffendeur, qu'il seroit à souhaiter, pour lui, qu'elles fussent en forme aussi sai-

ne , & auffi probante que celle-là ; il n'auroit pas tant d'apréhen-
fion qu'on les vît , & qu'on les examinât de prés , comme il en
a , puifqu'il s'eft opofé formellement à ce que les Sieurs Produifans les priffent en communication ailleurs que dans l'Hôtel
de Mr le Commiffaire Raporteur du Procés.

La Cour examinera , s'il lui plaît , avec fon attention ordinaire la Tranfaction , dont l'on vient de parler , & elle verra
mieux , que tout ce qu'on pourroit lui dire ici , fi elle peut
être en meilleur forme qu'elle eft ; c'eft à fes lumieres qu'on s'en
raporte , pour en juger fainement.

Guillaume de Clugny, dont il eft parlé aux Titres précedens ,
eut de *Françoife de Meffey* , trois Fils , & une Fille nommée
Marguerite ; celle-cy fut mariée à *Jean d'Arguet* Ecuyer , Seigneur de Bar & de Seneffey.

Les Fils furent *Loüis*, *Guillaume*, & *Pelerin. Guillaume* fut
d'Eglife , *Pelerin* auffi & fut Prieur de Couches.

Loüis fut Seigneur de Monthelon & de Raigny , il contracta
alliance avec *Marie de Chaulgy*. Maifon connuë pour l'une des
meilleures , & des plus anciennes de la Province ; dont un
Michaut de Chaulgy , Oncle de lad. Marie, fut Chevalier Seigneur de Chiffey Confeiller & Chambellan du Roi , & Chevalier
d'Honneur de ce Parlement furnomé *le brave* (s) l'equel portoit
fur ces Armes *un cafque d'or, tarré de front, Couronné d'une Cou-
ronne Royale* , telle que la portent les Enfans de nos Rois. Ce qui
n'a pû lui être accordé que pour quelque glorieufe action.

Loüis eut de *Marie de Chaulgy* , deux Filles , *Jeanne* & *Françoife*.

Jeanne fut mariée à *Nicolas de la Roqué* , Fils de haut &
puiffant Seigneur , & Chevalier *Jofeph de la Roque*.

Françoife fut mariée à *Hugues de la Roque* Frere dud. *Nicolas,*
lequel *Hugues* eft qualifié Chevalier Seigneur de Bolcher & de
la Roque Lieutenant de la compagnie de cent Lantes de haut
& puiffant Seigneur Meffire *Jacques Galyot* Chevalier Seigneur
d'Affier , grand Ecuyer de France, Senechal d'Armignat & de
Carry , & Neveu dud. Seigneur grand Ecuyer. Ainfi finit la
branche de *Loüis* , faute d'Enfans mâles.

L'on va reprendre une autre branche qui provient de *Hugues
de Clugny* Baillif d'Epée d'Autun, 5e. Ayeul des Produifans , &
la prouver par Titres.

f Parlement de
Bourg. p. 122.

L'on n'a pas pro-
duit les Titres qui
concernent ces
deux alliances de
Chaugy & la Ro-
que , pour ne pas
trop groffir cette
production. Outre
que le Deffendeur
en eft inftruit. &
qu'il en convient
dans fa Rep. imp.
pag. 4.

Num°. XXXIV.

Extrait d'un Partage des Biens de Meffire Loüis de
Clugny, *Chevalier Seigneur de Conforgien*, & de
Dame Jacqueline de Drée.

Cotte C. C. „
au 4e. Sacq. „
„
22. Avril. 1537. „
„

Au Nom de notre-Seigneur *Amen*, l'an de l'Incarnation d'icelui 1537. aprés Paques , le 22. jour du
mois d'Avril , les Parties cy-aprés écrittes ; à fçavoir
Noble Seigneur Rollin de Martheaul , Chevalier échan-
fon ordinaire du Roy notre Sire , Seigneur de la Villette

lette & de Murats, pour luy, d'une part. Nobles per- "
fonnes *Guiard de Clugny* & *Claudine de Clugny* "
Freres & Sœurs, Enfans de furent Nobles perfonnes "
Meffire Loüis de Clugny (t) de fon vivant Che- "   *LOUIS qua-*
valier *Seigneur de Conforgien* & *de Beurribauguet*, "   triéme Ayeul.
& de Dame *Jacqueline de Drée* leur furent Pere & "
Mere. En prefence & de l'authorité, vouloir, & con- "
fentement de *Nobles Seigneurs Claude de Clugny* Sei- "
gneur des Fours & du Brullart, *Philibert de Drées*, "
Seigneur de la Sarrée & de Giffey leurs prochains pa- "
rens, lefd. *Claude de Clugny* & *Philibert de Drée*, "
authorifans les des fufd. *Guiard* & *Claudine de Clu-* "
gny, & eux faifans fort pour *Barthelemy, Philibert* & "
Michel de Clugny, auffi Enfans & Héritiers defd. "
furent *Loüis de Clugny* & *Jacqueline de Drée*, pro- "
mettant leur faire ratifier confentir & aprouver le con- "
tenu, en ces prefentes, pour eux. d'aure part. Sçavoir "
font à tous prefens & avenir qui verront & ouirront "
ces prefentes que aprés que ce jourdui datte fufd. lefd. "
Seigneurs de la Villette *Guiard* & *Claudine de Clugny*, "
avec lefd. *Claude de Clugny* & *Philibert de Drée*, "
& autres notables perfonnages prochains parens, amis, "
& affins d'une part & d'autre affemblés & requis "
& tant pour lefd. *Guiard* & *Claudine* que pour "
leurfd. autres Freres, & Sœurs, deffus nommés, fe font "
trouvés & affemblés, en la Maifon Seignorialle d'Aify, "
où eft decedée, puis naguerres lad. Dame *Jacqueline* "
de Drée leur mere, en fon vivant Femme convollée "
en fecondes nôces dud. Rollin de Martheau, Seigneur "
de la Villette, pour avifer, conclure & avoir partage, "
& divifion des biens, meubles & acquets qui étoient "
communs, entre iceux, de Martheaul, & fad. Femme, "
& échus, quand à la portion, de lad. *Jacqueline*, & "
par fon decés auxd. *Guiard, Claudine, Loys, Phili-* "
berte & Michel de Clugny fes Enfans, & Héritiers "
univerfaux, feuls, & pour le tout, ont lefd. Parties "
débattu, & allegué plufieurs caufes, & raifons, avant "
que paffer outre, &c. Faites & paffées, en lad. Maifon "
Seigneuriale d'Aify, pardevant je Jacques Pafquier No- "
taire Royal demeurant à Semeur, és prefences de reve- "
rend Pere en Dieu, Maiftre Nicolas de Martheaul "
Protonotaire du Saint Siege Apoftolique, Abé de Du- "

„ ron, Nobles Seigneurs Philipe de Saint Ligier, Seigneur
„ de Ruelly, Edme de Malain Seigneur de Montigny,
„ & Philibert de Brienne Seigneur de Champeaul, Reli-
„ gieuſe Perſonne Frere Michel de Clugny Prieur de
„ Braſſy, &c. *Signé*, PASQUIER.

Loüis de Clugny, des biens duquel il s'agiſſoit, en ce partage,
fut Fils de *Hugues* Baillif d'Epée d'Autun & de Montcenis, &
Seigneur de Conforgien. Cette filiation eſt marquée aux Titres
qui précedent ſous les N° 27. & 28. Il fut aprés ſon Pere Seigneur de Conforgien & de Beurreybauguet, qui ſont des Seigneuries qu'avoit poſſedées *Guillaume de Clugny*, Baillif de Dijon,
& Chambellan du Duc de Bourgogne ſon 4ᵉ Ayeul en 1368.
& 1374. comme on le voit aux N° 2. & 3. il avoit encore,
pluſieurs autres Seigneuries qui furent partagées, entre ſes Enfans. Il fut marié deux fois; l'une à *Magdelaine de la Boutiere*;
l'autre à *Jacqueline de Drée*.

Monſieur *Gerſon* Vicaire Général en l'Archevêché de Roüen,
qui vivoit au commencement du dernier ſiécle, nous aprend
que Loüis XII. eut la bonté de lui donner ſon nom, il parle
de lui en ces termes: *l'an 1509. & le 14. jour du mois de May,
le Roi Loüis XII. fit Chevalier Loüis de Clugny ſon Filleul, il
étoit Seigneur de Conforgien, &c. Cet ordre de Chevalerie lui fut
donné la veille de la Bataille d'Agnadel, de Vaille, ou de Guja-
radade que ce grand Roi gagna ſur les Venitiens, dont ſeize mille,
demeurerent ſur la place, ſa Majeſté combattit en propre perſonne, &c.*

Saint Julien de Baleure qui écrivoit, il y a 143. ans, ſur les
antiquités de Mâcon. Parle dud. *Loüis de Clugny*, en ces termes: *Guiard de Drée épouſa Marguerite de Lantaiges, & fut
leur Fille unique & héritiére Jacqueline de Drée, Femme de
Meſſire Loys de Clugny, Chevalier Sieur de Conforgien, &c. Leurs
Enfans furent Barthelemy, Sieur Daiſy des Grand Varenne prés
Châlons, &c. Guiard, Sieur de Conforgien, Beurrybeauguey, &c.
Michel, Sieur de Montachon: Guillemette Religieuſe au Puits
d'Orbe. Claudine, Femme de Meſſire Antoine de Rougemont Che-
valier de l'Ordre du Roi Seigneur dudit Rougemont en Savoye;
Philiberte premiére Femme de Philipe de Meſſey Seigneur de
Saſſangy.*

Page 228.edit. de
1580.

Suivant le témoignage de cet Auteur, & ſur l'extrait de partage que l'on vient de voir, il paroît donc que *Loüis eut de Jacqueline de Drée* ſix Enfans, dont trois Fils; ſçavoir *Guiard,
Barthelemy,* & *Michel,* & trois Filles; ſçavoir *Claude, Philiberte,* & *Guillemette.* De ces ſix Enfans, il n'y en eut qu'une,
qui fut Religieuſe. Tous les autres furent établis. Le partage
des biens de *Loüis,* fait entre tant d'Enfans, diminua beaucoup
la portion de chacun, comme on le peut juger, le ſecond mariage de *Jacqueline de Drée* leur mere, d'un autre côté, avec
Rolin de Martheaul, fit préjudice à toute cette famille; ainſi il
n'eſt pas ſurprenant, ſi les richeſſes, qui font l'apui, & qui re-
levent ſi ſouvent la haute Nobleſſe ayant diminué, l'éclat & les

diſtinctions de la Maiſon de Clugny n'ont pas été ſi grandes dans la ſuite : ce ſont des revolutions qui arrivent trés ſouvent dans les meilleures Maiſons du Royaume. La Nobleſſe ne diminuë point pour tout cela , ni le merite de la naiſſance , au contraire elle augmente toûjours à meſure qu'elle s'éloigne de ſon origine.

Revenant à *Loüis de Clugny*, qui eſt le 4e ayeul des Produiſans , le Deffendeur qui a conçû le deſſein de déchirer la memoire de tous leurs Auteurs indiſtinctement, & qui s'imaginoit pouvoir fixer leur Généalogie à ce degré , a répandu pluſieurs choſes fauſſes ſur le compte dud. *Loüis*.

1°. Il l'a dit inutile à l'état, & à ſon Prince. (*u*)

Rep. Ce fait ſe trouve détruit, parce que l'on vient de dire. Loüis XII. qui le fit Chevalier ne le fit pas gratuitement ; ce fut la veille d'une bataille. C'étoit pour le recompenſer de ſes ſervices militaires , & pour l'encourager. Premiére fauſſeté découverte.

2°. Le Deffendeur a poſé un fait (*x*) qui eſt, qu'il y avoit deux *Loüis* de Clugny qui vivoient dans le même tems , dont l'un étoit marié à *Marie de Chaulgy*, & l'autre à *Jacqueline de Drée*. Que le premier étoit le ſeul Héritier mediat des deux Prélats *Ferry*, & *Guillaume* , & leur petit Neveu, & que les Produiſans avoient profité de cette conformité de nom , pour s'anter dans la branche de ces deux Prélats.

Rep. C'eſt fauſſement que le Deffendeur accuſe les Sieurs Produiſans , d'avoir voulu profiter de cette conformité de nom , pour s'introduire, dans une branche, qui ne ſeroit pas la leur ; il a voulu mal à propos embroüiller cet article, & faire une confuſion de noms, que les Produiſans n'ont jamais entendu faire. Il faut débroüiller ceci pour démontrer la fauſſeté de l'accuſation.

Des deux *Loüis* qui exiſtoient dans le même tems, l'un étoit fils de *Guillaume* Seigneur de Monthelon, qui étoit le Neveu des deux Prélats *Ferry*, & *Guillaume* ; il fut après ſon pere Seigneur de Monthelon & marié à *Marie de Chaugy*, de laquelle il n'eut que deux Filles. Ainſi ſa poſterité eſt éteinte il y a longtems.

L'autre qui s'appelloit *Loüis* auſſi , eſt celui dont l'on traite actuellement qui fut fils de *Hugues*, qui étoit le frere deſd. deux Prélats, il fut Seigneur de Conforgien après ſon pere & marié à *Jacqueline de Drée*, & ſa poſterité n'eſt pas éteinte, graces à Dieu ; c'eſt elle ſeule, au contraire, qui ſubſiſte.

Ainſi *Louis* Seigneur de Monthelon, & *Louis* Seigneur de Conforgien étoient parens de fort prés ; celui-ci, qui étoit le 4e ayeul des Sieurs de la Maiſon de Clugny, étoit Oncle à la mode de Bourgogne au Seigneur de Monthelon ; en telle ſorte qu'il touchoit de plus prés que lui à ces deux Prélats. Cela ſera rendu plus ſenſible en figurant ces degrés.

u V. Sa Requête du 20. Decembre 1720. page 37. de la copie.

x Dans ſon invent. imp. p. 25.

Henry fut le pere commun de Jean , Ferry , Guillaume , &
Hugues.

Jean Maître
desRequêtes du
Duc de Bour-
gogne eut.

Ferry Cardi-
nal Evêque de
Tournay.

Guillaume E-
vêque de Poi-
tiers.

Hugues Bail-
lifd'Epéed'Au-
tun & deMont-
cenis eut.

Guillaume Sei-
gneur de Mon-
thelon qui eut.

Louis Seigneur
de Conforgien
dont la poste-
rité seule sub-
siste aux per-
sonnes desPro-
duisans.

Louis Seigneur
de Monthelon
marié à *Marie
de Chaugy* ,
dont il n'eut
que deux filles.

L'on voit donc par ces degrés ainsi posés, que *Loüis de Clugny*, Seigneur de Conforgien, étoit neveu des deux Prélats ci-
dessus dénommés, au lieu que l'autre *Loüis*, Seigneur de Monthelon n'étoit que leur petit neveu.

Cela étant ainsi; les Sieurs Produisans n'avoient donc pas besoin de chercher une conformité dé nom pour se dire issus du
même tronc desdits deux Prélats, puisque *Louis* de Conforgien
leur quatriéme ayeul leur étoit plus proche que *Louis* de Monthelon, à la faveur duquel le Deffendeur supose qu'ils ont voulu
s'introduire dans cette branche. Seconde fausseté découverte ;
mais on n'auroit jamais fini, si l'on vouloit entreprendre de les
toutes relever.

Louis 4e. Ayeul des Produisants eut trois fils, comme on la vû,
Barthelemy , *Guiard* , & *Michel*, lesquels firent trois Branches
dont l'une est éteinte, qui est celle de *Guiard*. Les deux autres
subsistent. Avant que de suivre ces deux Branches, il est à propos
de reprendre la Généalogie aux deux autres enfans d'*Hugues*,
freres dudit *Louis*.

Ces deux enfans furent *Claude* & *Barthelemy*, comme on la vû
sous le n°. 25. le dernier mourû sans enfans.

Claude eut une posterité, qui est éteinte, il y a environ 40. ans.
La voicy, suivant les differentes branches qu'elle a produites.

Il étoit Seigneur des Fours , du Brouillard , & de Sagy; il eut
pour femme *Georgette de Freslan* Dame de Satonet. De laquelle
il eu un fils nommé *Jean*. (V. l'acte du 3. Janv. 1582. sous la
Cotte F. F. au 4e. Sacq.)

Jean de Clugny Seigneur du Brouillard, Satonet, Matonet, &
Rancy , épousa *Melchionne de Rouvray* , de laquelle il eut deux
enfans mariés , sçavoir *François* , & *Maximilien* qui firent deux
Branches; l'on commence par celle de *Maximilien*.

V. l'acte de 1582. qui suit.

Branche

Branche de Maximilien.

Maximilien Seigneur de Rancy, Saigis, Effours, Maison-Bau-de, & de St André eut pour femme *Catherine de la Tour Jourfol*, de laquelle il eut deux fils, *Touffaint & Jacques* (V. l'acte du 3. Janv. 1582. fous le n°. 35.)

Touffaint, Seigneur du Rancy eut deux fils, qui ne furent pas mariés.

Jacques, Seigneur de St André, eut pour femme *Françoise de Brancion Vifargent*, de laquelle il eut *Pierre*.

Pierre Seigneur de St André, Capitaine au Regiment de Condé eut pour femme *Rofe le Beau*, de laquelle il eut deux fils, morts tous les deux, dont le dernier fut tué à la bataille de St Denis, proche Mons en 1678. c'eſt ainſi qu'a finit cette Branche. L'on revient à celle de *François*.

Branche de François.

François de Clugny, Baron, Seigneur du Brouillard, Jourfanvault, Maigny, & Lepervieres de Villargeaux, Gentilhomme ordinaire en la Chambre du Roy, (*y*) eut pour femme *Françoise de Ferrieres*, de laquelle il eut un fils nommé *Maximilien*, & une fille nommée *Melchionne*, qui fut mariée à *Jean de Montet*, Ecuyer Seigneur de Lufigny, & à qui retournerent les biens des enfans de *Maximilien* qui ſuit.

y V. L'acte du 31. Janv. 1582. Cotte F. F. au quatriéme Sacq. fous le numero 35.

Maximilien, Seigneur du Brouillard, Villargeaut & Maison-Baude, eut pour femme *Claude de Loron*, de laquelle il eut deux fils *Maximilien & Antoine* quiontfinis cette autre Branche, ſans être mariés.

Maximilien, fut bleſſé au Siege de Ste Menehoult, & mourut de ſa bleſſure le 10. Novembre 1653.

Antoine mourut Capitaine au Regiment d'Huxelles au retour du Siege de Rofe.

Il y a une obſervation eſſentielle à faire ſur cette Branche, Mr. le Conſ. de Cluny qui met tous ſes efforts, pour s'anter dans la Maison de Clugny, dit qu'il a toûjours été reconnû, comme parent, par cette Branche; c'eſt pour cela ſans doute qu'il en parle avec éloge & qu'il lui rend la juſtice qui lui eſt dûë; en diſant, dans ſa rép. imp. p. 3. *que tous ceux de la Branche du Brouillars, ont toujours été attachés au ſervice de leurs Roys dans les armées, & quelle finit par la mort d'Antoine & de Maximilien, Antoine mort au retour du Siege de Rofe, & Maximilien, bleſſé au Siege de Ste Menehoult, mort de ſa bleſſure à Chalon en Champagne.*

Dans un autre endroit (*z*) il ajoûte *qu'il n'a pas oublié de dire, que la famille de Clugny a produit de bons Officiers dans les armées, & ſur tout celle du Brouillard, dont les deux derniers ſont morts les armes à la main.* Examinons, en raportant ſes termes, s'il eſt vrai qu'il ait été reconnû, par la Branche du Brouillard, il a paſſé ſi legerement ſur cet article, que ceci a beſoin d'explication.

z Dans ſon invent. imprimé p. 21.

Pour prouver & faire voir, dit-il, (*a*) *que la Branche de Mr de Clugny a toûjours été reconnuë, par les autres Branches, ſur tout, par celles qui ſervoient le Roy, & l'Etat*, il employe le Teſtament de

a Dans le même invent. imprimé p. 12. & 13.

Q q

*Claude de Loron, veuve de Maximilien de Clugny, Baron du Brouïl-
lard, en datte du 19. Juillet 1644. publié à Semur le 23. Fev. 1645.
par lequel elle institue ses heritiers Maximilien & Antoine de Clugny ses fils, substitue ses biens de l'un à l'autre, & au cas qu'ils
decedent en minorité, leur substitue Jacques de Clugny* (c'est le
pere du Deffendeur.)

Rép. Il a été *reconnu par les autres branches*, dit-il, cela est
trés-faux ; on le défie de faire voir qu'en aucun tems il ait jamais été reconnu, ni lui, ni les siens, comme parents du sang,
ni de faire voir qu'ils aient jamais assisté aux assemblées de parents qui se sont faites, de tous les tems, dans cette Maison, soit
de tutelle, curatelle, contrats de mariage, &c. qui sont les seules marques de parenté. *Sur tout par celle du Brouïllard.* Ceci
mérite deux mots d'explication, pour en faire voir encore la
fausseté.

La mere d'*Antoine* & de *Maximilien* de Clugny, s'appelloit
Claude de Loron, comme on l'a observé plus haut : elle étoit
fille de *Jacques de Loron* & *d'Anne de Cluny* sœur de Pierre qui
fut le bisayeul du Deffendeur ; en telle sorte que ladite *Anne de
Cluny*, qui sortoit du même tronc que le Deffendeur, étoit
grand tante à son pere ; & *Claude de Loron* sa fille mariée à *Maximilien* Seigneur du Brouïllard étoit sa cousine issuë de germain du côté des femmes. Les degrés figurés rendront ceci plus
sensible.

George de Cluny trisayeul du Deffendeur eut
Pierre & Anne.

Pierre eut

Anne fut mariée avec *Jacques de Loron* Seigneur de Domecy ; il y eut de ce
mariage une fille nommée *Claude.*

George qui eut

Claude fut mariée à *Maximilien de
Clugny*, Baron du Brouïllard, desquels
Jacques pere   sont issus *Antoine* & *Maximilien*, tous
du Deffendeur.   deux Officiers qui ont finis cette branche.

De là il résulte, que la Maison du Brouïllard a fait alliance avec une fille issuë du côté paternel de la famille noble de
Deloron ; & du côté maternel, de la famille du Deffendeur.
Cette alliance a fait une parenté entre les enfants du Baron du
Brouïllard seulement & les auteurs du Deffendeur ; mais cette parenté ne provenoit que du côté des femmes issuës du tronc du
Deffendeur, & ce n'est pas de cette parenté utérine, ni de ce
tronc là, dont il s'agit au procés, c'est d'une consanguinité, &
non d'une affinité. La branche du Brouïllard ne pouvoit donc
reconnoître celle du Deffendeur pour être issuë du même tronc,
puisqu'on vient d'en voir la différence.

La substitution qui fut faite par *Claude de Loron*, veuve du
Baron du Brouïllard en 1644, loin de servir au Deffendeur dans
les inductions de parenté du sang qu'il en veut tirer, est entié-

rement contre lui. Cette femme vouloit faire paſſer dans ſa famille des biens dont elle étoit la maîtreſſe, au cas que ſes deux
enfans décédaſſent en minorité. Cela n'eſt pas ſurprenant, une
femme eſt plus attachée ordinairement à ſes propres parens qu'à
ceux de ſon mari. La ſubſtitution n'eut pas effet, parce que ces
deux enfans étant morts en majorité, les biens ſubſtitués retour-
nérent aux parents du ſang. Le dernier qui ſurvécut à ſon frere,
& qui finit cette branche, diſpoſa de ces biens en faveur de
Melchionne de Clugny ſa couſine germaine dont on a parlé plus
haut, qui fut mariée à *Jean de Montet* Seigneur de Luſigny, &
marqua bien par là l'éloignement qu'il avoit pour le mauvais
ſang dont *Claude de Loron* étoit ſortie, loin de le reconnoître.
Monſieur le Conſeiller de Cluny n'a rien eu de ces biens. Ainſi
il devoit donc dire, pour s'exprimer nettement & ſans ambigui-
té, qu'il a été reconnu par *Claude de Loron* qui étoit ſa parente
au quatriéme degré, & non par la branche du Baron du Broüillard qui n'a eu aucune part à tout cela. Mais quand on a deſſ-
ſein d'en impoſer au Public, on ne dit les choſes qu'à demi,
on les déguiſe. Cela ſeroit fort bon, ſi l'on ne devoit pas être
un jour contredit.

    Cette obſervation ainſi faite, n'y a-t-il pas lieu d'être étonné
que Mr. le Conſeiller de Cluny ait voulu tirer avantage de cette
ſubſtitution, pour donner à entendre qu'il étoit iſſu de la Maiſon de Clugny? les termes dont il s'eſt ſervi, avec tant de ſé-
curité, dans un autre endroit de ſes écrits ſur ce même article,
ſont ſi beaux, qu'on ne peut s'empêcher de leur donner ici une
ſeconde édition avec de courtes notes. Voici comme il s'explique.

I.

*Duſſent-ils trouver la réponſe
fiére, Mr. de Clugny leur déclare de nouveau, qu'il lui importe
peu qu'ils le reconnoiſſent pour
être de la Famille de Clugny.* (b)

I.

    Non ſeulement cette réponſe
en particulier eſt fiére; mais tous
ſes écrits le ſont au point, que
le Public en eſt extrêmement
indigné. S'il *lui importe peu*,
au reſte, d'être reconnu pour
être de la Maiſon de Clugny, il importe beaucoup aux autres
qu'il ſoit reconnu n'en être pas. Ils ſe ſont déja expliqué là
deſſus.

b Ces termes &
les ſuivans ſont de
ſon addition imp.
p. 4.

II.

Il attend cette juſtice de la Cour.

II.

    Quelle préſomption aveugle,
de croire que ſes écrits aient
éblouïs la Cour à un point, qu'elle ne ſçaura pas ſéparer l'ivraye
du bon grain, diſtinguer le vrai d'avec le faux? ſi ſes écrits
ont fait impreſſion ſur l'eſprit de ceux qui n'étoient pas inſtruits,
l'on eſtime que, par cette production, ils ſeront déſabuſés.

III.

*Il a été reconnu par un acte
authentique qui eſt le Teſtament
de la Dame du Brouillard produit
C. T. T. p. 12. accepté en juſtice
par Maximilien & Antoine de*

III.

    Cet acte, fait par *Anne de Lo-
ron* Dame du Brouillard, ſert
a prouver que la Teſtatrice étoit
de ſa famille, mais non qu'il a
été reconnu pour être de la Mai-

Clugny ses fils, dans lequel Jacques de Clugny etoit apellé à la substitution de leurs biens.

fait que preparer les esprits contre soi.

IV.

Cette reconnoissance faite en justice ubi omnia rectè presumuntur acta, *par deux Gentilshommes, de valeur & de mérite morts dans le lit d'honneur, est plus glorieuse à Mr de Clugny & à sa Branche que la reconnoissance de cent* de Clugny, *tels que les Sieurs de Thenissey & Consors.*

son de Clugny. On a expliqué cela plus haut. Quand on n'a pour toute ressources que de semblables preuves, l'on ne

IV.

L'on ne parle presque jamais juste, quand l'on se fâche. Quel raport en bonne foi y a-t'il entre l'acceptation que firent ces deux Gentilshommes du Testament de leur mere, & une reconnoissance que le Deffendeur fut de la Maison de Clugny, ou est la nécessité de l'induction de l'un à l'autre ? L'on invite le Deffendeur lors qu'il écrira, un autre fois, de se facher moins & de raisonner plus juste.

Le Deffendeur à qui *il importe peu,* suivant son compte, *d'être reconnu pour être de la famille de Clugny,* fait pourtant tout ce qu'il peut, pour prouver qu'il en est; il a fait ce qu'un autre n'auroit pas fait : car il s'est fait, comme on la prouvé, une fausse Généalogie, en se disant descendu de *Jean de Clugny,* Garde des Sceaux, qui est de la Maison de Clugny : mais comme il n'a pas compté aparamment qu'il demeura longtems le fils d'un tel pere, il a employé dans quelques endroits la préscription, & dans d'autres il a allegué qu'il avoit été reconnu comme parent. On vient d'en voir un éxemple, en voici encore une autre aussi curieux que le premier.

V.

c Rep. imp. p. 8. invent. imp. p. 16.

Depuis le procès commencé le Sieur de Tenissey, dit-il, *(c) a assisté comme parent à la Tutelle des Enfans mineurs du Sieur de Jaucourt de Tressolles. Je lui pose en fait qu'il n'a aucune alliance avec eux que du chef d'Anne de Clugny Grande Mere du Sieur de Tressoles Sœur de mon Bisayeul :* ex ore tuo te judico.

V.

Voilà un passage bien mal apliqué, & un jugement bien mal prononcé. Le Sieur de Thenissey, en particulier, en apelle au bon sens, & allegue pour grief devant ce Juge d'Apel. 1°. Que le 1er. Juge a prononcé dans sa propre cause, ce qui rend son jugement suspect. Voilà pour la forme. 2°. On lui soutient au fond, à ce Juge que

l'on a pour partie, qu'il a trés-mal prononcé son *ex ore tuo te judico.* Car quand led. Sieur de Thenissey a assisté à la Tutelle des Enfans mineurs du Sieur *de Jaucour;* c'est parce qu'on l'en pria & qu'il y a une alliance de la Maison de Clugny avec celle

d Preuve V. le n. qui suit, & la note sur icelui.

de Jaucour. *(d)* cette Maison rendra encore ce témoignage-là, s'il est nécessaire, ce n'est nullement du chef *d'Anne de Clugny,* mariée à *Claude de Lorron:* car cette *Anne de Cluny,* qui est de la famille du Deffendeur n'a jamais rien été à la Maison de Clugny, & l'on défie Monsieur le Conseiller de Cluny, quelque habile Généalogiste qu'il soit, de faire voir que cette *Anne*

de

de Clugny fut parente au Sieur de Theniffey, même au centiéme degré.

Eztrait de Partage des Biens de Jean de Clugny &
de Melchionne de Roûvray *entre* François & Maximilien de Clugny *leurs Enfans.*

Num°.
XXXV.

Au Nom de notre Seigneur *Amen*, l'an de l'Incar- " Cotte F. F.
nation d'icelui courant 1582. le 3ᵉ jour du mois de " Au 4ᵉˑ Sac.
Janvier au Chaftel & Maifon forte de Jourfanvault, " 3. Janvier 1582.
fur les dix heures du matin, pardevant le Notaire "
Royal fouffigné, perfonnellement comparans *puiffans* "
Seigneurs François de Clugny, Baron Seigneur du "
Bruflart, Jourfanvault Maigny, le Previeres, de Villar- "
geaux, Gentilhomme ordinaire en la Chambre du Roy, "
& *Maximilien de Clugny*, Seigneur de Ranis, Sai- "
gis, & Maifonbaulde, lefquels de leur bonne volonté, "
en la prefence & du bon vouloir & confentement de "
Demoifelle *Melchionne de Rouvray* leur mere, ont fait "
les partages & divifion de leur Terre Juftice & Sei- "
gneurie qui leur appartiennent par moitié, raifon du "
decés de feu *Noble Seigneur Jean de Clugny* leur pe- "
re en la forme que s'enfuit, &c. *Signé* G U I L L I E R "
Notaire Royal à Arnay le Duc. "

Ce Partage dont on vient donner l'extrait eft la preuve de
ce que l'on a dit plus haut concernant la branche du Broüillard qui eft éteinte.
    L'on revient aux Enfans de *Louis* 4ᵉˑ ayeul des Sieurs Pro
duifans.
    Il eut de *Jacqueline de Drée* fa femme, comme on la obfer-
vé plus haut, trois fils mariés; fçavoir *Guiard*, ou *Gui*, *Barthelemy*, & *Michel* qui firent trois branches, celle de *Gui* eft
éteinte: les deux autres fubfiftent. L'on va fuivre celle qui eft
éteinte jufqu'à fa fin.

*Extrait de Tutelle decernée aux Enfans de Noble Sei-
   gnenr* Gui de Clugny *Seigneur de Conforgien,
Beurribauguet, Longecour, &* Travoify.

Num°.
XXXVI

Lazaire Ladonne Lieutenant Général au Balliage " 15. Oĉt. 1571.
d'Autun. A tous ceux qui ces prefentes lettres verront, "
Salut fçavoir faifons que pardevant nous fceans par " Cotte
jugement au Chaftel, & Maifon fort de Conforgien, " Au 6ᵉˑ Sac.
en la Salle dud. Chaftel s'eft prefenté le Procureur du "
                            R r

» Roy aud. Balliage d'Autun, lequel en presence de No-
» ble Dame Dame *Charlotte de Saint Belin* Veufve de
» feu *Meffire Guy de Clugny* (e) lui vivant Seigneur
» dud. Conforgien, Beurrybaugay, Longecour & Tra-
» voify; Noble Sieur *Guillaume de Clugny* Ecuyer Fils
» dudit feu Sieur Deffunt, du corps de feu Dame *Ga-*
» *brielle des Bauves*, fa premiere Femme; & auffi en
» prefence de Noble Seigneur *Michel de Clugny* Efcuyer
» Seigneur de Montachon & de Blangy Frere dud. Sieur
» Deffunt; *Claude de Clugny* Efcuyer Sieur Daify Neveu
» dud. Deffunt & Sieur de Montachon. *Philipes de*
» *Meffey* Ecuyer Sgr. de Saffangy; *Charle de Meffey*
» auffi Ecuyer fon Fils, à caufe de fa mere deffuncte
» Neveu d'icelui Sieur Deffunt; *Edme de Symoy* Sieur de
» Villairgoix, Philipe de Brafey Seigneur dud. lieu, *Jean*
» de St. Ligier (f) Sieur & Baron de Reully, tous pa-
» rens du coté paternel dud. Sr. *Guillaume de Clugny*,
» agés de 6. à 7. ans Fils moindres d'ans dud. feu Sr.
» de Conforgien & de lad. Dame fa veufve. Noble Sieur
» *Meffire René de Soubfmiere* Chevalier Sieur dud. lieu
» Oncle maternel d'icelle Dame, Parens dud. *David*,
» du coté maternel, remontre que &c. Avons du con-
» fentement defd. parens cy-deffus declarés decerné &
» decernons led. Sr. Saffangy, pour Curateur aud. Sr.
» *Guillaume* Fils du premier lit dud. feu Sr. Deffunt,
» lad. Dame fa veuve pour Baillifte & Garde Noble
» des corps & biens dud. *David de Clugny*, fon Fils,
» & pour Curateur led. Sieur de *Montachon* du coté pa-
» ternel, & led. Sr. de *Soubfmieres* du coté maternel,
» &c. Le 15. d'Octobre l'an 1571. Extrait du Regiftre
» du Procureur du Roy au Balliage d'Oftun, *Signé*,
» B E C H A R A N N E.

Gui de Clugny fut, comme on le voit par cet acte, Sei-
gneur de Conforgien, Beurreybauguay, (g) Longecour, &
Travoify, il fût marié deux fois; la premiére à *Gabrielle Def-*
bauves, de laquelle il eut un fils nommé *Guillaume* Baron de
Conforgien, dont on va parler incontinent; la feconde à
Charlote de Saint Belin, dont il eut un autre fils nommé *David*.

(g) Cette terre a été poffedée en ligne directe de pere en fils, depuis 1368.
jufques en 1588. comme il eft juftifié par cette production. V. l'acte qui fuit de
1588. & le précedent fous le Num. 31. de 1368.

Guillaume a été le dernier (du moins que l'on puiffe prou-

e GUY troifié- me grand On- cle paternel

f Il étoit fils de Charles de St. Ligier Baron de Rully Capi- taine & Gouver- neur de Cha- lons-fur-Sône.

ver par Titres) qui ait poffedé la terre de Conforgien ; il la
poffedoit encore en 1604. de forte qu'à ne compter, que depuis
cette époque, le tems que cette Seigneurie a été poffedée en
ligne directe dans la Maifon de Clugny ; on y trouveroit prés
de deux fiécles & demi, fans interruption. *Guillaume* Bailly de
Dijon 5ᵉ ayeul de celui-ci, ayant été le premier qu'on ait pû
découvrir qui l'aïe poffedée.

    Guillaume de Clugny Baron de Conforgien, eft un des Au-
teurs collateraux des produifans. Henry IVᵉ le crût digne de lui
confier le commandement de fes Troupes dans la guerre qu'il
eut contre le Duc de Savoye. L'Auteur qui nous a confervé
les memoires de cette guerre, dont on va voir l'extrait fera
fuffifamment fon éloge.

*Extrait tiré de l'Hiftoire de Geneve compofée par
Spon, où il eft parlé de Guillaume de Clugny,
Général d'Armée du Roy Henry IV.*

Numᵒ.
XXXVII.

    On conçû de meilleurs efperances par l'arrivée du
Sieur *Guillaume de Clugny Baron de Conforgien,
brave & intrepide Guerrier* qui venoit pour *commander* les Troupes de Geneve &c.

" C.A.A.A.A.
" au 5ᵉ. Sacq.
" 23. Août 1590.
"

    Ceux-cy penfoient autant à leurs ennemis, que s'ils
euffent été à 30. lieuës de là, & ils s'imaginoient ces ven-
danges fi faciles, que bien que le *Baron de Conforgien*
eu la prévoiance de donner les ordres, pour y aller
avec plus de forces qu'il pouroit, affin de fe deffendre
en cas de befoin, la plufpart ayant dormis à leur aife
cette nuit-là, fans fonger à leurs équipages, ne fe
trouverent pas prets ; de forte que l'efcorte des vendan-
geurs fut feulement de 150. Fantaffins & 130. Cavaliers qui partirent avec les charettes, & les tonneaux,
entre les 6. & 7. heures du matin, fans penfer à fe
battre, accompagnés de plufieurs Payfans pour faire
la vendange qu'ils acheverent fans empechement. Cependant le Baron d'Hermance vint durant qu'ils étoient
occupé à leur travail, par des chemins couverts, fe
faifit des avenuës, logea 80. Moufquetaires dans un
Moulin, fur la riviere de la Menoge, pofta les uns
fur les coteaux, les autres en embufcade, & attendit
fans faire bruit, ceux de Geneve qui fe preparoient
fur le midy à fe retirer. Trois Efcadrons de Lanciers
aïant alors été découverts, avec des Fantaffins, en differens endroits, on en averrtit le *Baron de Conforgien*
qui, fans s'étonner, encouragea fes Soldats, *& fit luy-*

" ""

„ *meme la priere.* Aprés quoy faifant reconnoitre l'enne-
„ my, de plus prés qu'il fe pût, il envoïa d'un côté une
„ Compagnie, pour commencer l'attaque; de l'autre 50.
„ bons Soldats refolus, pour gagner le Moulin: 30.
„ Cavaliers pour foutenir les uns ou les autres, & fe
„ rendre Maiftre de quelque éminence, fe refervant un
„ gros pour fecourir les plus preffés. Les 50. Fantaffins
„ allerent tefte baiffée, à travers la grefle des Moufque-
„ tades vers le Moulin, où ils tuerent & firent Prifon-
„ niers tous ceux qu'ils y trouverent. Cependant les
„ Lanciers du Baron d'Hermance ne faifant pas compte
„ des 30. Cavaliers qu'ils croïoient de de faire bientot
„ chargent une Compagnie d'Argoulets : mais ils ne fu-
„ rent pas plutot fur eux que les 30. Cavaliers enfonce-
„ rent leur Efcadron par les flancs, & aidés des Argou-
„ lets les mettent en deroute.
„ Un autre Efcadron ennemis aïant vû tomber dix ou
„ douze des Siens, par une decharge d'une Compagnie
„ ambufquée commença à defferrer, & fut en meme
„ temps attaqué, & refferré par la Cavallerie ; celle-cy
„ aidée par l'Infanterie, donna enfuitte fur un gros de Fan-
„ taffins, qui plierent aprés quelque refiftance & la plus
„ grande partie demeura fur la pouffiere. Ce Combat
„ dura 3. heures], & fut une des plus fignalée victoire
„ que les Genevois euffent encore remportée. *Le Baron*
„ *de Conforgien* y eut un cheval de tué fous lui, &
„ donna les Ordres avec une merveilleufe prudence &
„ prefence d'efprit; un de fes Capitaines d'Infanterie s'y
„ fignala auffy aïant tué cinq Ennemis de fon Epée dont
„ la Garde fe demonta à la fin, &c.
„ La promte refolution du *Baron de Conforgien* &
„ l'obeiffance exacte de fes Troupes furent la caufe de
„ cette victoire; auffy en rendit-il graces à Dieu au mi-
„ lieu de fes Troupes, avant que de fe retirer. Le refte
„ du mois fe paffa en quelque degat qui fut fait fur la
„ Savoye; & quelques Chateaux où on mit le feu.
„ Sur la fin du mois fuivant on fit une autre entre-
„ prife affés hardie. Sur le foir toutes les compagnies de
„ Pied & de Cheval fortirent par la Porte Neuve, tra-
„ verferent la rüe & prirent le chemin de Crufilles,
„ petite ville foible à trois lieües de Geneve. Il y avoit
„ trois compagnies de Neapolitains, Efpagnols & Ita-
li en

liens ramaſſés , grand boutefeux , qui avoient fait des «
violences terribles dans le païs de Gex. Les Payſans «
ſentans la venuë de ces Troupes donnerent l'allarme «
dans tout le païs, & le bruit en vint juſqu'à Cruſil- «
les à une heure aprés minuit. Une partie de cette «
Garniſon ne tint pas compte ; mais les moins étour- «
dis allerent faire la garde au tour des murailles , & «
quelques autres ſe retirerent ſur une platte forme for- «
tifiée , avec une partie de leur bagage. Un peu avant «
le jour ceux de Geneves arriverent auprés , & les «
prieres faites , *le Baron de Conforgien* fit ſonner la «
charge, & preſenterent l'Eſcalade à la Ville , les aſſie- «
gés firent quelques reſiſtances ; mais ſe confians au «
Chateau & à la Platte Forme leur gros s'y retira ; la «
Ville fut ſaccagée , & bruſlée en partie ; les Soldats qui «
ſe trouverent par les Maiſons, paſſés au fil de l'Epée , «
car on ne vouloit point ſe charger de Priſonniers dont «
les priſons étoient deja pleines , & eux, de leur coté, «
ne demandoient point quartier. *Le Baron* voiant ſes «
gens écartés , & chargés de butin , ſur leſquels les «
ennemis euſſent pû facilement faire une ſortie, enten- «
dant de plus que le Toqueſin ſonnoit par tout les «
environs, fit ſonner la retraitte aprés y avoir ſejourné «
ſix heures n'aiant perdu que trois Soldats, & un Lieu- «
tenant, & laiſſé ſur le quarreau plus de cent des En- «
nemis. (*Hiſtoire de Geneve par Spon, imprimée à* «
Utrecht en 1685. *p.* 300. *& ſuivans.*) «

C'eſt par neceſſité que les Produiſans ont été obligé de rendre ici les termes de cet Hiſtorien. Par tout le Deffendeur répéte qu'il n'y a rien eu d'illuſtre, ni de diſtingué, dans la Maiſon de Clugny, que de tout tems leurs Auteurs ont été inutils
au Rois, & à l'Etat, c'étoient des *Caſaniers*, *Gens oiſiſs*, &c.
Qu'ils mettent donc dans leur ſac, dit-il, dans ſa Requête du 20.
Decembre 1720. p. 39. de la copie, *les preuves litterales de leurs*
ſervices militaires, & celles de ces dignités dont ils ſoûtiennent
que leurs Ayeux ont été illuſtrés. On nie tout cela , parce que ce
ſont des imaginations auſquelles ils ſe ſont accoûtumés , mais aufquelles il ne leur ſera pas facile d'accoûtumer les autres.
Ce n'eſt pas en *niant tout* , comme fait le Deffendeur, que
l'on triomphe en Juſtice reglée, mais c'eſt en *mettant dans ſon*
ſac la preuve des faits qui ſont conteſté que l'on confond ſon
Adverſaire ; & c'eſt ce que pratiquent les Demandeurs, dans
cette production, ſur l'interpellation du Deffendeur. S'il avoit
agi de bonne foi, il n'auroit pas *nié* ſi hardiment les ſervices

S s

militaires de ceux de la Maison de Clugny; puisqu'on lui avoit donné copie, dés le 15. Août 1720. de l'extrait que l'on vient de voir.

Guillaume de Clugny, Baron de Conforgien eut pour femme *Isabeau Davenier d'Anlesy*, dont il n'eut qu'une fille mariée à *Jean de Reffuge* Comte de Coëme en Bretagne, & Marquis de Reffuge, dont est descendu le Gouverneur de Charlemont.

L'on reprend la suite de la postérité de *Guy de Clugny*.

David son autre fils, qui fut Seigneur de Travoisy eut deux femmes, la 1re. nommée *Renée Desbauves*, l'autre *Philiberte de Pracontal*. Il n'eut de cette derniére qu'un fils nommé *Toussaint*, qui mourut sans postérité, & une fille nommée *Claire de Clugny* qui fut Dame de Remiremont, & qui épousa ensuite *Adrien de Salives*, Seigneur de Sée, & Genevray au Comté de Bourgogne. De la première il eut un fils nommé *Bernard*.

Bernard fut Seigneur de Rance en Picardie, il épousa *Antoinette de Velian*, de laquelle il eut deux fils, l'un qui mourut Page chés le Roi, l'autre qui mourut Chevalier de Malthe. Telle fut la fin de cette autre branche, dont *Gui*, autrement dit, *Guiard de Clugny* fut l'Auteur.

Reprenons en une autre qui subsiste, en la personne des Srs. de Grignon & de Darcey, en produisant quelques-uns de leurs Titres, pour lier leur descendance.

Numo. XXXVIII. Cotte E. E. au 4e Sac.

Extrait de Partage des Biens de Barthelemy de Clugny *entre* Claude Charles, Catherine, & Melchionne de Clugny, *ses Enfans.*

9 Mars 1581.

h CLAUDE bisayeul des Srs de Grignon & de Darcey.

i BARTHELEMY fut leur troisiéme ayeul.

K MICHEL bisayeul du Sr. de Theniffey & du Sr. Chevalier de Coulombié.

» En Nom de notre-Seigneur *Amen*, l'an 1581. le » 9e jour de Mars personnellement établis *Nobles Sei-* » *gneurs Claude (h) & Charles de Clugny* Escuiers » Seigneurs d'Aisy, Pont d'Aisy, Dampierre, Veloigny, » Cortelin, Varennes, & Laives d'une part; & Damoi- » selles *Catherine & Melchionne de Clugny* leurs Sœurs, » d'autre part. Lesquelles parties sur le partage de tous » & un chacun leurs biens delaissés par le decés de feu » Messire *Barthelemy (i) de Clugny*, de son vivant » *Chevalier* Seigneur desd. lieux leur pere, ont fait & » font les pactions & conventions en la forme & ma- » niere que s'ensuit; c'est à sçavoir, que lesd. Demoisel- » les *Catherine & Melchionne*, usans de leurs droits, & » ad ce authorisées par Dame Dame *Adryenne de Fou-* » *chier* leur mere, & du consentement de Messire *Mi-* » *chel de Clugny (k) Chevalier*, Seigneur de Monta- » chon, leur Oncle, & Curateur &c. Fait & passé au » Chastel & Maison fort dud. Aisy, pardevant Joachim

Nardeaul Notaire Royal à Noulay, és presence de No- "
ble Seigneur *Guillaume de Clugny* Chevalier Sieur de "
Conforgien, *Jacque de Grecelle*, Ecuier Sieur d'Arcen- "
nay, &c. *Signé* NARDEAUL. "

Ce Titre, & le suivant, concernent la Branche de *Barthelemy*,
second fils de *Loüis* dont il est parlé au N°. 34. cette Branche
subsiste aux personnes des Sieurs de Darcey, & de Grignon.

Extrait du Partage fait entre les Enfans de Barthelemy
de Clugny, *des Biens de* Charles de Clugny *leur*
Frere.

Num°.
XXXIX.

Au Nom de Dieu *Amen*, l'an 1588. le 26e. jour " Cot. G. G.
du mois de Fevrier, aprés midy, comme ainsi soit, " au 4°. Sac.
que le 12e. jour du mois de Juin 1586. *Messire* " 26 Fev. 1588.
Charles de Clugny Chevalier Seigneur d'Aisy, Pont "
d'Aisy, Dampierre, Veloigny, Cortelin, & Layves en par- "
tie, par testament & ordonnance de derniére volonté "
eut institué son Héritier seul & particulier en tous ses "
meubles, immeubles & acquets à luy échûs, par la mort "
& trepas de feu *Messire Barthelemy (l) de Clugny*, " *l* BARTHE-
Chevalier Seigneur desd. Terres & Seigneuries son pe- " LEMY trisayeul
re ; & semblablement par transport & succession des " des Sieurs de Darcey, & de
meubles & acquets à luy delaissés par Dame *Adryen-* " Grignon.
ne de Fouchier sa mere ; *Messire Claude de Clugny* "
(m) aussi *Chevalier*, Conseigneur desd. Terres ; & " *m* CLAUDE
avant que proceder à l'ouverture & publication dud. " bisayeul.
Testament il auroit fait assigner lad. Dame *de Fou-* "
chier sa mere, tant en son nom, que pour Demoiselle "
Jeanne de Clugny, sa sœur ; Messire *Philibert de Mon-* "
tessu, *Chevalier de l'ordre du Roy*, Seigneur de Bran- "
don, Seran, la Vefvre, & mary de Dame *Margueritte* "
de Clugny Sœur germaine dud. Sieur *Claude de Clu-* "
gny ; Messire *Claude Desbordes* aussi *Chevalier*, Sei- "
gneur de Malvoisin, Rochelin, & la Crotte, mari & "
Epoux de Dame *Toussaine de Clugny* sa Sœur, & sem- "
blablement Damoiselles *Catherine, Melchionne, Jean-* "
ne & Charlotte de Clugny ses Sœurs, pour consentir, "
ou dissentir le fruit & effet dud. testament au profit "
dud. *Charles de Clugny* &c. Fait & passé au Chastel "
& Maison forte dud. Aisy pardevant moy Joachim Nar- "
deaul Notaire Royal resident à Nolay, és presences de "

n Trifayeul de
*Charles Antoine
de Clugny*, partie
au Procés.

» Messire *Michel de Clugny* (n) Chevalier Seigneur
» de Montachon, Cotaprés , & *Messire Guillaume de*
» *Clugny* aussy *Chevalier* Seigneur de Conforgien , &
» Beurribauguet, &c. *Signés* M. DE CLUGNY, GUIL-
» LAUME DE CLUGNY Conforgien, E. DE CLU-
» GNY Daify, &c. & NARDEAUL.
»

Branche de *Barthelemy* second fils de *Loüis*.

Barthelemy, Chevalier Seigneur d'Aify, Pont d'Aify, Dampierre,
Veloigny , Cortelin, & Laives en partie, troisiéme Ayeul des Sieurs
de Darcey & de Grignon parties au Procés, épousa Adrienne de
Fouchier, fille de *Claude Baron de Savoyeux*, & de *Marguerite de*
Sannecy, Maison dont il y a eu un Viceroy de Naples du tems de
François premier, de laquelle il eut deux fils , *Claude & Charles*,
& six filles, sçavoir *Jeanne*, *Margueritte*, *Touffaine*, *Catherine*, *Mel-*

o Preuve numéro
precedent.

p Preuve ibid.

chionne , & *Charlotte* ; (o) *Marguerite*, fut mariée à *Philibert de*
Monteffu, (p) Chevalier de l'ordre du Roy, Seigneur de Brandon
Seran, la Vefvre, &c. *Touffaine* fut mariée à Claude Desbordes,
Chevalier Seigneur de Malvoifin, &c. comme on vient de le voir
au Titre précédent.

q Bisayeul des
Sieurs de Darcey
& de Grignon.
Preuve : actes qui
suivent.

Charles n'eut point de posterité, & ne fut pas marié. On continuë de suivre celle de *Claude*.

Claude (q) Chevalier de l'ordre du Roy, Seigneur d'Aifi , Pont
d'Aifi, &c. épousa Judith de Crecy (Maison originaire de Picardie, qui a eu un Connétable nommé *Gaucher de Crecy*) de laquelle il eut deux fils, *Barthelemy* & *Charles*. Ledit *Claude* est qualifié
haut & puissant Seigneur, sous la Cotte H. H. au 4e. Sacq.

Barthelemy, Chevalier Seigneur d'Aify, Pont d'Aify, Dampierre, Veloigny, &c. fut marié à *Loüise d'Amas*, Trés-illustre Maison
de la Province , de laquelle il n'eut point de posterité. Ses biens
retournerent à *Charles* son frere. L'on va donner extrait de son
Contrat de mariage , & de son Testament , par les deux Titres
qui suivent.

Num°. XXXX.

Extrait du Contrat de mariage de Barthelemy de Clugny , *avec* Loüise *d'Amas*.

C. B. B. B. B.
au 5e. Sac.

20. Decembre
1605.

r *Claude* Bisayeul,
ut supra.

» A tous ceux qui ces presentes Lettres verront , Salut :
» Florimond de Dornes , &c. Sçavoir faisons que par de-
» vant Paul Roy, Clerc Notaire hereditaire , juré du Roy
» notre Sire , sous ledit Sceel , du nombre des dix anciens y
» établis , usant de pouvoir à luy donné quand à ce , fut per-
» sonnellement établi noble Seigneur *Barthelemy de Clu-*
» *gny*, Escuyer Seigneur d'Aify & de Pont d'Aify , Bailliage
» de Semur en Auxois, fils de Messire *Claude* (r) *de Clu-*
» *gny*, *vivant Chevalier* Seigneur d'Aify, Pont d'Aify, les
Laumes,

Laumes, Veloigny, & de feu Damoiselle *Judith de* "
Crecy. Ledit Sieur d'Aisy, assisté de noble Seigneur Mes- "
sire *David de Clugny*, Sieur de Travoisy son oncle, & "
de noble *Charles de Clugny*, Escuyer Seigneur de Veloi- "
gny, & des Laumes, son frere d'une part; & haute & "
puissante Dame Dame, *Edmée de Crux*, Dame dudit lieu "
de Crux, Danlezy, de Main, St Parise, le Chastel, veu- "
ve de haut & puissant Seigneur Messire *Jean d'Amas*, "
quant vivoit Chevalier de l'ordre du Roy, Gentilhomme "
ordinaire de sa Chambre, Capitaine de cent hommes d'ar- "
mes, &c; & Damoiselle *Loüise d'Amas*, fille dudit De- "
funt Sieur Chevalier, & de ladite Dame, icelle Damoi- "
selle procedant de l'authorité de ladite Dame sa mere, & "
assistée de puissant Seigneur Messire *Paul d'Amas*, aussi "
Chevalier, Seigneur, Baron Danlezy, son frere d'autre "
part. Lesquelles parties d'une part, & d'autre, ont fait & "
passé entre elles, par l'avis de leurs plus proches parens & "
amis, les accords & promesses de mariage qui s'ensuivent. "
C'est à sçavoir que ledit Sieur *Barthelemy de Clugny*, Sei- "
gneur d'Aisy, & ladite Damoiselle *Loüise d'Amas*, ont "
promis & promettent seprendre & épouser l'une & l'autre, "
par vrai & loyal mariage, &c. fait, lû & passé audit lieu "
& Chastel de Crux, avant midy le vingtiéme jour du mois "
de Decembre 1605. *Signé* Roy. "

Extrait du Testament dudit Barthelemy de Clugny.

Num^o
XLI.
« 5. Sept- 1623.
« Cotte J. J.
« au 4e. Sac.
« *ʃ*BARTHELE-
MY. 2. grand
oncle.

Au nom du pere, &c. l'an 1623. le 5e. jour du mois de "
Septembre au Chastel d'Aisy sous Thil, en Auxois, par- "
devant François Michault Notaire Royal & garde-note "
hereditaire des Contrats de la Chancellerie de Bourgogne, "
a comparu en personne *haut & puissant Seigneur Mes-* "
sire Barthelemy (ʃ) de Clugny Chevalier Seigneur du- "
dit Aisy, Pont d'Aisy, Dampierre, Veloigny, lequel Sei- "
gneur ma requis rediger par écrit son Testament à la for. "
me suivante. Donne & legue à Dame *Loüise d'Amas*, "
sa chere femme & compagne, tous les meubles qui "
sont au Chastel dudit Aisy, &c. Donne & legue à Damoi- "
selle Loüise Duchaumes, *Damoiselle de ladite Dame sa* "
compagne la somme de 300 livres, à Helie Cadis leur fil- "
le de Chambre même somme de 300 livres, à Claude "
Rollier son Palefrenier 60 livres, &c. nomme & institue "

Tt

„ pour fon vrai, legitime & univerfel heritier, *haut & puiſ-*
„ *ſant Seigneur Meſſire Charles (t) de Clugny, Cheva-*
„ *lier* Seigneur & Baron de Grignon, pour après fon de-
„ cés entrer en la proprieté de tous les fonds, Terres & Sei-
„ gneuries. En outre aura ledit *Seigneur Baron de Grignon*
„ tous les Chevaux dudit Seigneur & équipages, iceux étans
„ dans fon Ecurie ; les quatre Chevaux de Caróffe, avec leurs
„ harnois à icelle Dame fa compagne. Nomme pour Exe-
„ cuteur de fon prefent Teſtament *haut & puiſſant Sei-*
„ *gneur Meſſire Maximilien de Clugny, Chevalier* Sei-
„ gneur de Bruflart, Villargeau, Maifon Baude, &c. *Signé*
„ Michault.

Voicy la centiéme année qui court, que ce Teſtament eſt fait.
Rien ne marque mieux la haute Nobleſſe de la Maifon de Clugny,
que les chofes qui y font énoncées. *Loüiſe d'Amas*, femme de
Barthelemy étoit d'une des plus illuſtres, & des plus anciennes
Maifons de la Province (*a*) elle avoit dans fon domeſtique une
Demoiſelle, uſage qui ne convient qu'aux perfonnes de la haute
Nobleſſe, & d'une grande diſtinction.

Les Caroſſes encore n'étoient permis & tolerés, pour lors,
qu'aux perfonnes de la premiere diſtinction ; car l'uſage en eſt
fort moderne. Mr le Prefident de Thou, dit que ſa mere, qui étoit
premiere Prefidente du Parlement, fut la premiere femme de
France, à qui il fut permis d'avoir Caroſſe, & que cet honneur
n'avoit été accordé auparavant, qu'aux ſeules Princeſſes du fang
Royal, *quod ſolis Principib. fœminis fuerat conceſſum.* Cela eſt fort
croyable, car Mr Labé Faidit (dans ſes remarques ſur Virgile
p. 176.) atteſte qu'il a oüis dire à feu Mr Daurat, Doyen du Parlement de Paris, que la vieille Maréchale de la Ferté grand.Mere du
Duc de la Force d'aujourd'hui, lui avoit dit, *qu'elle ſe ſouvenoit trés-*
bien d'avoir ſouvent reçû des viſites de la premiere Prefidente de Ver-
dun, montée en croupe derriere le Clerc de ſon mary ſur ſa Mule.

Les deux Contrats de Mariage qui ſuivent, concernent *Char-*
les de Clugny, fecond fils de *Claude*, qui le fut de *Barthelemy* ;
led. *Barthelemy* qui le fut de *Louis*, Marié à *Jacqueline de Drée*,
led. *Louis* qui le fut de *Hugues, &c.*

Numº. XLII.

Extrait du Contrat de Mariage en premiere Nôce
de Charles de Clugny, & d'Anne de la Palu.

„ En Nom de notre-Seigneur *Amen*, l'an de l'Incar-
„ nation d'icelui courant 1604. le 28. jour du mois de

a Ceux de la Maifon d'Amas portoient originellement le furnom de Cha-
tillon, mais au retour de ce ſaint voyage qui ſe fit fous Godefroy de Boulogne,
Duc de Boüillon, après avoir été publié en l'an 1096, ils changerent d'Armes
& de furnom, & prirent celui d'Amas de la Province, d'Amaſie qu'ils avoient con-
quife, & porterent d'or à une croix ancrée de gueules : *grand armorial p.* 228.

Decembre , comparans Noble Seigneur *Charles de Clu-* «
gny (x) Seigneur d'Eflaumes , Veloigny , Lamirabel , «
& Genevray en partie , homme d'armes de la compa- «
gnie de Monfeigr. le Dauphin , fils de furent Mef- «
fire *Claude de Clugny Chevalier de l'Ordre du Roy ,* «
Seigneur d'Aify , & de Noble Dame *Judith de Crecy ,* «
en prefence & par l'avis de Noble Seigneur *Barthele-* «
my de Clugny Seigneur dud. Aify fon frere ; *haut &* «
puiffant Seigneur Meffire Guillaume de Clugny auffy «
Chevalier Seigneur de Conforgien , *Jacques de Chaulgy* «
Seigneur d'Aura , & Lantylly ; *David de Clugny* Sei- «
gneur de Travoify ; *Jacques de Jaucour* Seigneur de «
Rouvray , & Menetrueuil ; Noble Seigneur *François* «
de Malain Seigneur de Torcy ; Noble Seigneur *Maxi-* «
milien de Clugny Seigneur du Broüillard ; Damoifelle «
Catherine de Clugny Dame de Cortelin ; *Charlotte de* «
Clugny Dame de Dampierre ; Noble *Jacques de Chaulgy* «
fils Seigr. d'Avos d'une part,& Damoifelle *Anne de laPallu,* «
fille de Meffire *Henri de la Pallu,* auffy Chevalier, Seigneur «
de Lailly , Blangey , & de Noble Dame Dame *Reynée de* «
Fouchier , en prefence de l'authorité , vouloir , & con- «
fentement defd. Sr. & Dame fes pere & mere ; & par «
l'avis de Meffire *Charles de la Pallu* Seigneur de Bou- «
lignèux , Meilly ; *Jean de Malain* Seigneur & Baron «
de Voudenay ; Noble Seigneur *Antoine de Pracontal ,* «
Seigneur & Baron de Soucy ; Noble Seigneur *Jean de* «
la Pallu , Seigneur de Bouligneux ; Noble Dame Dame «
Jeanne de la Pallu , femme dud. Sr. de Voudenay ; «
Noble Dame Dame *Jacqueline de Sault* femme dud. «
Sieur de Meilly , & autres leurs parens & amis , pour «
ce convoqués & affemblés , d'autre part. Ont promis, & «
promettent , par cettes , eux prendre & avoir l'un l'au- «
tre , à maris & femme , en loyal Mariage &c. Fait «
& paffée au Chaftel & Maifon forte dud. Lailly par- «
devant Jean du Fraifgne Notaire Royal à Oftun , *Signé* «
&c. D U F R A J S G N E.

x CHARLES
ayeul des Sieurs
de Darcey &
de Grignon.

    Ce Contrat de Mariage , eft la preuve des alliances diftin-
guées qui ont été fucceffivement dans la Maifon de Clugny,
& il renferme une partie de celles qui font énoncées dans la
fommation imprimée , fignifiée à Mr. le Procureur Général &
au Deffendeur le 13. du mois de Fevrier dernier. Les Maifons
de *Crecy , Chaugy , Jaucour , Malain , la Pallu , Bouligneux ,*
Fouchier , Pracontal, de Saulx , y font énoncées.

Anne de la Pallu avec laquelle *Charles de Clugny* contracta
ce Mariage, mourut jeune. Cette mort fut caule qu'il se maria une seconde fois, à une personne chés qui il chercha plus de
mérite que de naissance. L'Acte qui suit est la copie de son second Contrat de Mariage.

Num°. XLIII.

2. Fev. 1614.

Cotte
au 6ᵉ Sac.

y CHARLES
ayeul *ut suprà.*

Extrait du Contrat de Mariage en seconde Nôce de Charles de Clugny, & d'Anne Voisenet.

„ Au Nom de notre-Seigneur, le second jour du mois
„ de Fevrier 1614. à midy en la Ville d'Arnay le Duc,
„ pardevant Estienne Massy Notaire Royal soussigné de-
„ meurant aud. lieu, en la presence des Temoins & au-
„ tres cy-bas nommés, ont comparû en leur personne
„ *Messire Charles de Clugny* (*y*) *Chevalier* Seigneur
„ de Lailly, Grand-Moloy, Essertaine, Mirebel, & la
„ Genevraye en Champagne, assisté de *Messire Barthele-*
„ *my de Clugny Chevalier*, son frere, Seigneur d'Aisy,
„ Pont d'Aisy, Veloigny &c. d'une part. Damoiselle
„ *Anne Voisenet* fille de Noble *Jean Voisenet*, Conseiller
„ du Roy, cy-devant Lieutenant au Balliage dud. Arnay,
„ & de Damoiselle *Claire Soirot* sa femme, des vouloir,
„ licence, & authorité expresse de sesd. pere & mere
„ aussy presens en personne lesquels Sr. *Charle de Clu-*
„ *gny* & Damoiselle *Anne Voisenet* ont promis & pro-
„ mettent se prendre l'ung l'autre en loyal mariage, &c.
„ Fait des avis dud. Seigneur d'Aisy, de Noble *Abel du*
„ *Bourgdieu*, Escuier d'Escuiries du Roy, Seigneur de
„ Promenois, de Noble *Pierre Soirot* Conseiller du Roy,
„ Maistre extraordinaire en sa Chambre des comptes à
„ Dijon, & de Noble *Jean Grillot* aussy Conseiller du
„ Roy, & son Avocat, aud. Balliage d'Arnay le Duc,
„ oncle & cousins de lad. future Epouse. Fait aud.
„ Arnay led. jour 2. Fevrier 1614. *Signé* M A S S Y.

Charles de Clugny homme d'Armes, de la Compagnie de
Monsieur le Dauphin, Chevalier, Baron de Grignon Seigneur
d'Eslaumes, Veloigny, Mirebel, Genevray, Lailly, Grand Moloy, Essertaine, Ayeul des Sieurs de Grignon, & de Darcey,
fut marié deux fois. La premiére à *Anne de la Pallu*; la seconde à *Anne Voisenet*, comme on vient de le voir, par les deux
contrats précédens.

Cette seconde alliance a donné occasion au Deffendeur de
dire, dans sa rep. imp. p. 16. que lad. *Anne Voisenet n'etoit point No-*
ble, & qu'elle *n'etoit alliée de son chef à aucune Famille Noble.*
Il n'y a qu'à rélire l'extrait du Contrat que l'on vient de donner,

ner, pour trouver la preuve du contraire. Mais quand cela ne
feroit pas; combien a-t'on vû, de nos jours des gens de la haute Nobleſſe, s'allier avec des filles qui n'étoient pas Nobles?
Le feu Roy, d'heureuſe memoire, a fait lui-même pluſieurs Mariages de la ſorte. Les agrémens & les bonnes qualités que l'on
trouve dans le ſexe, font quelquefois ſortes d'alliance;
d'autrefois c'eſt la fortune, pour relever les Maiſons, ou les
ſoûtenir dans leur éclat. La haute Nobleſſe conſerve ſon merite, & en acquiert un nouveau, par les alliances illuſtres & diſtinguées qu'elle fait; mais elle ne ſe perd pas, par celles qui
ſont au-deſſous d'elle. Cela eſt aſſés ordinaire en France; parce
que quoique la diſtinction que l'on tire par les femmes, ſoit eſ-
timée, & eſtimable, il eſt pourtant vray de dire, qu'il n'y a que
celle qui vient du côté du pere qui en fait le veritable prix.

Charles eut *d'Anne Voiſenet* ſa ſeconde femme deux fils; ſçavoir *Charles*, & *Barthelemy*. Le premier fut Seigneur de Darcey,
& Capitaine au Regiment de Condé : il fut enſuite nommé,
par la Nobleſſe du Bailliage de la Montagne, pour la commander à Larrierreban. Il mourut ſans poſterité.

L'Acte qui ſuit eſt une repriſe de fief faite à la Chambre des
Comptes, où on lui a donné les qualités de Meſſire & Chevalier qui lui ſont dûës, & dont il avoit herité de ſes Ancêtres.

Les deux autres Titres qui ſuivent immediatement cette repriſe de fief concernent *Barthelemy* ſon frere, qui fut le pere des
Sieurs de Grignon, & de Darcey, parties au Procés.

Extrait de Repriſe de Fief faite par Charles de Clu- *Num.* XLIV. *gny pour la Terre de Darcey.*

Cotte P. P.

Les Gens des Comptes à Dijon, au Baillif de la " au 4ᵉ Sac.
Montagne &c. Salut. Sçavoir faiſons que ce jourduy " 20. Mars 1664.
datte de cette, *Meſſire Charles de Clugny Chevalier*, "
Seigneur de Darcey a fait au Roy, & à nos perſonnes "
les foy & homage qu'il étoit tenu de faire, pour lad. "
Terre & Seigneurie de Darcey, à lui eſchue par le par- "
tage fait entre luy & les Srs. ſes freres, Enfans de *Meſ-* "
ſire Charles de Clugny, Chevalier Seigneur d'Aiſy, "
Baron de Grignon, & Seigneur dud. Darcey &c. Don- "
né à Dijon le 20. May 1664. *Signé* M O R E L E T. "

Extrait du Brevet d'une Compagnie de cent Hommes, au Regiment de Mr le Prince de Conty pr. Barthe- *Num.* XLV. lemy de Clugny, *Baron de Grignon.*

Cotte
" au 6ᵉ Sac.

Loüis par la grace de Dieu, Roy de France, & de Na- " 12. Fev. 1636.
varre, à notre cher & bien amé le Capitaine *Barthelemy*

V v

z BARTHE-
LEMY, pere des
Sieurs de Dar-
cey, & de Gri-
gnon.

" (*z*) *de Clugny*, Baron de Grignon, Salut : ayant eſtimé
" à propos ſur les occaſions preſentes d'augmenter les forces
" que nous avons ſur pied, d'un Regiment de gens de guer-
" re à pied, François, compoſé de 15. Enſeignes, de cent
" Hommes chacune, ſous la charge de notre trés-cher &
" bien amé Couſin le Prince de Conty, & ſachant que pour
" commander une des Compagnies, nous ne ſçaurions faire
" un meilleur, ny plus digne choix, que de votre perſonne,
" ſur l'aſſurance que nous avons de votre valeur, generoſité,
" bonne conduite, experience au fait des armes, fidelité,
" & affection à notre ſervice. A ces Cauſes nous vous Comet-
" tons & deputons par ces preſentes ſignées de notre main,
" pour lever & mettre ſus incontinent, & le plus diligem-
" ment qu'il vous ſera poſſible une Compagnie de cent
" hommes de guerre, à pied, François des plus vaillans &
" aguerris que vous pourrés choiſir, laquelle vous conduirés
" ſous l'authorité de notre trés-cher & bien amé Couſin le
" Duc d'Epernon, Pair de France, & Colonel General de
" l'Infanterie Françoiſe : Car tel eſt notre plaiſir. Donné à
" Paris le douziéme jour de Fevrier 1636. & de notre re-
" gne le 26. *Signé*, L O U I S, & *plus bas*, par le Roy
" D U B L E T.

Numº. XLVI.

Cotte
au 6ᵉ Sac.
15. Fev. 1647.
a BARTHE-
LEMY pere des
Sieurs de Dar-
cey & de Gri-
gnon.

Extrait du Contrat de mariage de Barthelemy de Clugny, *& de* Magdelaine Demenou.

" A tous ceux qui ces preſentes lettres verront ſalut :
" ſçavoir faiſons que pardevant Edme Mathieu Notaire
" & Tabellion roial garde note hereditaire juré, ſous
" le ſcel du Balliage, Siege Preſidial, & Prevoté d'Au-
" xerre pour le Roy notre Sire ; furent preſens en leurs
" perſonne *Meſſire Barthelemy (a) de Clugny Che-*
" *valier*, Baron de Grignon, fils aiſné de *Meſſire Charles*
" *de Clugny Chevalier* Baron de Grignon & de Darcey, Sei-
" gneur d'Aiſy, Pont-d'Aiſi, & Dampierre en Morvant, & de
" Dame *Anne de Voiſenet* ſes pere & mere, aſſiſté & autho-
" riſé dud. Seigneur ſon pere preſent demeurant aud. Aiſy,
" Balliage, d'Auxois, Siege Preſidial de Semur, Meſſire *Fran-*
" *çois Dupé* Chevalier, Seigneur de Loueſme, de *Maxi-*
" *milien de Clugny*, *Chevalier*, Baron du Brouillard,
" Villargeau, & Maiſon-Baulde, demeurant aud. Brouil-
" lard Bailliage dud. Auxois, & de *Charles de Vichy*

Efcuier, Sieur d'Agemour , fes parens & amis pour luy, d'une part ; & Damoifelle *Magdelaine Demenou* fille de Meffire *Loüis Demenou* Chevalier , Seigneur de Ratilly, Treigny , Chaftenay, & Silpierre, & de def-funte Dame *Jeanne Dupuy* fes pere & mere , affiftée & authorifée dud. Seigneur fon pere , & de Meffire *Melaine Demenou* , Chev. Sgr. de Charinfé , Gentilhom-me ordinaire de la Chambre de Mgr. le Duc d'Orleans, Gouverneur du Duché de St. Fregeau , fon oncle , de Damoifelle *Jacqueline Demenou* fa fœur , de Meffire *Gilles de Brachet* Chevalier , Seigneur de Villars , Forets & autres lieux , Confeiller & Maiftre d'Hoftel ordinai-re de Sa Majefté , fon oncle maternel, de Dame *Ma-rie de Boiffon* veuve de Meffire *François Demenou* vi-vant Chevalier , Seigneur de Chiron , Confeiller & Maif-tre d'Hoftel du Ròy , & Capitaine d'une Compagnie de Cavalerie, fon oncle paternel , de Meffire *Armand-François de Menou* , Chevalier , Seigneur du Chiron , Nauvigne , & autres lieux , fon coufin germain. Lefquels Sieur *Barthelemy de Clugny* , & *Magdelaine de Menou*, de l'authorité , & confentement de leurs parens , ont fait & font les traittés de Mariage qui enfuivent &c. Fait en la Maifon Seigneurialle dud. Ratilly , és pre-fences &c. Le 15. jour du mois de Fevrier 1647. *Si-gné* , M A T H I E U Notaire Royal.

Barthelemy , Chevalier , Capitaine d'une compagnie de cent hommes, Baron de Grignon, Seigneur d'Aifi, Chatenet, & Silpier-re, époufa comme on vient de le voir *Magdelaine de Menou* , de laquelle il eut deux fils, *Loüis* , & *Charles* , tous deux parties au Pro-cés. *Loüis* Seigneur de Grignon, *Charles* Seigneur de Darcey.

Le Deffendeur parlant de ceux-ci, a dit indiftinctement qu'au-cun de leurs Auteurs n'avoit fervi le Roy.

L'on interpelle , dit-il , dans fa requête du 20. Decembre 1720. *les Sieurs de Grignon & de Darcey de convenir de deux points ; l'un eft, que tant eux que leur pere, leur Ayeul, leur Bifayeul , leur 4e. Ayeul n'ont jamais exercé aucun emplois militaires , ny autres.*

Rep. Les tems reculés , & le peu de foin qu'on a eu de ramaffer les Commiffions & Brevets qui prouvent les fervices militaires, que prefque tous ceux de la Maifon de Clugny ont rendus, font qu'on n'en peut raporter que quelques-uns. Quoy que l'on ne foit pas en état de juftifier des Brevets de tous ceux qui ont fervi ; ce n'eft pas à dire pour tout cela, qu'ils n'ayent point fervi du tout. *Guillaume de Clugny* , *Baron de Conforgien* , par exemple , dont l'on a parlé plus haut , (*b*) qui eft un des Auteurs Collateraux des Sieurs de Darcey, & de Grignon, fut General de l'armée d'Henry

b Sous le num. 57.

IV. pour Geneve, contre le Duc de Savoye ; cela eſt juſtifié par les hiſtoriens. Cependant ſi l'on étoit obligé de raporter le Brevet de General des Troupes, & les autres emplois qu'il a eu, avant que de parvenir là, on feroit embaraſſé ; il n'en eſt pas moins vrai, cependant, qu'il n'ait été General d'Armée. Tous ceux de la Maiſon de Clugny qui ont fait la Branche du Brouillard, ont ſervis le Roy, & l'Etat (le Deffendeur en convient) cependant à t'il vû tous leurs Brevets & Commiſſions du Roy ? Non ; mais il ſuffit de ſçavoir cela par traditive, l'on ſçait que le fils ſuit ordi-nairement la condition du pere.

Mais on ne prétend pas, par cette réponſe, quelque plauſible qu'elle ſoit, éluder l'interpellation du Deffendeur ; le pere des Sieurs de Darcey & de Grignon étoit Capitaine de cent hom-mes ; leur grand pere étoit homme d'Armes de la Compagnie de Mr. le Dauphin. Leur quatriéme ayeul fut fait Chevalier par Loüis XII la veille d'une Bataille ; l'on vient de prouver ces faits : cela ne ſuffit-il pas pour démentir la prétenduë *oiſiveté* qu'il dit, ſi mal à propos, avoir toujours régné dans cette bran-che ? *Ce point eſt eſſentiel au procès*, dit-il ; & quel raport y a-t-il entre ſervir le Roi dans ſes Armées, & uſurper les Armoiries d'autrui, qui eſt le ſeul point dont il s'agit ? par les Services on ſoutient le droit des Princes, & par l'uſurpation des Armoi-ries, on enléve à la Nobleſſe le droit qu'elle a ſur le plus pré-cieux de ſon patrimoine ; ce n'eſt donc pas de cela dont il s'agit préciſément ; & ſi les Sieurs de la Maiſon de Clugny donnent ici des preuves des Services Militaires de leurs ancêtres, c'eſt par ce que le Deffendeur les a dépeint, dans pluſieurs écrits qu'il a rendu publics, comme des gens de tout tems inutiles à l'Etat ; c'eſt parce que étant comptables à la poſtérité de l'honneur de leur nom, ils ont interêt de le ſoutenir, en faiſant voir que tout eſt calomnie, dans le procédé de leur adverſaire.

On les interpelle en ſecond lieu, continuë le Deffendeur dans la même Requête, *de demeurer d'accord qu'ils ne remontent pas plus haut que leur quatrieme ayeul, & qu'avec leur belle hiſtoire de 1083, ils ſont obligés de s'arrêter à 1515, qui eſt la plus an-cienne époque de leurs pieces, leſdits Sieurs de Grignon & de Dar-cey n'ayant rien du tout qui les rende deſcendans des de Clugny qui ont vécu dans les ſiécles antérieurs.*

Rép. *L'Hiſtoire de 1083 eſt belle*, en effet ; non pas dans un ſens hyronique, mais véritable ; elle eſt ſoutenuë de l'atteſtation de Mr. Chaſſeneuz, Muſnier, le Saulnier, Gerſon, &c. Auteurs dont la foi n'entrera jamais en comparaiſon avec celle d'un plai-deur animé. Que *l'époque de 1515 ſoit la plus ancienne des pié-ces des Sieurs de Grignon & de Darcey*. Rien n'eſt plus faux. La premiere piéce de leur production eſt du 3 Septembre 1368, qui vient de leur huitiéme ayeul, prouve le faux. Qu'ils *n'aient rien du tout qui les rende deſcendans des de Clugny qui ont vécu dans les ſiécles antérieurs* ; c'eſt encore la fauſſeté & la paſſion qui ont diĉté ces autres termes. Eſt-ce ne rien avoir, pour prouver cette deſcendance, que d'avoir le Nom & les Armes, la Nobleſſe, les Seigneuries, les Titres qui font une liaiſon ſuivie & non interrompuë, le témoignage des Auteurs, la reconnoiſſance pu-blique,

blique, &c. L'on ne fçait point d'autres marques que celles-là pour fe dire iffus d'un même tronc. Ce font les feules preuves, en effet, que l'on puiffe employer en pareil cas. Le Deffendeur en a employé d'autres pour fe dire iffu de *Jean de Clugny* Garde des Sceaux qui étoit de la Maifon de Clugny, & a prétendu qu'à la faveur de cinq ou fix broüillons de papier détachés, qui font fans ordre, fans liaifon, fans datte, fans fignature, fans aprobation de l'Auteur, qu'il dit être Palliot, il forgeroit *la belle Hiftoire* de fa defcendance, & contrediroit celle des Produifans; mais on ne croit pas qu'un moyen fi nouveau & fi bizarre puiffe en aucun Tribunal triompher de la verité. Tout cela eft détruit fuffifamment par les piéces qu'on a produites ci devant, & les inductions qu'on en a tirées.

L'on va reprendre l'autre branche qui éxifte aux perfonnes de *François de Clugny Theniffey*, de fon frere, & de fon fils, qui viennent du troifiéme fils de *Louis*, Seigneur de Conforgien. Ce troifiéme fils fut nommé *Michel*, Seigneur de Montachon. L'acte qui fuit le concerne.

Tranfaction faite entre François & Loüife de Mandelot, Michel de Clugny, & Gabriel de Coulombié, *concernant l'Hoirie de* François, de Coulombié *fon frere.*

Num°. XLVII.

9 de Juin 1582.

François de Saintcloux Notaire Royal, Procureur, & Garde des Sceaux ordonnés aux Contrats des Bailliages & Judicatures Royaux de Maconnois. A tous ceux qui ces prefentes verront, fçavoir faifons: comme procés fut mûs pardevant Monfr. le Bailly de Macon ou fon Lieutenant, entre Haut & Puiffant Seigneur, Meffire *François de Mandelot* (c) Chevalier de l'Ordre du Roy, Capitaine de cent hommes d'Armes des Ordonnances de Sa Majefté, Confeiller dudit Seigneur en fon Confeil Privé & d'Etat, Gouverneur & Lieutenant Général pour Sa Majefté, en la Ville de Lyon, Païs de Lyonnois, Forêts ou Baujollois, & Damoifelle *Louife de Mandelot*, veuve de feu Meffire *Antoine de Colombier* (d) en fon vivant Seigneur dudit Savigny & de Saint-Loux, Chevalier de l'Ordre du Roy, mere & héritiere teftamentaire de feu Meffire *François de Colombier* en fon vivant Seigneur dudit Savigny & de Saint Loux, Capitaine Guidon de la Compagnie dudit Sieur *de Mandelot*, Demandeurs & requerans être maintenus, & garder l'hoirie, biens, & fucceffions dudit Meffire *François de Colombier*, & Damoifelle *Gabrielle de Colombier* (e) fœur dudit deffunt & femme, de Noble Seigneur *Michel de*

" Cotte
" au 6e Sac.

" c François de
" Mandelot étoit
" le troifié. grand
" Oncle maternel
" du Sr. de Theniffey & du Chevalier de Coulombié fon frere.

" d Trifayeul maternel. Il étoit Chevalier de l'Ordre du Roi, fa femme eft qualifiée Demoifelle, comme c'étoit l'ufage de ce tems.

" e Bifayeule maternelle.

X x

f MICHEL bifayeul pater- nel.

„ *Clugny (f)* Sieur de Montachon Deffenderefle , & Opo-
„ fant d'autre. Difant lefdits Demandeurs que ledit def-
„ funt *François de Colombier* par teftament du 22 Fevrier
„ 1577 reçû par Narboud au dit lieu de Savigny, auroit
„ inftitué ladite Dame *de Mandelot* fa mere & héritiere
„ univerfelle , & par autre teftament du 18 Octobre 1580
„ au Camp de Namur auroit pareillement inftitué ladite
„ Dame fon héritiére univerfelle , & à elle inftitué ledit
„ Sieur *de Mandelot* fon oncle & les fiens & ligne, la
„ Terre & Seigneurie de Colombier à Noble *Antoine de*
„ *Clugny* fils defdits Sr. & Damoifelle de Montachon ,
„ &c. Fait & paffé audit Macon le 9 de Juin 1582.
„ Expédié pour ledit Seigneur Meffire François de Man-
„ delot par moy Notaire Royal fufdit fouffigné. *Signé*,
„ DUCROT.

Branche de Michel de Clugny *troifiéme fils de* Loüis.

Il eft parlé dudit *Michel* dans l'acte précédent de 1588, fous
les N°· 38, 39, 47, &c. (*g*)

g Preuve n. 39. V. Gerfon dans fa Preface, où il dit que ledit Michel fut fait Chevalier de l'Ordre de St. Michel.

Michel, Chevalier Seigneur de Montachon , de Coulombié & de Cotaprés, bifayeul du Sieur de Theniffey & du Chevalier de Coulombié , époufa *Gabrielle de Coulombié*, iffuë de la Maifon de Coulombié & de celle de Mandelot, dont le pere étoit Cheva- lier de l'Ordre du Roi, & la mere fœur de François de Mande- lot, auffi Chevalier de l'Ordre du Roi, Gouverneur & Lieute- nant Général du Lionnois, &c. deux Maifons illuftrées, com- me on le voit par le Titre précédent. Quel raport fe trouve-t-il entre ces diftinctions, & les termes qui régnent par tout, dans les écrits du Deffendeur ? en difant que les Sieurs Produifans *étant réduits à ce qui peut leur apartenir, leur Nobleffe paroîtra trés- commune, & fur tout deftituee de toute illuftration*. (*h*)

h Dans fa Requê- te du 20 Mai 1720, p. 38 de la copie.

A confidérer la Maifon de Clugny en elle-même. Combien n'a- t-on pas vû de fes enfans dans les premieres Dignités de l'Eglife, de la Robe, & de l'Epée ? à la confidérer dans fes alliances, n'y trouve-t-on pas de hautes diftinctions, & que les meilleures Mai- fons lui ont apartenuës ? pourquoi le Deffendeur fi mal inftruit des avantages de la Maifon de Clugny, s'eft-il donc échapé à en parler de la forte ? lui convenoit-il de donner au Public une Généalogie de cette Maifon défigurée, comme il l'a fait, lui fur lequel il y a tant de fujets de reprife, comme on le verra bien- tôt , qui a commencé lui-même fa Nobleffe ? ou plûtôt, pour parler le langage du grand Réformateur des mœurs de ce tems, lui qui eft un homme nouveau dans la Nobleffe : mais de quoi un Plaideur haut & animé n'eft-il pas capable ?

Michel de Clugny eut de *Gabrielle de Coulombié* deux fils , *Antoine* & *Gui*, ainfi que l'acte qui fuit va le prouver.

L'on n'a pas produit leur Contrat de mariage, parce qu'ils

mirent leurs affaires en tel défordre, que leurs Terres furent ven-
duës par decret; leurs enfans *Antoine & Gui* fe voyant fans reffource, abondonnérent tout, fe difperférent, & furent fervir en
Hollande, qui étoit pour lors le Théatre & l'Ecole de la Guerre;
c'eft ainfi que le Contrat de mariage de *Mishel*, & plufieurs autres papiers qui le concernent, ont été perdus. Mais il s'en eft
trouvé fuffifamment, dans les autres branches, pour réparer cette
perte, comme on l'a vû, par les Titres où il eft fait mention
de lui & de fes enfans.

Extrait du Teſtament Olographe d'Antoine de Clugny *Gouverneur de la Ville de St. Quentin.*

Num°. XLVIII.

Au Nom de la trés-fainte Trinité par la puiſſance
de laquelle toutes chofes font foûmifes & finiffent,
moy *Antoine (i)* fils de *Michel de Clugny* & de
Gabrielle de Coulombié reconnoiffant les infinies graces
que j'ay reçues de cette fouveraine bonté, de la plus
profonde humilité d'un cœur abaiffé me profterne aux
pieds de fon fouvarain Throne pour demander pardon
des fautes que j'ay commifes contre fes faints comman-
demens &c. Il ne me reftoit que la Terre de Coulombié qui m'avoit été donnée par mon oncle maternel
qui étoit François de Coulombié Sgr. de Savigny fur
Grofne en Maconnois. Je fuivis à 18. ans Monfieur le
Marefchal de Biron pour lors Gouverneur de Bourgogne jufqu'en la paix de 1598. je fervis le Roy en la
charge de premier Capitaine au Regiment de Monfieur
le Marquis de Villeroy aux troubles qui furvinrent
l'an 1615. & 1616. Je fus mis à Tours par Monfieur de Souvré Gouverneur de Tourraine, pour y
commander en fon abfence; je paffay en Piedmont
avec Mr. le Marefchal de Lefdiguieres qui fut depuis
Connetable, ou j'eus l'honneur d'être Sergent de Bataille de l'Armée de Monfieur le Duc de Savoie, jufqu'à la fin de la guerre qui fut 1617. Sa Majefté
m'honnora d'une charge d'Aide de Camp de fes Armées,
d'une Compagnie au Regiment de Piedmont, & d'un
état de Meftre de Camp entretenu, & fa bonté fut fi
grande qu'aïant *été bleffé pour fon fervice au fiege de
St. Antonin en Albigeois il me vint vifiter en ma
Tente (K)* & me dit que je n'euffe foin que de me

Cotte L. L.
Au 4e· Sac.

23. Avril. 1639.

I. ANTOINE
grand Oncle du
Sr. de Theniſſey
& du Chevalier
de Coulombié
parties au pro-
cés.

k *Gerfon*, parlant de cette action, s'écrie en ces termes: *ô faveur digne d'être gra-
vée en lettres d'or dans le fein de la pofterité! & certes j'ay bien de la peine à deviner
qui mérite plus de loüange, ou la vifite, ou la bleffure.* Judicent recti recté. (C'eft
dans l'Epiftre dedicat. de fon livre cité plus haut.)

" guerrir, & qu'il ne m'abandonneroit jamais. La paix
" étant faite Monfieur le Duc de Guife me demanda
" au Roy pour etre Gouverneur de Monfieur le Prince
" de Joinville fon fils...... je reçû une depefche de Sa
" Majefté, avec ordre d'aller à St. Quentin y comman-
" der pour fon Service, & quelque temps aprés le Vi-
" comte Dauffy Gouverneur de lad. place étant mort,
" *le Roy m'en donna le Gouvernement en Chef*, & en
" Titre avec un Regiment d'Infanterie & une Compa-
" gnie de Chevaux legers. Toutes ces faveurs de fortu-
" ne venans de la feule bonté de Dieu qui a difpofé
" les volontés du Roy. Tout ce difcours fera tenu étran-
" ge dans un Teftament. L'on pourra dire que cette hif-
" toire de ma vie ne m'étoit pas neceffaire; mais je re-
" plique que je ne fuis pas le premier qui a fuivis cet-
" te methode, Monfieur le Chancelier de l'Hopital grand
" perfonage, fi nous en avons jamais eu en France,
" m'en a montré le chemin &c.

l ANTOINE pe- " Ma derniere volonté eft donc d'inftituer mon prin-
re du Sr.de The- " cipal Heritier *Antoine (l)* de Clugny fils aifné de
niffey. " feu *Guy (m)* de Clugny mon frere.
m GUY fon "
Ayeul. " Pour ce qui eft de mes Meubles, Chevaux, & Caroffes,
" & autres mes Meubles à la referve de la Vaiffelle d'ar-
u Anne de Con- " gent que j'entens apartenir à mon Heritier fufnommé,
feil Dame d'hon- " j'en laiffe la difpofition à ma belle Sœur (n) veuve
neur de Madame " de feu mon Frere pour en ufer comme bonne mere,
la Princeffe de " &c. Fait & conclu à St. Quentin ce 23. Avril 1639.
Conty, Ayeulle. " *Signé* ANTOINE DE CLUGNY, COULOMBIE.
" *Plus bas eft ecrite la fufcription dud. Teftament en*
" *ces termes:*
" Pardevant les Notaires garde nottes hereditaires en la
" Ville de St. Quentin fouffignés, eft comparu *Meffire An-*
" *toine de Clugny Chevalier* Seigneur de Coulombié
" Gentilhomme ordinaire de la Chambre du Roy Mef-
" tre de Camp d'un Regiment d'Infanterie; Capitaine
" d'une Compagnie de Chevaux legers pour le fervice
" de fa Majefté, Gouverneur pour le Roy en lad. Ville
" de St. Quentin, lequel a dit que le Teftament ecrit
" au-devant des prefentes a été ecrit, fait & figné de fa
" main. Fait & paffé aud. St. Quentin pardevant noufd.
" Notaires Royaux ce 23e jour d'Avril 1639. *Signé*
" MAUCROIX, & DEMILESCHAMP.

La

La Signature d'*Antoine* de Clugny, au bas de son Teſtament, eſt écrite en cette forme (*Antoine de Clugny Coulombié.*) le feu Sr. de Coulombié qui étoit partie au procés ſignoit de la ſorte. Le Deffendeur qui s'embaraſſe peu, s'il dit vray, ou faux, s'énonce néanmoins au ſujet de ce nom de Terre en ces termes : (*o*) *c'eſt le ſieur de Colombier qui lui-même pour s'introduire s'il pouvoit dans une bonne Maiſon de Normandie ſigné Coulombié depuis peu, après avoir longtems ſigné Colombier.* Où eſt le fin & l'utile de cette remarque! mais en tout ſens ne voit-on pas qu'elle eſt fauſſe.

Antoine de Clugny, qualifié Chevalier Seigneur de Coulombié, Gentilhomme ordinaire de la Chambre du Roi, Meſtre de Camp d'un Regiment d'Infanterie, Capitaine d'une Compagnie de Chevaux Legers, pour le ſervice de Sa Majeſté, Gouverneur pour le Roi à St. Quentin &c ; étoit grand Oncle du Sr. de Theniſſey, & du Sr. Chevalier de Coulombié ſon frere, & ſecond grand oncle du Sr. ſon fils qui vient de faire alliance avec la Maiſon de Choiſeüil.

L'on trouve dans ſon Teſtament olographe, dont on vient de donner l'extrait, les ſentimens d'un homme de bien, & d'un grand Capitaine ; c'eſt-à-dire d'un homme auſſi fidel à ſon Dieu, qu'à ſon Roi. Quoi de plus beau que le narré ſimple & modeſte des principales circonſtances de ſa vie! il fut bleſſé pour le ſervice du Roy au ſiége de Saint Antonin en Albigeois. Le feu Roi Loüis XIII. d'heureuſe memoire, eut la bonté de lui rendre viſite, en perſonne dans ſa Tante, lui recommanda qu'il eut ſoin de ſe guerrir & qu'il ne l'abandonneroit jamais ; honneur digne des plus grands éloges!

Le Titre précédent a été ſignifié au Deffendeur dés le *21.* Juin *1720.* & il la eu en communication pendant longtems. Cela ne l'a pas empêché de dire, néanmoins, que la Nobleſſe de la Maiſon de Clugny a été de tout tems inutile à l'état & qui a vécu dans une oiſiveté héréditaire ; ces termes calomnieux, & autres ſemblables, rempliſſent preſque toutes les pages de ſes écrits. *Qu'on examine en détail*, dit-il, dans ſa rép. imp. p. *15. Tous les Particuliers des differentes branches de la famille de Clugny, on n'y trouvera rien de grand, ni même qui en aproche, ni qui réponde tant ſoit peu à l'idée qu'ils en veulent donner.*

Rép. Tous les hommes, ſans diſtinction, cherchent à ſoûtenir l'honneur & l'éclat de leur famille ; c'eſt même le deffaut de preſque tous, de n'être pas aſſés modeſtes là-deſſus, & de chercher des illuſtrations étrangeres, faute d'en trouver ſuffiſament chés eux. Comment donc conciliera-t'on le procedé de M. le C. de Cluny qui prétend, dans tous ſes écrits, être iſſus d'une branche de la Maiſon de Clugny (non pas qu'il diſe vray, car ſa Généalogie qu'il a donné au Public n'a pas été faite à vûë de Titres par d'Hoſier) comment donc le conciliera-t'on avec lui-même, lui qui ſe prétend ſeul iſſus de la Maiſon de Clugny, & qui a eu ſi grand ſoin de dire qu'il deſcendoit du fameux Mr. *Gilles le Maître* premier Préſident au Parlement de Paris, du côté des femmes, & qui néanmoins dit aujourd'hui

o Dans ſa Requête du 20. Decembre 1720. p. 8. de la copie.

Y y

qu'il *n'y a rien eu de grand*, *ni même qui en aproche dans tou-tes les branches de la famille de Clugny*? l'amour propre se combat visiblement ici. Tirons en une consequence, qui est bien naturelle, qui est que tout homme qui cherche à deshonnorer l'état d'une Maison, dont il se dit issus, n'est pas un de ses véritables Enfans. La preuve en résulte de sa propre conduite. Mais combien de fois est-il arrivé que ceux qui n'ont pas la verité pour eux, ont été trahis, par leur propre langage. *loquela tua mani-festum te facit*. Disoit-on autrefois au Prince des Apôtres, lorsqu'il voulut déguiser qui il étoit.

Revenant aux termes du Deffendeur, pris en eux mêmes. Non seulement la piéce dont on vient de voir l'extrait, mais presque toutes celles de cette production les démentent. Ne peut-on pas apliquer à ce sujet les propres termes dont il s'est servi, dans ses écrits, en disant que *la vanité est plus aigre quand elle ment, que quand elle dit la verité*. (dans sa Requeste du 20. Decembre 1720. p. 8. de la copie.)

Antoine de Clugny, Gouverneur de St Quentin, fut un vaillant guerrier, & un excellent Mathematicien, comme le prouve un Traitté qu'il en a fait pour l'instruction de Mr le Prince de Joinville, dont il fut le Gouverneur par ordre du Roy, qui est en manuscrit chés le Sieur de Thenissey (que l'on peut dire, avec justice, avoir été l'heritier de ses vertus, comme il l'a été de ses biens.) Il aprit l'art de faire la guerre, sous le Commandement du Prince Maurice, qui pour lors étoit le model de tous les bons Officiers de l'europe; il y servit sous luy, en qualité de Capitaine, au Regiment de Haute-Rive; il étoit bien venu dans sa Cour, & trés-estimé de ce grand Prince. (*p*)

p V. les Memoires du *Baron de Sirot* Lieutenant General des Camps & Armées du Roy, tom. premier p. 28 & 29. lequel étoit cousin germain audit *Antoine*.

Ce fut à sa naissance, à sa vertu, à sa valeur, & aux autres dons que le Ciel lui avoit départis, qu'*Antoine* de Clugny fut redevable des Dignités, où il fut élevé. La fortune n'y eut aucune part; puisqu'elle fut entiérement derangée dans sa famille du vivant de ses pere, & mere. Il l'avoüe lui même dans son testament.

Cette circonstance sert à faire voir, que si la branche de *Gui* son frere, qui est une de celles qui subsistent heureusement aujourd'hui, n'a pas été élevée à des Dignités, aussi distinguées, & éminentes que l'avoient été ses Auteurs; c'est parce que les tems ont changé. Autrefois c'étoit la naissance & la vertu, qui plaçoit les hommes dans les postes élevés; elles y contribuent encore aujourd'hui: mais il faut l'avoüer, & on ne peut en disconvenir, la fortune y a bonne part actuellement, elle annonce le mérite, & le fait bien plûtôt remarqüer.

Gerson, Docteur en Theologie, Prédicateur ordinaire du Roy, Théologal de l'Eglise de Saint-Quentin; Auteur que l'on a cité ci-devant, dédia audit *Antoine de Clugny* un de ses Ouvrages, intitulé: *Gerson du Sacrement de J. C. &c.* imprimé à Paris en 1636. son Epître dedicatoire est un éloge de la valeur & de la pieté dudit *Antoine*, & elle rend témoignage aussi de l'ancienneté de la Noblesse de sa Maison. On ne l'a pas inserée ici, quoy qu'elle contienne un éloge magnifique de la Maison de Clugny; parce que l'on s'aperçoit que cette production grossit trop, quelque attention qu'on ait pû donner à la rendre plus courte. L'on pourra s'inſtruire dans le livre même du témoignage de cet Autheur.

Le Titre qui ſuit concerne *Gui de Clugny* frere dudit *Antoine*, qui fut Lieutenant de Roy au Gouvernement d'Aiguesmortes.

Extrait d'un contrat d'emprunt fait par Dame Anne *de Conſeil de la ſomme de* 3378 *livres, pour employer à équiper* Antoine de Clugny *ſon fils qui alloit faire un voyage en Catalogne avec Mr. le Prince de Conty pour le Service du Roy.*	**Num^o.** **X L I X.** Cotte O. O. au 4e. Sac.

A tous ceux qui ces preſentes Lettres verront, Pierre « Seguier Chevalier, &c. Sçavoir faiſons, que pardevant « Guillaume Remond & Jean Levaſſeur Notaires-Garde- « notes du Roy nôtre Sire en ſon Châtelet de Paris, ſouſ- « ſigné, fut preſent Dame *Anne de Conſeil* veuve de feu « *Meſſire Guy* (q) *de Clugny, vivant Chevalier de* « *Coulombier, Lieutenant du Roy au Gouvernement* « *d'Aiguesmortes en Languedoc,* ladite Dame à preſent « *Dame d'Honneur* de Madame la Princeſſe de Conty, « demeurant à Paris en l'Hôtel de ladite Dame Princeſſe, « laquelle confeſſe devoir à Nicolas Ridel Ecuyer-Valet « de Chambre ordinaire du Roy la ſomme de 3378 liv. « pour cauſe de prêt d'argent à ladite Dame fait par led. « Sr. Ridel, pour employer à équiper Mr. ſon fils (r) « & le mettre en état pour faire le voyage qu'il va faire « avec Monſeigneur le Prince de Conty en Catalogne, « pour le Service du Roy, &c. Faites & paſſées en l'Hô- « tel de ladite Dame Princeſſe, l'an 1654 le mardi 14e. « jour d'Avril. *Signé,* REMOND & LEVASSEUR. «

Guy de Clugny, dont il eſt parlé au Teſtament Olographe du Gouverneur de Saint Quentin ſon frere, & au Titre ci-deſſus, fut Chevalier, Seigneur de Coulombié, Lieutenant de Roy au Gouvernement d'Aiguesmortes, comme on vient de le voir.

Le Deffendeur, en parlant de cette Lieutenance de Roy, a trouvé un plaiſant expédient, pour en tourner la Dignité en ridicule. L'on va reconnoître le ſtile & le caractére de l'Auteur en raportant ſes termes.

Il eſt vrai, dit-il, (ſ) *que Guy de Clugny, pere du Sieur de Coulombié d'aujourd'hui, par le credit de ſon frere, ſut fait Capitaine d'une Compagnie de Morte-paye poſtée à Aiguesmortes, Siège des Gabelles de Languedoc. Le Sieur de Theniſſey ſon petit fils, pour honorer cet Emploi, qualifie ſon Grand-pere de Lieutenant de Roy au Gouvernement d'Aiguesmortes; mais cela n'eſt propre qu'à en impoſer à ceux qui n'ont aucune connoiſſance de la Carte, ni de l'Hiſtoire. Aiguesmortes eſt une Ville demantelée auſſi-bien que*

Notes marginales:

14 Avril 1654

q *Guy de Clugny étoit l'ayeul du Sieur de Theniſſey & du Sr. Chevalier de Coulombié.*

r *C'étoit Antoine dont il eſt parlé dans les deux Brevets ſuivans.*

ſ *Dans ſa Rép. impr. p. 5.*

Mém. de Rohan. ainſi cité en marge par le Deffendeur.

toutes les autres *Places de sûreté* que tenoient les *Huguenots* dont les Fortifications furent razées en conséquence de la dernière Paix qui leur fut accordée ; & si depuis la démolition de la Fortification *d'Aiguesmortes* on y a mis quelques Soldats, ce ne peut avoir été que pour empêcher le *Faux-saunage*.

Rep. Belle imagination ! quel effort d'esprit n'a-t-il pas falu faire pour si bien rencontrer ? c'est ainsi que le Deffendeur, *d'un seul trait de plume*, comme il le dit quelque part dans ses écrits, abat les murs d'une Ville, démoli les Fortifications d'une For-teresse, & *démentele* tout ce qui se trouve à son passage. Pau-vre Aiguesmortes, l'on vous plaint d'avoir essuyé un Siége si re-doutable ! c'est ainsi encore, qu'en Souverain, le Deffendeur réforme à sa fantaisie les Dignités de l'Epée, & que d'un *Lieu-tenant de Roy* d'une Place considérable, il en fait un petit *Ca-pitaine d'une Compagnie de Morte-paye*. L'on se persuade que de donner à cela une réponse plus sérieuse, ce seroit donner du crédit à une chose qui n'en mérite point.

L'on observe néanmoins qu'Aiguesmortes n'est point une Ville démantelée, ses murs sont forts, entiers & élevés ; la Fortifica-tion en est belle, flanquée de quatre Tours considérables, un Phare au milieu ; le Gouvernement vaut treize à quatorze mille livres de rente. Mr. le Marquis de Varenne, Cordon-bleu, étoit Gouverneur de cette Place, au tems que *Guy de Clugny* y fut envoyé pour commander. La Dignité de Lieutenant de Roy, qui suit immédiatement celle du Gouverneur, est distinguée. Les Troupes qui y sont, sont uniquement occupées à la conserva-tion de cette Forteresse ; les Salines du Languedoc n'en sont pas éloignées, il est vrai ; mais il y a des Gardes pour empê-cher le Faux-saunage, & l'on n'a jamais oüi dire, qu'au Deffen-deur, que les Troupes qui sont dans cette Place fissent la fonc-tion des Gardes.

Guy de Clugny Lieutenant de Roy d'Aiguesmortes (malgré la critique du Deffendeur) bisaieul des Sieurs de Thenissey, & Chevalier de Coulombié, épousa *Anne de Conseil*, Maison ori-ginaire de Florence, Dame d'Honneur de Madame la Princesse de Conty *Anne de Martinozi*, laquelle étant jeune veuve, quitta la Cour, & fut mourir Religieuse aux Carmelites de Beaune. Il eut d'elle deux fils ; sçavoir, *Antoine* & *François*.

François fut Prêtre de l'Oratoire ; il vint en cette Ville en 1665, où il a fait beaucoup de fruits, soit par ses Prédications, soit par ses Catéchismes publics, soit pour la Direction, pour laquelle il avoit un talent excellent ; il avoit une charité & une humilité à toute épreuve ; malgré son humilité, on l'obligea neanmoins à accepter la Supériorité de la Maison de Dijon ; mais on ne put jamais le faire consentir à la garder long-tems. Il mou-rut dans cette Ville consommé de mortifications & de travaux spirituels le 21 Octobre 1694. On a dix volumes de ses œuvres de spiritualité, tous sans le nom de l'Auteur ; mais avec ce sim-ple Titre : *Par un Pécheur*. V. sa Vie imprimée à Lyon l'an 1698.

L'autre fils de *Guy* de Clugny fut *Antoine* Seigneur de Cou-lombié. Les trois Titres suivans le concernent.

Extrait

185

Extrait du Brevet de Penſion du Roy en faveur d'Antoine de Clugny *Seigneur de Coulombié.*

Loüis par la grace de Dieu Roy de France, & de Navarre. A nos amés & feaulx Conſeillers, les gens de nos comptes, à Paris. Salut : mettant en conſideration les bons & agreables ſervices, que le feu Sr. *de Coulombiers, vivant Gouverneur de notre Ville de St. Quentin*, a rendu au feu Roy notre trés-honoré Seigneur, & pere de glorieuſe memoire, en diverſes occaſions, & les voulans reconnoitre en la perſonne de notre bien amé amé *Antoine (t) de Clugny* Sieur de Coulombiers, ſon Neveu, eu auſſi égard à ſes ſervices, & pour luy donner moyen de les continuer, Nous de l'avis de la Reine Regente notre trés-honorée Dame & Mere luy avons accordé, fait & faiſons don par ces preſentes ſignées de notre main, de 2400. livres de penſion, par chacun an &c. Donné à Paris le 22. Novembre 1644. de notre regne le deux. *Signé* LOUIS. Par le Roy, la Reine Regente ſa Mere preſente ; DE LUMONIE.

Numº. L.

Cotte.
C. C. C. C. au 5e. Sac.
22. Nov. 1644.

† Pere du Sr. de Theniſſey, & du Chevalier de Coulombié.

Extrait de Commiſſion d'une Compagnie de Chevaux Legers pour ſervir dans le Regiment de Mr. le Prince de Conty pour Antoine de Clugny *Sgr. de Coulombié.*

Loüis par la Grace de Dieu, Roy de France & de Navarre à notre cher & bien amé le Sr. de Coulombié (u) ſalut : aïant reſolu d'augmenter les Troupes que nous avons ſur pié d'une Compagnie de Chevaux Legers, & deſirant donner le commandement de lad. Compagnie à une perſonne qui s'en puiſſe dignement acquiter, Nous avons eſtimé ne pouvoir faire pour cette fin un meilleur choix que de vous, pour les temoignages qui nous ont été rendus de votre valeur, experience en la guerre, vigilance, & bonne conduite, & de votre fidelité & affection à notre Service. A ces cauſes nous vous avons comis par ces preſentes, ſignées de notre main, Capitaine de lad. Compagnie de Chevaux Legers, laquelle vous leverés & mettrés ſur pied, le plus diligemment qu'il vous ſe-

Numº. LI.

Cotte
Au 6e. Sac.
15. Oct. 1655.

u Sr. de Coulombié pere du Sr. de Theniſſey & du Sr. Chevalier de Coulombié.

Z z

„ ra poſſible du nombre de quatre vingt-dix Maiſtres,
„ les Officiers compris, montés & armés à la legere,
„ des meilleurs & des plus vaillans & aguerris Soldats
„ que vous pourrés trouver, & icelles commanderés ſous
„ l'authorité du Colonel General de notre Cavalerie Le-
„ gere, & du Sr. Comte de Buſſy-Rabuttin Meſtre de
„ Camp General d'icelle &c. Car tel eſt notre plaiſir.
„ Donné à Fontainebleau le 15. d'Octobre 1655. & de
„ notre reigne le 13. *Signé* L O U I S : *& plus bas*, par
„ le Roy, LE T E L L I E R.

Antoine dé Clugny Chevalier, Seigneur de Coulombié, dont il eſt
parlé dans les deux Brevets, dont on vient de donner l'extrait,
fut Capitaine d'une Compagnie de Chevaux Legers du nombre de quatre vingt-dix Maîtres; eut pour femme *Charlote Ma-*
rie Edouart; iſſuë d'une Maiſon, originaire d'Angleterre, dont
les Seigneurs de Jovancy, Grimault, Corrabeuf, & de Theniſſey, dit le grand Armoirial de France p. 594. il eut d'elle huit
Enfans, ſçavoir cinq fils, & trois filles. Les fils furent *Fran-*
çois, Noël, Benigne, Charles & Antoine; l'on parlera d'eux dans
un inſtant. Les trois filles furent, *Marguerite*, *Thereſe*, & *Ca-*
therine; toutes trois Religieuſes, au Monaſtére de Sainte Urſule
à Flavigny.

Antoine commença à ſervir le Roy fort jeune, en qualité de
Page de la Chambre, puis fit ſa premiére Campagne dans le voyage de Catalogne ou il accompagna Mr. le Prince de Conty,
comme il eſt prouvé dans l'Acte de 1654. ſous le Nº. 49. l'année ſuivante, il mit ſur pied une Compagnie de Chevaux Legers, dans laquelle il a commandé plnſieurs années. Il eut du
feu Roi, une penſion de 2400. livres, comme il eſt acquis par
les deux Brevets qu'on vient de voir.

La poſſeſſion des qualités de Meſſire & Chevalier, où l'on
a fait voir par cette production, qu'étoient les Sieurs de la Maiſon
de Clugny, depuis plus de deux cens ans, n'a point été interrompuë, dans la perſonne *d'Antoine* Seigneur de Coulombié,
l'Acte ſuivant, qui eſt un Certificat des Commiſſaires députés
de la Nobleſſe de cette Province, prouve le droit & la poſſeſſion de ces qualités ou on les a maintenu.

L'on obſerve que dans la Chambre de la Nobleſſe, on ſçait
toûjours faire la difference de la Nobleſſe diſtinguée avec la ſimple Nobleſſe. Les ſimples Nobles ſont qualifiés Ecuyers. L'autre
Nobleſſe, au contraire, eſt qualifiée ſous les avant-noms de Meſſires & Chevaliers.

Numº. LII.

Extrait du Certificat dés Deputés de la Nobleſſe pour
Guy & Antoine de Clugny peré & fils.

„ Nous ſouſſignés Commiſſaires nommés par Meſſieurs

de la Chambre de la Noleſſe, aux Etats derniers, te- « Cot. Q. Q.
nus en la Ville de Dijon, le mois d'Aouſt 1679. Cer- « au 4ᵉ Sac.
tifions à Meſd. Srs. de la Chambre de la Nobleſſe que « 18 Janv. 1682.
Meſſire Antoine de Clugny Chevalier Seigneur de «
Coulombié, Dracy, & autres lieux, s'eſt repreſenté par- «
devant nous, & nous a fait connoitre que *Meſſire Guy* «
de Clugny auſſi Chevalier Sgr. de Coulombié, & au- «
tres lieux ſon pere, & ſes Autheurs ſont entrés, & «
donné leur voix dans les affaires qui ſe ſont traittées, «
aux Etats tenus les années precedentes. Nous avons «
auſſi reconnu que mondit Sieur *Anthoine* de Clugny «
eſt bon Gentilhomme, *non Noble ſimplement* en foy «
de quoy nous nous ſommes ſouſſignés. Fait ce 18ᵉ «
Janvier 1682. *Signé* ...... DECROISIER SAINTE «
SEGRAULT : *& plus bas*, par Ordonnance de meſd. «
Seigneurs CHAMPRENAULT. «

Par ces mots *non Nobles ſimplement*, Mrs. les Commiſſaires ont
reconnu que *Guy & Antoine de Clugny* étoient d'une Nobleſſe
diſtinguée, c'eſt pour cela, qu'ils ſont qualifiés Meſſires & Chevaliers.

Le Deffendeur fertile en réponſe ſur tous les articles de la
production des Demandeurs, répond à cela, que *ces ſortes de
Certificats ne ſont point preuve de ſimple Nobleſſe en Juſtice reglée,
& qu'ils en ſont encore moins pour la Chevalerie, ni ayant que le
Roi qui puiſſe faire des Chevaliers,* (x)   x V. Son invent.
Rép. Comme l'on n'eſt pas diſpoſé à nier généralement tout,   imp. p. 43.
à l'exemple du Deffendeur. On n'a garde de diſconvenir de cette maxime ; mais on l'explique. Un homme qui n'aporteroit
pour toute preuve de Nobleſſe, qu'un Certificat des Commiſſaires de la Nobleſſe, ne ſeroit pas Noble pour tout cela ; cela eſt
vrai. De même un Gentilhomme qui ſe prétendroit de la haute
Nobleſſe, & qui n'auroit pour le ſoûtenir qu'un ſimple Certificat deſd. Commiſſaires, il eſt encore ſans difficulté que ſa
preuve ne paroîtroit pas ſuffiſante. Mais lorſque ces Certificats
ſont ſoûtenus de preuve de Nobleſſe, & même de la haute
Nobleſſe, comme on la vû par toutes les piéces de cette production, deviennent ils inutils ? qu'elle mauvaiſe conſequence ! les
Demandeurs ont prouvé leur poſſeſſion de ces qualités de plus
de deux ſiécles ; en vit-on jamais une plus étenduë ? cette longue poſſeſſion prouve inconteſtablement la haute Nobleſſe ;
quel eſt le plus opiniâtre des hommes (ſi l'on en excepte le
Deffendeur) qui oſa le nier ? ainſi lorſque les Commiſſaires de
la Nobleſſe ont donné ces qualités de Meſſires & Chevaliers,
à *Gui*, & *Antoine de Clugny* pere & fils, ils n'ont fait que leur
rendre la juſtice qui leur eſt dûë ; ils ne les ont pas fait Chevaliers ; on ne le prétend pas dire, puiſqu'ils l'étoient avant ce
Certificat ; mais ils ont fait voir par leur témoignage qu'ils l'é-

toient. Et qui est-ce qui peut mieux connoître la haute Noblesse que la Noblesse même?

Quand à ce que dit le Deffendeur, qu'il n'y a que le Roi qui puisse faire des Chevaliers; cela est véritable dans un sens; c'est-à-dire qu'il n'y a que le Roi qui puisse faire des Chevaliers de l'Ordre; l'on a jamais prétendu disconvenir de ce droit; mais pour les Chevaliers honnoraires, c'est la distinction de la Noblesse qui donne droit à cette qualité. C'est une maxime aprouvée par l'usage générale de tout le Royaume, fondée sur le sentiment des Auteurs. L'on se contentera de raporter ici celui de l'Oiseau. *Cette régle*, dit-il, *(y) que les Chevaliers font, facti & non nati, sentend seulement des vrais Chevaliers, & du vrai Ordre de Chevalerie ; car comme en toute sorte de Dignités il y en a qui ne font qu'honnoraires & Titulo Tenus, aussi il y a plusieurs Chevaliers honnoraires, & par Titres seulement, c'est-à-dire qui n'ont pas l'Ordre de Chevalerie, à sçavoir tous ceux qui possedent les hautes Seigneuries & les grands Offices. Bref,* ajoute-t'il, *tous ceux de la haute Noblesse se qualifient* Chevaliers: *comme réciproquement les Chevaliers se qualifient hauts & puissans Seigneurs.*

L'on se réserve à faire voir dans un article séparé, le droit que les Sieurs de la Maison de Clugny, ont de prendre la qualité de Chevaliers qui emporte celle de Messire, droit qui ne devoit pas former un doute ; puisque le Roi leur a donné cette qualité dans un Arrêt de son Conseil privé du 23. Août 1721.

L'on revient aux Enfans que eut *Antoine de Clugny* Seigneur de Coulombié; il eut 5. fils, comme on l'a observé plus haut, dont trois sont morts: les deux autres sont vivans, & parties au procés. On va dire deux mots des premiers.

Benigne mourut Chanoine Régulier à Sainte Geneviéve.

Noël fut Chevalier de Malthe, il fut reçû Page du Grand Maître Cotonaire ; après quoi il fit ses Caravanes, par trois campagnes dans la Morée, contre les Turcs, où il fit son devoir en brave Chevalier ; Il étoit fort estimé de l'Ordre, & des Troupes ; Il mourut au service du Roi étant Lieutenant de Dragons, au Régiment Mestre de Camp Général ; ce fut au Mont Royal.

Antoine, aussi Chevalier de Malthe, fut Capitaine de Dragons au Régiment d'Escorail, & mourut Commandeur de Montmorot. Son Brevet de Capitaine est plus bas sous le N°· 54.

Charles, partie au procés, aussi Chevalier de Malthe, a commencé à servir le Roi fort jeune; il a été Capitaine de Dragons au Régiment Mestre de Camp Général, qu'il n'avoit pas encore fait ses Caravannes, il eut cette Compagnie par la remise que lui en fit *François de Clugny Theniffey*, son frere en 1696.

Voilà donc trois Freres Chevaliers de Malthe, qui ont fait des vœux pour la deffense de la Religion, qui ont fait leurs Caravanes ; c'est-à-dire plusieurs Campagnes, où ils ont exposé autant de fois leurs vies, pour la deffense de la Religion, qui ont outre cela servi le Roi en qualité de Lieutenans, & Capitaines de Dragons. Reconnoîtra-t'on à ces nouveaux faits, dont

la

y Au chap. 6. n. 36. de la haute Noblesse.

la memoire n'eſt pas encore effacée, étant de nos jours, que Mr.
le Conſeiller de Cluny, ait dit vrai en répétant cent & cent
fois dans ſes écrits que la Nobleſſe des Srs. Produiſans *eſt
une petite & ſimple Nobleſſe oiſive, inutile à l'Eſtat & au
Public ?* reconnoîtra-t'on que ce ſont-là des *Caſaniers, qui ont
toûjours vécu dans leur Campagne ?* la petite, & ſimple Nobleſſe fait-elle des Chevaliers de Malthe ? les preuves qu'il faut faire
pour y parvenir ſont-elles fauſſes ? les Caravanes qu'il faut faire
ſur mer, où l'on fait vœux de courre ſur les Infidels forts ou
foibles, ſe ſont-elles, en réſidant dans ſa Campagne ? ceux qui
ſont à la tête des Compagnies de Dragons, qui ſont ordinairement les meilleurs Troupes & les plus expoſées, ſont-ils des
Caſaniers ? que la Cour décide donc actuellement avec connoiſſance de cauſe qui des parties contendantés, lui en a impoſé ?
les Demandeurs expoſant à ſon éxamen tous leurs Titres, le Deffendeur ne lui preſentant que des idées fauſſes, & démenties par
chaque piéce de cette production.

Le Brevet qui ſuit fut donné à *Charles de Clugny*, Chevalier de Malthe, partie au Procés, lequel porte le nom de la
Terre de Coulombié.

*Copie d'un Brevet, portant permiſſion au Sieur de Clu-
gny Coulombié, Capitaine au Regiment Meſtre de
Camp General des Dragons, de s'abſenter pendant
deux ans, pour aller à Malthe.*

Num°.
LIII.

Cotte. .
" au 6e· Sac
"
" 3. May 1699.
"
" z C'eſt CHAR-
LES Partie au
" procés.

Aujourd'huy troiſiéme du mois de May 1699. le Roy
étant à Verſailles, ſur ce qui a été repréſenté à ſa Majeſté
par le Sr. Chevalier de Coulombié (z) Capitaine dans
le Regiment Meſtre de Camp General de Dragons,
qu'ayant depuis peu de temps été reçu dans l'ordre de Malthe, il doit ſuivant l'uſage & les Statuts dudit ordre faire
ſes Caravannes, & comme pour s'acquitter de ce devoir, il
ſera neceſſaire qu'il s'abſente du ſervice de ſa M. pendant
deux années, à quoy la conjoncture preſente de la paix eſt
plus favorable qu'en autre temps, que cependant il crain-
droit que à cauſe de ſon abſence ſadite Charge de Capitaine
au Regiment Meſtre de Camp General de Dragons, ne
fut cenſée vaccante, & donnée à un autre ; ce qui lui por-
teroit un préjudice conſiderable, veu qu'il perdroit ſon
rang, & par conſequent le merite de l'ancienneté de ſes
ſervices. Ledit Expoſant qui n'a point de plus forte inclination que de vivre & mourir au ſervice de ſa M. la trés-
humblement ſupliée de vouloir bien lui donner congé pour
aller faire ſes caravannes, & lui conſerver cependant ſadite Charge. A quoi ſa M. ayant égard, & deſirant favora-

A a a

190

„ blement traiter ledit Expofant *en confidération de fes fer-*
„ *vices, & des témoignages avantageux qu'elle a reçû de fa*
„ *valeur & de fa bonne conduitte.* Sa M. a permis & per-
„ met audit Sr. *Chevalier de Coulombié* de s'abfenter du
„ Royaume pendant deux années, pour aller faire fes ca-
„ ravannes, fans que pour raifon de fon abfence durant le-
„ dit temps, il puiffe être cenfé avoir quitté le fervice de fa
„ M. ny ladite Charge de Capitaine au Regiment Meftre de
„ Camp General de Dragons, être reputée vaccante, fa M.
„ l'ayant à cet égard, & fans tirer à confequence expreffe-
„ ment relevé & difpenfé de la rigueur des Ordonnances
„ Militaires par le prefent Brevet qu'elle a pour témoignage
„ de fa volonté, figné de fa main, & fait contrefigner par
„ moy fon Confeiller-Secretaire d'Etat, & de fes Coman-
„ demens & Finances. *Signé,* L O U I S, *& plus bas,*
„ L E T E L L I E R.

Le Chevalier *de Clugny Coulombié* partie au Procés, a fervi
avec valeur & eftime, en qualite de Ca itaine au Regiment Mef.
tre de Camp depuis 1696. jufques en 1709. qu'il remit fa Compagnie au Sieur Poinfon.
La Commiffion qui fuit concerne *Antoine* fon frere, auffi Chevalier de Malthe, qui mourut Commandeur de Montmorrot.

Num°. LIV.

Extrait d'un Brevet de Capitaine dans le Regiment des Dragons des Corailles, pour le Sieur Chevalier de de Clugny.

Cotte au 6e Sac.
26. Nov. 1705.

a Ce fut *An-tine* Chevalier de Malthe, dont on a parlé plus haut. Frere du Sr. de Theniffey.

„ Louis par la grace de Dieu, &c. A notre cher & bien
„ amé le Capitaine de Clugny (*a*) Salut: étant neceffaire de
„ pourvoir deux Compagnies qui doivent compofer le Re-
„ giment des Dragons Defcorailles que nous faifons mettre
„ fur pied, & défirant donner le Commandement de l'une
„ defdites Compagnies à une perfonne qui s'en puiffe bien
„ acquiter, nous avons eftimé que nous ne pouvions faire
„ pour cette fin un meilleur choix que de vous, *pour les*
„ *fervices que vous avés rendu dans toutes les occafions qui*
„ *s'en font prefentées, ou vous donnés des preuves de votre*
„ *valeur, courage, expérience en la guerre, vigilance &*
„ *bonne conduitte, & de votre fidelité & affection à notre*
„ *fervice.* A ces Caufes, nous vous avons commis, par
„ ces prefentes fignées de notre main, Capitaine de l'une
„ defdites Compagnies, laquelle vous leverés & mettrés fur

191

pied, au nombre de 35. homes François armés, & montés à la Dragone; les Officiers non compris des plus vaillans & aguerris Soldats que vous pourrés trouver, & ladite Compagnie, Comanderés sous notre authorité & celle du Sr. *Flanquelot* Marquis de Coigny, Colonel General de nos Dragons, & du Sr. Marquis de *Hautefeüil* Mestre de Camp General d'iceux, &c. Car tel est notre plaisir. Donné à Versailles le 26. Novembre, l'an de grace 1705, & de notre regne le 63. *Signé*, LOUIS, *& plus bas*, par le Roy, CHAMILLARD.

Ces deux Brevets sont les preuves de ce que l'on a dit plus haut sur les services Militaires des Sieurs de la Maison de Clugny, niés par le Deffendeur.

Il est tems actuellement de produire quelques Titres concernant *François de Clugny*, Seigneur de Thenissey, frere desdits *Charles & Antoine*, contre lequel le Deffendeur s'est si souvent mis de mauvaise humeur, parce qu'il s'est donné le soin de soutenir contre lui les droits de sa Maison.

Extrait du Brevet de Lieutènance de Dragons au Régiment Mestre de Camp Général, pour François *de* Clugny *de* Coulombié *Seigneur de* Thenissey.

Num°. LV.

Aujourd'hui 9e. du mois de Juin 1686. le Roi étant à Versailles desirant, témoigner au Sr. *de Coulombié* (*b*) la satisfaction qui demeure à Sa Majesté des services qu'il lui a rendu dans toutes les occasions qui se sont presentées, où il a donné des preuves de sa valeur, courage, expérience en la guerre, vigilance, & bonne conduite, & de la fidelité & affection à son service. Sa Majesté la retenu, ordonné, & établi en la charge de Lieutenant en la Compagnie du Sr. Depins dans le Régiment du Colonel Général de ses Dragons &c. *Signé*, LOUIS : *& plus bas*, LE TELLIER.

« 9. Juin 1686.
« Cotte
« au 6e Sac.
« *b* C'est le Sieur
« de Thenissey,
« partie au Procés, pere de
« *Charles Antoine.*

L'on observe sur ce Brevet, & sur le suivant que *François de Clugny* Seigneur de Thenissey, portoit dans ce tems-là, le nom de la Terre de Coulombié; comme étant l'aîné de sa Maison, & que *Antoine* son pere portoit aussi, avec son nom, celui de cette Terre. *François* commença ses exercices militaires à Strasbourg prés du Maréchal de Chamilly, & ensuite eut la Lieutenance au Régiment Mestre de Camp Général des Dragons, dont l'on vient de voir le Brevet; puis commanda une Compagnie au même Régiment, comme le porte le Brevet qui suit.

Num°. LVI.

Cotte
au 6e Sac.

Extrait d'une Commiſſion d'une Compagnie de Dragons au Régiment Meſtre de Camp Général de France pour François de Clugny *de Coulombié Seigneur de Theniſſey.*

FRANÇOIS
Seigneur de
Theniſſey.

„ Loüis par la Grace de Dieu Roy de France & de
„ Navarre à nôtre cher & bien amé le Capitaine *de Cou-*
„ *lombié* (*c*) ſalut, ayant réſolu d'augmenter de quel-
„ ques Compagnies nos Troupes de Dragons , & déſi-
„ rant donner le commandement de l'une deſd. Compa-
„ gnies à une perſonne qui s'en puiſſe bien acquiter,
„ nous avons eſtimé que nous ne pouvions faire pour
„ cette fin un meilleur choix que de vous pour *les ſer-*
„ *vices que vous nous avés rendu dans toutes les occaſions,*
„ *qui s'en ſont preſentées , où vous avés donné des preu-*
„ *ves de vôtre valeur , courage , experience en la guer-*
„ *re , vigilance & bonne conduite , & de vôtre fidelité &*
„ *affeEtion à nôtre ſervice.* A ces cauſes , nous vous
„ avons commis , par ces preſentes ſignées de nôtre main
„ Capitaine de lad. Compagnie , laquelle vous leverés
„ & mettrés ſur pied le plus diligemment qu'il vous ſe-
„ ra poſſible, du nombre de 40. Dragons montés &
„ armés à la Dragone des plus vaillans , & aguerris
„ Soldats que vous pourrés trouver , & lad. Compagnie
„ commanderés ſous nôtre autorité , & ſous celle du Sr.
„ Marquis de Boufflers Colonel Général de nos Dragons,
„ & du Sr. Comte de Teſſé Meſtre de Camp Général
„ deſd. Dragons , &c. Car tel eſt nôtre plaiſir. Donné

20. Août 1688. „ à Verſailles le 20e. d'Août l'an de grace 1688. & de
„ nôtre Régne le 46e. *Signé* , L O U I S : *& plus bas* , par
„ le Roi , LE TELLIER.

En marge eſt écrit un Mandement de Mr. le Marquis de Boufflers du 18. Fevrier 1689. *Signé* , BOUFFLERS.

Num°. LVII.

Copie de Certificat des ſervices militaires de François *de* Clugny *Seigneur de Theniſſey.*

„ Nous Brigadier des Armées du Roi commandant le
„ Régiment Meſtre de Camp Général des Dragons , cer-
„ tifions que Mr. *de Clugny Coulombié* Seigneur de
„ Theniſſey eſt entré Lieutenant au Régiment en 1686.
„ qu'en-

qu'enfuite il a fait une Compagnie nouvelle dans led. «
Régiment en 1688. & a fervi avec valeur & eftime «
toutes les Campagnes jufques en 1696. qu'il remit fa «
Compagnie au Chevalier *de Coulombié* fon frere; qu'il «
s'eft trouvé dans toutes les actions, fiéges, batailles, où «
le Régiment s'eft trouvé pendant led. tems. Ce que «
nous avons fait figner par le Sr. *Chevalier de Barba-* «
fan premier Capitaine dud. Régiment, & le feul Offi- «
cier qui foit au Régiment de ce tems-là. Fait à Dole «
le 27. Août 1720. *Signé*, B A R B A S A N. *& encore* « 27. Août 1720.
B A R B A S A N premier Capitaine du Régiment Meftre «
de Camp Général des Dragons. «

Les deux Brevets dont l'on vient de donner l'extrait, & le
Certificat qui les fuit de deux Officiers diftingués, font des preuves certaines que le Sieur de Theniffey a fervi avec *valeur &*
eftime pendant dix années confécutives; fçavoir, deux ans en
qualité de Lieutenant, & huit ans en qualité de Capitaine de
Dragons.

Si lorfque le Deffendeur a voulu parler de la Généalogie
des Sieurs Produifans & de leurs fervices militaires, il avoit
foûtenu les faits qu'il a rendus publics fur ces deux articles, il ne
feroit pas étonnant que fes écrits euffent mérité la confiance
des Lecteurs, mais ne donner pour garant de tous ces faits
que fa propre autorité, que ne rifque-t'on pas avec un tel garant?
on eft bientôt détrompé quand l'on vient à contefter fes facultés.
Continuons à faire voir que ceux qui fe font fiés trop aifément
fur la foi de ce garant ont été étrangément abufés.

Le *Sieur de Theniffey*, dit-il, (d) *fit une Compagnie en 1688, il* d Dans fa rép.
alla jufqu'au premier rendez-vous, il fut malade, on donna fa imp. p. 19.
Compagnie à fon frere, qui ne la garda guéres plus long-tems que
lui.

Rép. A voir cet air de fécurité, avec lequel le Deffendeur dé-
bite les faits qu'il avance, qui ne croiroit qu'ils font vrais? mais
quand on a vû les preuves qu'on vient d'aporter, contraires à
ces faits, qui ne croira enfuite qu'ils font faux? eft-ce fuïr, & faire
le malade au premier rendez-vous que de fervir pendant huit ans en
qualité de Capitaine dans l'un des premiers Régiments de Dragons,
toûjours tenant la droite d'une Armée? comment cela s'accorde-
t-il avec les Brevets que l'on vient de voir, & le témoignage de deux
Officiers dignes de foi, qui ateftent que le Sr. de Theniffey *s'eft trouvé*
dans toutes les Actions, Siéges, Batailles où le Régiment s'eft trouvé
pendant dix années entiéres? il donna fa Compagnie à fon frere,
&non pas, *on donna*, comme le dit *le Deffendeur*; termes équi-
quivoques du génie de l'Auteur. Mais ce fut après l'avoir gardée huit ans, il ne la donna que deux ans après fon mariage.
Le Contrat de mariage du Sieur de Theniffey fait foi qu'il n'étoit
encore Capitaine au tems de ce mariage. Si le Sieur de Theniffey
quitta le Service deux ans après, c'eft parce que fes affaires do-

meſtiques l'éxigeoient ainſi. Il étoit l'aîné de ſa Maiſon, ſeul qui put la conſerver; puiſque ſes trois freres furent Chevaliers de Malthe; c'étoit ſans doute un prétexte aſſés légitime pour ſe re- tirer. Mais comment le fit-il? il ſe fit remplacer par ſon frere qui ſervit pluſieurs années, commandant aprés lui cette Com- pagnie dans le même Régiment.

Numᵒ· LVIII.

Cotte R. R.
au 4ᵉ Sac.

12. Janv. 1694.

Extrait du Contrat de Mariage de François de Clu- gny *Seigneur de Theniſſey avec* Marie Anne-Loüiſe de Popillon.

„ Pardevant le Notaire Royal ſouſſigné reſervé & pour-
„ vû par ſa Majeſté réſident au Bourg de Villeneufve imma-
„ triculé en la Sénéchauſſée & Préſidial du Bourbonnois,
„ furent préſens en leurs perſonnes Meſſire *Antoine de*
„ *Clugny* Chevalier Seigneur de Coulombié, Chaude-
„ net la Ville de Dracy, Theniſſey & autres ſes Terres,
„ & à ſon autorité Dame Dame *Charlote Edoüard* ſon
„ Epouſe, & à leur autorité Meſſire *François de Clugny*
„ leur fils Chevalier Seigneur Baron de Theniſſey, Dra-
„ cy & autres lieux, Capitaine au Régiment Meſtre de
„ Camp Général des Dragons du Roi, d'une part, &
„ Dame *Paule Antoinete de Hume de Cheriſi*, Veuve
„ de Deffunt Meſſire *Jean de Popillon*, vivant Chevalier,
„ Seigneur de Dariſolle, Corcelles, & autres ſes Terres,
„ & à ſon autorité Damoiſelle *Marie-Anne Loüiſe de*
„ *Popillon* ſa fille, & dud. Deffunt Seigneur de Popillon
„ d'autre part. Leſquelles parties ont fait & accordé les
„ promeſſes de Mariage en la forme qui s'enſuit. C'eſt à
„ ſçavoir que led. *François de Clugny & lad. Damoiſelle*
„ *Marie-Anne-Loüiſe de Popillon*, ſous les autorités que
„ deſſus ſe ſont promis prendre & épouſer, l'un l'autre,
„ par vrai & loyal Mariage, &c. Fait & paſſé au Châ-
„ tel de Dariſolle, l'an 1694. le 12. Janvier. *Signé*,
„ D'Oſbruyeres.

De ce Mariage eſt né *Charles-Antoine de Clugny* partie au pro- cés, *Antoinette de Clugny* mariée à *Gilbert Agatheange de Guer- rin* Seigneur de Lugeac, d'une trés-ancienne Maiſon, & *Cilenie de Clugny* Religieuſe Urſuline à Flavigny.

Charles-Antoine de Clugny vient de contracter alliance avec *Ma- rie de Choiſeul*, iſſuë de l'une des plus anciennes & des plus illuſtres Maiſons de la Province.

Ducheſne nous aprend en effet que cette Maiſon eſt ſortie des anciens Comtes de Langres dont *Rainier* 1ᵉʳ· Seigneur de Choi- ſeul, étoit le 1ᵉʳ· Vaſſal, dés l'an 1060.

Outre l'ancienneté, cette Maison s'est toûjours soûtenuë dans les premiers employs & les plus grandes dignités du Royaume. L'on va donner des exemples de quelques-uns.

Regnaut de Choiseul épousa *Alix de Dreux* petite fille de *Loüis le gros*, Roi de France en l'année 1239. la Généalogie de France en fait mention. Il y eut cinq Enfans de ce Mariage, trois Garçons & deux Filles.

Jean de Choiseul leur fils aîné Seigneur de Choiseul, Comte de Bassigny & de Langres, étant entré en guerre avec *Ferry* Duc de Lorraine son voisin, il le défit en bataille rangée, fit ce Prince prisonnier, & l'obligea pour se racheter, de lui payer 2000. livres de Rançon par un acte (*e*) du Jeudi après la Feste de Saint Pierre & Saint Paul de l'an 1282.

e L'Original de cet Acte se trouve dans la Chambre des Comptes de cette Ville.

Deux ans après led. *Jean* fut caution de cent marcs d'argent à la Duchesse de Bourgogne *Agnes de France* fille de *St. Loüis*, femme de *Robert* 2e Duc de Bourgogne des conventions de Mariage de *Marie de Bourgogne* sa fille, avec *Edoüard* 1er Comte de Bar, & ce même *Robert* 2e Duc de Bourgogne son cousin l'ayant fait son Connêtable, il le nomma en ces qualités éxécuteur de son testament fait au mois de Mars 1297. (*f*)

f Ibid.

L'on voit dans les Archives de la Chambre des Comptes de cette Ville un acte contenant promesse de *Jean Sire de Choiseul* à *Hugon* Comte Palatin de Bourgogne, & à *Alix* Comtesse Palatine son épouse de les aider dans la guerre qu'ils avoient entreprise contre le Roi de Navarre & le Comte de Champagne. Ledit acte portant ces termes : *promet ledit Seigneur de Choiseul d'armer pour eux & de guerroyer en chef à leur Requête, & de ne faire aucuns traités avec le Roi de Navarre, & le Comte de Champagne tant que la presente guerre durera.* Il est de 1251. Collationé à l'original en parchemin seelé aux armes de Choiseul, dans le dépôt des Archives de lad. Chambre des Comptes, tour d'en-haut, liasse premiére; cotte 16.

L'on voit encore ausd. Archives une donation faite par *Robert* Duc de Bourgogne à *Jean Sire de Choiseul* son cousin, Connêtable de Bourgogne d'une rente de 30. muits de vin, par an, mesure de Beaune, à prendre dans la Ville de Pomard, de l'an 1295. scellée de son sçeau. Il y a outre cela dans lesd. Archives plusieurs autres Titres concernans la Maison de Choiseul plus anciens que ceux que l'on vient de rapeller, & aussi dignes de remarque.

Philibert de Choiseul Seigneur de Langres Conseiller des Rois *Charles VIII.* & *Loüis XII.* Gouverneur d'Arras & de Langres, Lieutenant Général pour Sa Majesté au païs de Florence, & au Gouvernement de Bourgogne.

Les distinctions suivantes sont prouvées par les Historiens & les Titres de la Maison de Choiseul.

René de Choiseul, Baron de Beaupré & de Mense Chevalier de l'Ordre du Roi, & Gouverneur de Coiffi.

Antoine de Choiseul, Baron de Beaupré, Seigneur de Bondon & de Daillecourt, Capitaine Major commandant le Régiment de Cavalerie du Duc d'Orleans, tué à la bataille de Lens.

Jacques-Francois de Choiseul Marquis de Beaupré Lieutenant Général pour le Roi en la Province de Champagne, Maréchal de ses Camps & Armées, Gouverneur des Ville & Château de Dinan.

Loüis de Choiseul Marquis de Francieres, Lieutenant Général des Armées du Roi, Bailly, & Gouverneur de Langres.

Claude Comte de Choiseul, Marquis de Francieres, Gouverneur & Bailly de Langres, Général des Armées de l'Electeur de Cologne, ensuite Gouverneur de Saint Omer, puis Maréchal de France.

Ferry de Choiseul, premier de ce nom, Seigneur de Praslin & du Plessis, Chevalier de l'Ordre du Roi, mourut d'une blessure à la Bataille de Jarnac.

Charles de Choiseul, Marquis de Praslin, Comte de Chavignon. Henry IIII. lui confia le Gouvernement de ses Troupes, le nomma Lieutenant en Champagne, le fit Capitaine de la premiere Compagnie de ses Gardes en 1595, l'honnora du Collier de ses Ordres. Loüis le Juste le fit Maréchal de France, & lui donna avec le Bâton de Maréchal, le Gouvernement de la Xaintonge & du Païs d'Aunis.

François de Choiseul, Marquis de Praslin, Maréchal de Camp, Lieutenant Général au Gouvernement de Champagne, & Gouverneur de Troyes.

Ferry de Choiseul, second de ce nom, Comte du Plessis, Chevalier de l'Ordre du Roi, & Lieutenant Général de la Cavalerie légére de France.

Ferry de Choiseul, troisième de ce nom, Comte d'Hôtel, Gouverneur de Bethune, Capitaine des Gardes, & premier Gentilhomme de la Chambre de Gaston de France, Duc d'Orleans.

Gaston Jean-Baptiste de Choiseul, Comte d'Hôtel, Marquis de Praslin, Lieutenant Général au Gouvernement de Champagne, Gouverneur de Troyes, Lieutenant General des Armées du Roi, Gouverneur de Mantouë, & Commandant des Troupes de France & d'Espagne dans ce Duché.

Gilles Comte *de Choiseul*, Lieutenant Colonel de la Cavalerie légére de France. Tué au Siege de Saint Ya.

Gilbert de Choiseul, Evêque de Cominge, & ensuitte de Tournay. Il fut un des plus sçavans Prélats de son tems.

Cesar Duc de Choiseul, Comte du Plaissis Praslin, Pair, & Maréchal de France, en 1645. Chevalier des ordres du Roy, Gouverneur de la Province & Comté de Toul, Gouverneur de son Alteste R. Monsieur frere unique du Roy, sur-Intendant de la Maison, premier Gentilhomme de la Chambre du Roy. *Henry le Grand* voulut qu'il fut enfant d'honneur, auprés de M. le Dauphin, qui fut depuis le Roy *Loüis le juste*; dés son jeune âge il se distingua dans les Armées, & il servit avec succés en une infinité de rencontres. En 1662. le feu Roy d'heureuse memoire le fit Chevalier de ses Ordres, & en 1665. il le fit Duc de Choiseul, & Pair de France. En 1670. le Duc de Choiseul accompagna *Madame* en Angleterre. *Monsieur* lui donna procuration pour épouser en son nom *Elisabeth Charlotte de Bavieres*, dont le mariage se fit à Metz, le 17. Decembre 1671. Ainsi *le Duc de Choiseul*, disent les Historiens, couvert de gloire, estimé de son Roy, aimé des Grands, & honoré de tout le monde, mourut dans son Hôtel à Paris, le 23. Decembre 1675. & fut enterré aux Feuillans de la ruë Saint Honnoré.

Alexan-

Alexandre de Choiseul, fils dudit *Cesar*, Comte du Pleffis, Maréchal de Camp, premier Gentilhomme de *Monfieur*. Tué d'un
coup de canon à la prife d'Arnheim.

Cefar Augufte fils dudit *Alexandre Duc de Choiseul*, mort d'u-
ne bleffure au Siége de Luxembourg.

Cefar Augufte II. du même nom deuxiéme fils de *Cefar Duc
de Choiseul*, fut auffi Duc de Choiseul, Pair de France, Chevalier des Ordres du Roy, & Lieutenant Géneral des Armées de fa
M. mourut en 1705. fa veuve qui eft Madame *Marie Bouthillier*,
vit encore.

L'on va reprendre la fuitte des Titres qui concernent *François de
Clugny*, Partie au procés, & faire voir qu'il a eu droit de prendre les qualités de *Meffire & Chevalier*, qui ont fi fort offenfées la
délicateffe du Deffendeur.

*Extrait de Jugement de renvoy fur la recherche de la
Nobleffe, ou Meffire* François de Clugny, *Chevalier
Seigneur de Theniffey, (ce font les termes du vû dud.
Jugement) eft maintenu dans les prérogatives dûs à
l'ancienne Nobleffe.*

Num°. LIX.

Antoine François Ferrand, Chevalier, Intendant de Juf- «
tice Police & Finance, &c. vû l'exploit d'affignation don- «
née le 24. Novembre dernier à la Requête de *George Fo-* «
raftier Bourgeois de Paris, Chargé par fa Majefté du «
Recouvrement des Sommes & amandes qui doivent être «
payées par les ufurpateurs des Titres de Nobleffe, en éxé- «
cution de la Declaration du Roy, du 4e Septembre 1696. «
& Arrêt du Confeil du 26. Fev. 1697. *à Meffire François* «
de Clugny, Chevalier Seigneur de Theniffey, de Dracy «
en Bourgogne, Darifolle & du Riau en Bourbonnois, «
à comparoir pardevant Nous, pour reprefenter les Titres «
en vertu defquels il prend la qualité d'Efcuyer, finon fe «
voir condamner à l'amande de 2000. livres, &c. «

Nous Intendant & Commiffaire fufdit, avons renvoyé «
& renvoyons ledit Sr. *François de Clugny* de l'affignation «
qui luy a été donnée le 24. Novembre dernier, à la Requê- «
te dudit Foraftier; ce faifant, l'avons maintenu dans fa No- «
bleffe, Ordonnons qu'il joüira de tous les honneurs, pri- «
viléges, prééminences, franchifes, libertés & éxemptions «
attribués à *l'ancienne Nobleffe*, luy & fa poftérité née & «
à naître en legitime mariage, &c. Fait à Dijon le 20. «
Mars 1698. *Signés*, FERRAND, *& plus bas*, par Mon- «
feigneur COMPOINT. «

Cotte S. S.
au 4e Sac.

20. Mars 1698.

Cette Sentence donnée à vûë de Titres fcrupuleufement éxa-
C c c

minés, & avec connoissance de cause, prouve évidemment que
le Sr. de Theniffey a pû prendre les qualités de Messire & Chevalier, sans usurpation, puisque après avoir vérifié ses Titres,
on les luy a données.

Num°. LX.

Cotte T. T.
au 4e Sac.

26. Juillet 1710.

**Extrait de reprise de Fief de la Terre de Leperviere fai-
te par F. de Clugny Seigneur de Theniffey.**

Loüis par la grace de Dieu, Roy de France & de Na-
" varre : A nos amés & Féaux les gens de nos Comptes à
" Dijon, au Bailly de Chalon sur-Sone, &c. Salut, notre
" amé *François de Clugny, Chevalier Seigneur de Thenif-
" fey & autres lieux*, Nous a rendu en notredite Chambre
" le 23. du present mois de Juillet 1710. les foy, homma-
" ges & sermens de fidélité qui Nous sont dus à cause &
" pour raison de la Terre & Seigneurie de Lepervieres, Gi-
" gny, Lampigny & la Colomne en dépendans, ensemble
" des Péages & Etangs aussi en dépendans, le tout aparte-
" nant audit Exposant par le Testament Olographe de no-
" tre amé Messire Charles de Laboutiere Chevalier, notre
" Conseiller en nos Conseils, Maître des Requêtes ordinai-
" res de notre Hôtel, en datte du 20. Octobre 1709. &c.
" Donné à Dijon le 26. jour de Juillet, l'an de grace 1710.
" & de notre regne le 68. *Signé*, par le Conseil BOUSSARD.
"

Cette reprise de Fief où l'on donne, au nom du Roi, la qualité de *Chevalier* aud. Sieur de Theniffey, est un autre acte de
justice en sa faveur, par lequel on lui a donné une qualité qui
lui est dûë, & qu'il a reçüe de ses ancêtres.
Charles Antoine de Clugny, fils dud. Sieur de Theniffey, à qui
apartient actuellement cette terre, vient d'en faire la reprise à
la Chambre des Comptes, où on lui a donné pareillement la
qualité de Chevalier.

Num°. LXI.

Cotte
au 6e Sac.

16. Fevr. 1702.

**Extrait d'un Arrêt du Parlement de Dijon, où l'on
donne la qualité de Messire & Chevalier à François
de Clugny, Seigneur de Theniffey.**

Extrait des Régistres de Parlement.

" Entre *Messire François de Clugny Chevalier* Seigneur
" de Theniffey, Dracy, Colombié, d'Arizoles, Appellant
" d'une part.
" Les Habitans dud. Theniffey Intimés d'autre, &c.

Fait en la Chambre des Enquêtes à Dijon le 16e. «
Fevrier 1702. *Signé* , G U I T T O N : *& plus bas eſt* «
écrit , Mr. B A Z I N *.Commiſſaire.* «

Cet Arrêt & celui qui ſuit, ne ſont pas tirés d'une Cour
étrangére, où les uſages ſont quelquefois differens ; ils ſont du
Parlement de cette Province qui a un droit, des régles, &
une juriſprudence certaine depuis pluſieurs ſiécles. L'on ſeroit
embaraſſé ſi à la place du Deffendeur , on en avoit ſurpris un
poſtérieur, contraire à ceux-là. L'on ſe ſeroit bien donné de garde de le faire imprimer, comme il a fait.

Autre Arrêt du même Parlement ſéant à la Table
de Marbre , où l'on donne la qualité de Meſſire &
Chevalier *aud. François de Clugny.*

Les Juges ordonnés par le Roi pour juger en der- «
nier reſſort, & ſans apel, en la Chambre de la Table «
de Marbre du Palais à Dijon ; ſçavoir font , qu'en la «
Cauſe d'entre les Habitans de la Communauté de Gigny «
& la Colomne, Appellans d'une part , &c. «

Monſieur le Procureur Général au Siége de la Ta- «
ble de Marbre prenant en main pour Maître Nicolas «
Clerc ſon Subſtitut en lad. Maîtriſe de Chalons , Inti- «
mé d'autre part. «

Et entre *Meſſire François de Clugny Chevalier* Sei- «
gneur de Theniſſey , l'Epervieres , Gigny , & dépen- «
dances , Demandeur , &c. «

Fait & donné à Dijon à l'Audiance tenuë en la «
Chambre de la Table de Marbre du Palais ce 12. Octo- «
bre 1716. *Signé* , P E R R E T. «

Num°.
LXII.

Cotte
au 6e Sac.
2. Oct. 1716.

Voilà donc deux Arrêts de cette Cour, dont la juriſprudence
ne devoit pas paroître ſuſpecte au Deffendeur. Depuis qu'ils
ont été rendus il n'eſt point ſurvenu d'Ordonnances, Edits, ou
Déclarations de Sa Majeſté qui ayent aporté quelque changement ſur les qualités de *Meſſire & Chevalier.* Le Sieur de Theniſſey n'a pas changé d'état ; ſa Nobleſſe n'a pas retrogradé ;
au contraire elle eſt devenuë plus ancienne par quelques années
qu'il a de plus. Même raiſon aujourd'hui pour lui conſerver
ces qualités , qu'il y en avoit autrefois pour les lui donner.
Que dit-on ? bien plus de raiſon pour les prendre aujourd'hui
qu'il n'y en avoit en 1702. parce que en 1702. il n'avoit pour
lui que le droit , & une poſſeſſion de trois ou quatre cens ans
à la verité (Ce qui eſt une bagatelle pour le Deffendeur) au
lieu qu'à preſent il a outre ce droit & poſſeſſion deux Arrêts
qui les confirment.

Les Sieurs de la Maison de Clugny qui ont pris ces qualités, au commencement de l'inftance, fe préparoient à faire voir à la fuite de leur Généalogie, que s'ils les ont prifes, ce n'eft pas par une nouveauté, & une entreprife nouvelle, ni par ufurpation, comme l'a dit le Deffendeur, mais parce qu'ils en avoient hérité de leurs ayeux; parce qu'on les leur a donnée dans des réprifes de Fief, à la Chambre des Comptes; dans des Jugemens de l'Intendance concernans le fait de la Nobleffe, dans des Arrêts de cette Cour, & même dans un Arrêt du Confeil privé du Roi. Ne font-ce pas là des actes folemnels? mais ces courtes obfervations fuffiront, quand à prefent, pour juftifier leur conduite; les Sieurs Produifans ont dû les faire, quoiqu'il ne s'agiffe plus ici de prononcer fur les qualités, parce que l'affront ayant été public par les imprimés qu'a répandu le Deffendeur dans toute la Province, à la fuite defquels il a inféré tout au long l'Arrêt qu'il a furpris de la Cour fur ces qualités du 4. Fevrier dernier, ils ont dû ne pas différer plus longtems leur juftification fur cet article.

L'inftance fur ces qualités eft pendante actuellement au Confeil privé du Roi: c'eft-là où ils prétendent foûtenir leur droit, & où ils traduiront le Deffendeur qui la contefté; cela donnera matiére, pour lors, aux Sieurs de la Maison de Clugny de s'étendre fur cet article fi important: mais ce n'eft pas ici le lieu, les Titres de leur Généalogie & les réflexions que l'on vient de faire fuffiront fans doute quand à prefent pour défabufer les efprits trop crédules qui pourroient s'être laiffés ébloüir par le dernier imprimé du Deffendeur qui concerne en particulier ces qualités. On n'ajoûtera rien de plus ici.

RE'CAPITULATION
De ce qui a été dit dans ce Cayer.

1°. *Sur les degrés de defcendance.*

L'On a fait voir par les Auteurs, que depuis 1083 jufqu'en 1331, ceux qui ont poffédés la Terre *de Clugny*, qui portoient le nom de la Maison, étoient tous Nobles, qualifiés, les uns Ecuyers, les autres Chevaliers, les autres Hommes d'Armes, les autres Damoifeaux. (g)

g Preuves Mr. Chaffeneuz, Meufnier, Gerfon, &c. num. premier.

L'on a fait voir par Titres authentiques, reftitués pour la plûpart par Arrêt de ce Parlement, que la Maison de Clugny ne fubfiftoit plus que dans les perfonnes des Sieurs Produifants, toutes les autres branches, les leurs exceptées, étants éteintes.

L'on a fait une liaifon des derniers de Clugny, dont ont parlé les Hiftoriens, avec les premiers qu'on ait pû découvrir par Titres.

L'on a fait voir que celui qui a formé le premier degré qu'on a pû prouver par Titres, étoit *Guillaume premier*, Confeiller de la Ducheffe d'Athenes, Bailly d'Auxois, enfuite de Dijon, Chambellan

bellan de Philipe Duc de Bourgogne , Seigneur de Beurry Bau-
guet, de la Croix, de Domecy, & de Conforgien ; (*h*) il eut
pour femme une *de Semur*, Maifon illuftre, comme on l'a fait
voir, de laquelle il eut *Guillaume fecond* , (& c'eft là le premier
degré qu'on ait établi par Titres.)

Guillaume fecond, Ecuyer du Duc de Bourgogne, Seigneur
de la Forterefle de Menefferre, des Terres de Mouz, & de Conforgien , eut pour femme *Guillemette de Viteaulx*, de laquelle il
eut entr'autres enfans *Henry*. (*i*) (C'eft le fecond degré.)

i Second degré.
Preuves , num. 9.
& 10.

Henry, Conseiller de Philipe Duc de Bourgogne, l'un des
premiers Avocats Généraux du Parlement, Seigneur de Clugny,
Saint Laurent d'Andennay, Conforgien, Jouffanval, Saint Chaulvain, Auffy, le Maigny, Beurry-Bauguet, Thourifeaul, &c. qualifié *grand & puiffant Seigneur*, eut pour femme *Pernette Co-
lot de Chalonge* , de laquelle il eut entr'autres enfans *Hugues*. (*k*)
(C'eft le troifiéme degré.)

k Troifiéme de-
gré.
Preuves , num.
10. 11. 12 , &c.

Hugues, Capitaine du Château fort de Rynaul d'Autun, Confeiller, Ecuyer d'Efcuirie du Duc de Bourgogne, Baillif d'Epée
d'Autun & de Montcenis, Chambellan du Roi Loüis XI. Chevalier, Seigneur de Conforgien, & des Fours, &c. eut pour femme
Loüife de Sainte Croix , de laquelle il eut entr'autres *Loüis*. (*l*)
(C'eft le quatriéme degré.)

l Quatriéme de-
gré.
Preuves, num.
11. 12. 25. 26. 27.
28. &c.

Loüis, Chevalier, Seigneur de Conforgien & de Beurry-Bau-
guay, eut pour femme *Jacqueline de Drée* , de laquelle il eut
plufieurs enfans (*m*) qui firent des branches différentes, parmi
lefquelles eft celle des Sieurs de Darcey & de Grignon, Parties
au procés. On a parlé de ces branches ; il fuffira de fuivre ici
celle de *Michel*, l'un de fes fils , pour éviter la confufion. (*Loüis*
fit le cinquiéme degré.)

m Cinquiéme de-
gré.
Preuves, num.
27. 28. 34.

Michel, Chevalier, Seigneur de Montachon, de Coulombié,
& de Cotaprés, eut pour femme *Gabrielle de Coulombié*, de laquelle il eut entr'autres *Guy*. (*n*) (C'eft le fixiéme degré.)

n Sixiéme degré.
Preuves , num.
38. 39. 47. 48. &c.

Guy, Chevalier, Seigneur de Coulombié , Lieutenant de Roi
au Gouvernement d'Aiguefmortes , eut pour femme *Anne de
Conseil*, Dame d'Honneur de Madame la Princeffe de Conty,
de laquelle il eut entr'autres *Antoine*. (*o*) (C'eft le feptiéme degré.)

o Septiéme de-
gré.
Preuves , num.
38. 39.

Antoine , Chevalier, Capitaine d'une Compagnie de Chevaux
Legers , Seigneur de Coulombié, Theniffey, Chaudenet, Dracy,
&c. eut pour femme *Charlotte Marie Edoüard* , de laquelle il eut
entr'autres *Charles*, Chevalier de Malthe , Partie au procés, &
François. (*p*) (C'eft le huitiéme degré.)

p Huitiéme de-
gré.
Preuves, num.
48. 49. 50 51.

François, Partie au Procés, qualifié dans deux Arrêts de cette Cour , & dans un autre du Conseil, Chevalier, fut Capitaine au Régiment Meftre de Camp Général, Seigneur de Theniffey , Coulombié, Chaudenet-la-Ville , Dracy, l'Eperviéres &
dépendances, d'Arizole, du Riau, &c. eut pour femme *Marie-
Anne Loüife de Popillon*, de laquelle il a *Charles-Antoine*, Partie au
procés. (*q*) (C'eft le neuviéme degré.)

q Neuviéme de-
gré.
Preuves, num.
55. 56. 57. 58. 59.
60. 61. 62.

Charles-Antoine partie au procés Seigneur de l'Epervieres & dépendances vient de contracter alliance avec *Marie de Choifeul*,
avec laquelle , s'il plait à Dieu, il fera de nouveaux degrés.

(c'eſt le dixiéme degré & le ſeul ſur lequel on compte, dans la
Maiſon pour en faire d'autres.)

Dii patrii ſervate domum, ſervate nepotem! (Virg.)

2°. *Sur les Collatéraux.*

EN parlant de ces Auteurs en ligne directe, on a traité des
Collatéraux dans leur ordre, & ſuivant leur branche. L'on a
fait voir que le plus ancien de ceux-là qu'on ait pû découvrir ,
auſſi par Titres, a été *Jean premier*, qui vivoit dans le quatorziéme ſiécle , lequel fut Conſeiller du Duc Jean, Juge des Païs
& Comté du Charollois, Garde du grand Sçeau de ſa Chancellerie d'Autun, Seigneur d'Alonne, de Champeculeon, de St. Pierre en Vaulx, de Montigoulx, de Courtechoux, de Chailly, &c.
Lequel étoit couſin aux huitiéme & ſeptiéme ayeul des Produiſans. (*s*)

r Dixiéme degré.
Preuves, ſon exiſ-
tence.

f Preuves, num.
5. 6. 7. 8. &c.

Aprés lui, on a trouvé *Jean deuxiéme* fils de *Jean premier*
qui fut Conſeiller au Parlement, Auditeur des cauſes d'apel à
Beaune, Garde des Sçeaux, & nommé à l'Archevêché de Beſançon. (*t*)

t Preuves, num.
7. & 8.

Aprés lui *Jean troiſième* qui fut Conſeiller, Maître des Requêtes de l'Hôtel du Duc de Bourgogne, ſon Ambaſſadeur, Seigneur de Clugny, Saint Chaulvain, St. Laurent d'Andennay,
d'Auſſy, Monthelon, &c. (*u*) Lequel étoit cinquiéme grand
oncle aux Sieurs Produiſans.

u Preuves, num.
11. 12.

Aprés led. *Jean troiſième* l'on a vû *Ferry* Maître des Requêtes
de l'Hôtel du Duc de Bourgogne, Ambaſſadeur, Chancelier de
l'Ordre de la Toiſon d'Or, Chef du grand Conſeil, Evêque de
Tournay, Cardinal, &c. Leur cinquiéme grand oncle. (*x*)

x Preuves, num.
17. 18. 20. 21. 22.
&c.

Aprés *Ferry* l'on a fait mention de *Guillaume* Evêque de Theroüenne, enſuite de Poitiers, premier Maître des Requêtes de
l'Hôtel du Duc de Bourgogne, Ambaſſadeur, Gouverneur du
Roi Loüis XI. Garde de ſon petit Sçeau, Chef de ſon Conſeil,
&c. (*y*) auſſi leur cinquiéme grand oncle.

y Preuves, num.
23. 24. 30.

Paſſant aux Dignités de l'Epée, en collatérale, l'on a vû
Guillaume de Clugny Baron de Conforgien qui fut Général
d'Armée du Roi Henri IV.

z Preuves, num.
37.

Enſuite *Antoine* Gouverneur du Prince de Joinville, Meſtre de
Camp d'un Regiment d'Infanterie, Capitaine d'une Compagnie
de Chevaux Legers, Gentilhomme ordinaire de la Chambre
du Roi, Gouverneur pour le Roi en la Ville de St. Quentin,
&c. (*a*) pluſieurs Capitaines de Chevaux Legers, pluſieurs Chevaliers de Malthe, &c.

a Preuves, num.
48.

Voilà pour les Dignités de l'Egliſe, de la Robe, & de l'Epée,
tant en ligne directe que collaterale.

Venant aux alliances, en collaterale, on a vû pour premiéres
alliances les Maiſons de Jaucour, Tinteville, de Vienne, Levy,
de Vantadour, Vichy, de Salian, Meſſey, Chaugy, d'Amas,
Nevers, la Roque, Crecy, la Beaume, des Bauves, la Palu-Bou-
ligneux, & pluſieurs autres trés-diſtinguées.

30. *Sur les Terres qui ont été possedées dans la Maison de Clugny.*

Parcourant les Terres qui ont été possedées dans la Maison de Clugny, l'on en trouve un si grand nombre, qu'il est peu de Maisons, où l'on en puisse compter davantage. Ces Terres sont :

Clugny. Preuves N. 1. 11. 26.
La Croix de Domecy, n. 3.
Beurrey Baulguay, n. 3. xI. 33. 36.
Conforgien, n. 4. 9. xI. 20, 33. &34. &c.
Alonne, n. 5.
Champeculeon, n. 5.
St. Pierre en Vaulx. n. 5.
Montigoulx, n. 4.
Cortecloux, n. 5.
Chailly, n. 5.
Vergonecey, n. 5.
Menessere, n. 9.
Mouz, n, 9.
St. Laurent d'Andennay, n. xI. 16.
Joussanval, n. xI. 35.
St. Chaulvain, n. xI.
Aussy, n. xI. 16.
Le Maigny, n. xI. 35.
Touriseaul, n. xI.
Monthelon, n. 16. 29. 31.
Ragny, n. 16. 35.
St. Romain, n. 16.
Es-Fours, n. 34, 35.
Le Broüillars, n. 34. 35. 41. 42. 46.
L'Epervieres, n. 35.
Devillargeaux, n. 35.
Sagy, n. 35.
Maison Baude, n. 35. 41. 46.
Longecour, n. 36.

Travoisy, n. 36. 40.
Cotaprés, n. 39.
Montachon, n. 36. 39. 47.
Blangy, n. 36.
Aisy, n. 36. 38. 39. 40. 41. 42. 46.
Pont d'Aisy, n. 38. 39. 40. 41. 46.
Dampierre, n. 38. 39. 41. 42. 46.
Veloigny, n. 38. 39. 40. 41. 42. 43.
Cortelin, n. 38. 39. 42.
Varennes, n. 38.
Laives, n. 38. 39.
Les-Laumes, n. 40. 42. 43.
Mirebel, n. 42. 43.
La Genevraie, n. 42. 43.
Lailly, n. 43.
Grand Moloy, n. 43.
Essertaine, n. 43.
Corcelle, n. 46.
Grignon, n. 46.
Darcey, n. 46.
Chatenay, n. 46.
Silpierre, n. 46.
Coulombié, n. 48. 49. 50. 51. 52.
Chaudenet, n. 58.
Dracy, n. 58.
Thenissey, n. 58.
L'Epervieres, n. 58.
Darisolle, n. 59.
Lériau, n. 59.

Inductions nécessaires des Titres & des Observations contenuës en ce Cayer.

I.

Il y a des signes généralement reçûs, & qui ne sont point équivoques pour reconnoître ceux qui sont d'une Maison, d'avec ceux qui n'en sont pas. Par éxemple ceux qui, outre le nom & les armes, ont encore la Noblesse, les Titres, l'Estat, les Terres, la Reconnoissance publique, le témoignage des Auteurs, &c. Sont sans contredit de la Maison à qui toutes ces sortes de choses apartiennent; l'on ne croit pas qu'après Mr. le Conseiller de Cluny, il y ait une personne au monde capable de nier cette majeur; or toutes ces choses qui ont apartenuës à la Maison de Clugny se trouvent réünies aux personnes des Sieurs Produisans; cela est prouvé: donc ce sont-là les vrais Enfans de cette Maison, puisqu'ils en portent toutes les marques: donc Mr. le Conseiller de Cluny a dit faux, lorsqu'il a soûtenu le contraire. Suivons ceci.

I I.

Une Noblesse qui remonte jusqu'à l'onziéme siécle, suivant le témoignage des Historiens, & qui est en état de prouver une descendance exacte & bien suivie, par Titres autentiques, à commencer depuis 1368. & à la suivre jusqu'à l'année où nous sommes, comme on vient de le voir, est suivant le suffrage de tous les Généalogistes, une Noblesse trés-ancienne & estimée; qui oseroit encore nier cette proposition? personne, si l'on en excepte le Deffendeur: or cela se trouve ici: donc Mr. le Conseiller de Cluny a dit faux, quand il a répeté, dans tous ses écrits, que *la Noblesse de la Maison de Clugny étoit moderne, & qu'elle devoit se fixer à l'époque de* 1515.

III.

Une Noblesse dans laquelle on trouve pour Auteurs, en ligne directe, & en collatérale des Baillifs d'Epée de la capitale de la Province, des Commandans, Gouverneur de place, Lieutenant de Roi, des Chambellans, des Gentilshommes ordinaires de la Chambre du Roi, des Chefs de Conseil, Garde des Sçeaux de la Chancellerie de Bourgogne, des Maîtres des Requêtes, des Ambassadeurs, Chancelier de l'Ordre de la Toison d'Or, Abé, Evêques, Archevêque, Cardinal, &c. Est une Noblesse qui a été distinguée dans les trois Etats de l'Eglise, de la Robe, & de l'Epée. Cela est sans contredit: or tout cela se trouve ici: donc le Deffendeur a dit faux, quand il a fait imprimer dans ses écrits que *la Noblesse de la Maison de Clugny réduite à ce qui peut lui apartenir, étoit une trés-petite Noblesse, destituée de toute illustration*: donc il a dit faux encore, lorsqu'il a avancé que les Auteurs des Sieurs Produisans avoient été *gens oisifs & inutiles à l'Estat.*

IV.

Mr. le Conseiller de Cluny a déclaré judiciellement au commencement de l'instance, qu'il n'avoit jamais dit qu'il fut parent aux Sieurs de la Maison de Clugny, qu'il n'avoit jamais été tenté de le faire croire, & qu'il renonçoit à tous les droits de substitution qui pourroient être dans cette Maison: donc, à prendre droit sur son propre langage, il n'est pas de la Maison de Clugny.
V.

V.

Il a cherché à ternir l'éclat de la Nobleſſe de cette Maiſon, à la deshonorer, & avilir l'état de ceux qui en ſont iſſus, à flétrir leur mémoire; il les a calomnié, s'eſt répandu en invectives & en injures contre eux ; le tout gratuitement & ſans aucune néceſſité, pour la deffenſe de ſa cauſe : donc il n'eſt pas de la Maiſon de Clugny ; il ſentira mieux la juſteſſe de cette conſéquence qu'un autre , parce que l'amour propre n'a jamais trouvé ſon compte a avilir l'état de ceux dont l'on ſe dit iſſus (*a*) or il ſe dit actuellement iſſus de la Maiſon de Clugny, quoi qu'il ne ſoit pas vrai qu'il en ſoit : don c , &c.

a V. ce qui eſt dit à la piece 20. de ce Cayer.

V I.

Mr. le Conſ. de Cluny ſentant mieux qu'un autre , que la poſſeſſion du nom & des Armes qu'il alléguoit , pour toute exception au commencement du procés n'étoit pas ſuffiſante; Sachant bien que l'on ne preſcrit point un droit qui intereſſe le public & qui n'apartient qu'au Roy ſeul de conférer, a crû, qu'il ne devoit pas s'en tenir là. Se fiant ſur ſon adreſſe à manier un ſujet , il a cherché à donner un pere legitime à ſon 7e Ayeul, lequel fut de la Maiſon de Clugny. Pour reüſſir il s'eſt accroché à *Jean de Clugny*, Garde des Sceaux, couſin du 8e. Ayeul des Produiſans, & aprés beaucoup de peine qu'il a dit lui-même qu'il s'étoit donnée pour faire cette recherche , il a dit avec autant de ſecurité que s'il étoit vrai : *le voilà enfin ; c'eſt la mon 8e Ayeul ; ce n'a pas été ſans peine que je l'ay trouvé.* Enſuitte tout fier de cette découverte , il a tenu à ſes adverſaires à peu prés ce langage : vous dites que je ne ſuis pas de la Maiſon de Clugny, que je deſcend ſeulement d'un bâtard de cette Maiſon; Vous vous trompés ; vous ny entendés rien. *Si je voulois retorquer vôtre argument , je vous ferois moi-même deſcendre d'un bâtard , en vous faiſant une généalogie d'une maniere ſi vrai ſemblable que vous ſeriés fort embaraſſés d'y répondre* (*b*) mais c'eſt vous-mêmes qui n'êtes pas les vrais enfans de la Maiſon de Clugny. *Toutes les Branches de cette Maiſon ſon éteintes à la réſerve de la mienne qui ſeule ſubſiſte aujourd'hui*, en telle ſorte que j'en ſuis le ſeul rejetton.

b Reponſe imp. p. 12.

Les Sieurs de la Maiſon de Clugny ont fait voir , dans ce cayer, le faux de cette découverte; que l'Auteur s'étoit trompé dans ſes fictions: qu'il avoit mal pris ſon champ; que la poſterité de ce 8e. Ayeul prétendu étoit eteinte dés la ſeconde génération ; qu'il n'eut point d'enfant nommé *Jean* qui fut marié , & par conſéquent que le Deffendeur ne pouvoit pas être deſcendu de là , puiſque ſuivant ſon aveu, & les pieces de cette production, ſon 7e. Ayeul, qui étoit un nommé *Jean*, auroit été un homme d'Egliſe : donc le Deffendeur n'eſt pas de la Maiſon de Clugny ; ou plûtôt ſi l'on veut prendre droit pour un moment ſur ſa généalogie : donc il ne peut en être iſſus que par bâtardiſe , & par le tronc d'un homme d'Egliſe. Les Demandeurs trouveront également leur compte dans l'une & l'autre de ces inductions.

E e e

VII.

La Nobleſſe de la Maiſon de Clugny s'eſt toûjours ſoûtenuë depuis 1083. juſques à preſent avec éclat ; aucun de ſes enfans n'a dérogé, & on n'y a jamais connu de Roturiers, ny gens qui payoient la Taille ; l'on défie le Deffendeur d'en prouver un ſeul éxemple. Or le Pere , l'ayeul , le biſayeul , &c. du Deffendeur ont tous éxactement payé la Taille ; & étoient tous Roturiers ; cela eſt prouvé au procés : donc ny lui ny ſes Auteurs ne ſont pas de la Maiſon de Clugny. La mineure paroîtra peut-être choquante au Deffendeur, qui a dit dans ſes premieres écritures, que ſes ayeux lui avoient *Tranſmis une nobleſſe ancienne , d'une probité hereditaire,* (*c*) *& qu'ils ſe ſont qualifiés nobles & Ecuyers de tout tems.* (*d*) mais deuſſe-telle l'irriter encore d'avantage, & attirer de nouvelles injures, l'on n'a pû s'empêcher de traitter ce point de fait , parce qu'il eſt eſſentiel à l'inſtruction du procés.

c V. ſa Requête du 26. Fev. 1718. que l'on a fait imp. avec des notes p. 3, *d* ibidem p. 17.

VIII.

En aucun tems le Deffendeur n'a été reconnu apartenir à la Maiſon de Clugny ; jamais ſes Auteurs n'ont été apellés aux actes de Tutelle, Contrats de mariage , aſſemblées de parens, &c. qui ont été faites dans la Maiſon , c'eſt là cependant où l'on reconnoît les parens : donc il n'eſt pas de la Maiſon.

IX.

De toutes les Terres & Seigneuries qui ont été poſſedées dans la Maiſon de Clugny, que l'on a prouvé par Titres avoir été au nombre de 58. pas une ſeule n'a été poſſedée par les Auteurs du Deffendeur : donc il n'eſt pas de la Maiſon. Cette induction fortifiée des précedentes à ſon mérite.

X.

Le Deffendeur a fait une fauſſe Généalogie de la Maiſon de Clugny, on l'a prouvé. Il en a fait une fauſſe de ſa famille : on l'a prouvé auſſi : donc il n'eſt pas de la Maiſon. On le prouve. Celui qui ne connoît ny ſes peres, ny ſes freres, n'eſt pas un fils légitime : or, &c. donc, &c.

XI.

En fait de Généalogie, il y a outre la poſſeſſion du nom & des Armes d'une Maiſon, trois voyes pour parvenir à en prouver ſa deſcendance ; Le témoignage des Auteurs, les Titres de ſes Ayeux, qui ſont des degrés ſuivis & non interrompus , & la reconnoiſſance publique ; l'on n'en ſçait pas d'autres. Or les Demandeurs, ont tout cela par devers eux , & le Deffendeur n'a rien d'aprochant : donc ils ſont de cette Maiſon , & lui n'en eſt pas : tout eſt vrai ; cette induction eſt une ſuite de la premiere.

XII.

On l'a déja dit : pour être crû en justice sur les faits , sur tout en discussion Généalogique, il faut des Titres, & des preuves ; la réthorique la plus persuasive ne sert ici de rien : les Demandeurs ont suivis cette voye , & ont exposés à la critique publique les Titres de leur production , & leurs preuves. Le Deffendeur au contraire n'a eu garde de faire de même, parce qu'il auroit découvert un mistére qu'il avoit interêt de tenir toûjours caché ; il a cotté dans ses inventaires imprimés, des Titres dont il n'a point raporté les termes , & qui ne contiennent rien moins, le plus souvent que les preuves qu'il en a voulu tirer ; Il a hazardé une infinité de faits dont on a démontré la fausseté , par piéces & Monumens autenthiques : donc il ne doit pas être crû sur tout ce qu'il a dit , sans en aporter les preuves.

XIII.

De tous ces corolaires précédens, il en résulte une conséquence nécessaire, qui est que les Conclusions que les Sieurs de la Maison de Clugny ont prises au procés , doivent leurs être ajugées avec dépens.

Monsieur DAVID Commissaire.

JUILLET Conseil.

PETITOT Procureur.

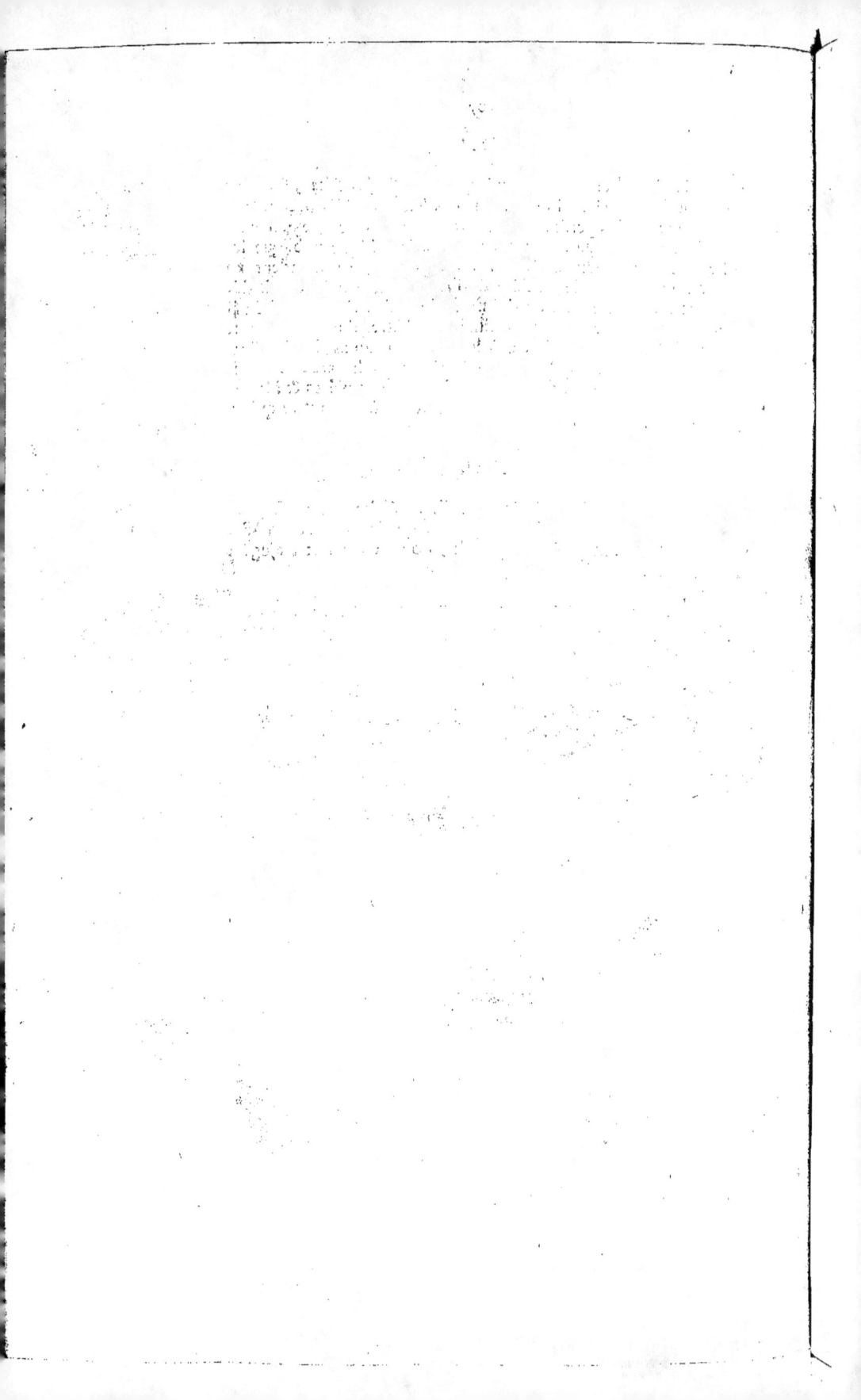

www.ingramcontent.com/pod-product-compliance
Lightning Source LLC
Chambersburg PA
CBHW070303290326
41930CB00040B/1893